JN063654

財務諸表分析の新展開

石 内 孔 治 著

東 京 森 山 書 店 発 行

緒　　言

　本書では、新たな財務分析図を取り入れた財務諸表分析によって、「流動性分析」と「収益性分析」を見える化し、記述中心の財務諸表分析では説明できなかった、財務状況に関する新たな説明を体系的に展開する。目指すところは、「目標管理」と「因果分析」に基づく財務諸表分析の理論と技法を体系的に展開することである。本書の構成は次のとおりである。

　第 1 章では、流動比率、当座比率、固定比率、固定長期適合率、自己資本比率などの財務分析比率が機能していない状況を、長期性引当金の処理、貸借対照表における表示を素材にして具体的に明らかにしている。

　第 2 章では、その財務分析比率に代わる新しい短期と長期の流動性を分析するための「流投負債比率と補助比率」、自己資本と固定資産の関係で見る投資性を分析するための「資本固定比率と補助比率」、経営全体の収益性を俯瞰するための「収益費用比率と補助比率」を考察し事例分析を行っている。事例分析の結果、資本固定比率と収益費用比率が原因比率で、流投負債比率が結果比率に相当する

ことを知見として析出し、因果比率分析を展開している。

第3章では、実数分析を行い、比率分析では説明できない実数による資金の過不足状況や補填状況について「残高点検式」を用いて因果分析を行っている。分析にあたり総収益と総費用との差を収益資金、自己資本（損益前資本）と固定資産（固定性資産）との差を自己資金、流投資産（流動資産および投資有価証券等で構成）と総負債（流動負債および固定負債で構成）との差を流投資金と定義している。そして、事例分析によって「収益資金と自己資金」が原因実数、「流投資金」が結果実数に相当することを知見として析出し、因果実数分析を展開している。

第4章では、萌芽的資金運用表の淵源を William Morse Cole［1908］と［1908］に求め、これを3区分型の資金運用表と資金流図へ発展させた三苫夏雄［1973］と［1986］を考察し、その資金運用表と資金流図が非複式簿記タイプの分類原理で作成されることを明らかにしている。

第5章では、三苫夏雄［1973・1986］の非複式簿記タイプの資金運用表と資金流図に学び、2会計期間比較による財務状況変動の良否を判断するための複式簿記タイプの流動資産型の財務状況変動図（2期型資金流図）を考察している。考察の結果、資産の減少を借方に計上し、資産の増加を貸方に計上する非複式簿記タイプの資金運用表と資金流図には、改善の余地があることを明らかにしている。

第6章では、複式簿記タイプの流動資産型の財務状況変動図（2会計期間比較型）と、複式簿記タイプの流投資産型の財務状況変動図（2会計期間比較型）とを比較検討している。比較検討の結果、流動資産型の財務状況変動図の問題点を明らかにした上で、流投資産型の財務状況変動図を「2期型財務分析図」として採択している。この図を補助図として位置づけて事例分析を行い、六タイプの「2期型財務分析図」を析出している。補助図の「2期型財務分析図」で2会計期間比較による財務状況変動の好転、後退を俯瞰する。そして、主要図の「財務分析図1期型」で1会計年度の経営全体の財務状況の良否を俯瞰する。このように両図の役割を位置づけている。

第7章では、複式簿記タイプの1会計期間の財務状況の良否を見える化するための1期型財務分析図の構造と役割を説明している。ここでは、収益資金ボック

スと自己資金ボックスを原因ボックス、流投資金ボックスを結果ボックスとする
可視化図の1期型財務分析図による因果図分析を展開するための予備的考察を行
っている。

　第7章の予備的考察に基づき、第8章では1期型財務分析図を主要図として位
置づけて事例分析を行っている。事例分析をとおして①上昇白3型（第2・第3
区分右傾上昇型）、②上昇白2型（第3区分右傾上昇型）、③分散白2型（第2区
分分散型）、④下降黒2型（第1・第2区分右傾下降型）、⑤集中黒2型（第2区
分集中型）、⑥下降黒3型（第1区分右傾下降型）の六タイプの「1期型財務分
析図」を析出している。

　また、経営体の保有する手元の流動資産が「流動資産＞流動負債」であれば、
その差の運転資本は自由に使用できる自己資金と思われがちである。しかし、1
期型財務分析図を導入し、手元の流動資産が「負債を源泉とする手元の流動資
産」と「資本（以下、純資産）を源泉とする手元の流動資産」とで構成されてい
ることを明らかにしている。そして、負債過多依存の経営から脱却するには両者
を峻別し「純資産を源泉とする手元の流動資産」の保有が重要であることを明ら
かにしている。

　第9章では、1期型財務分析図（主要図）の事例分析と2期型財務分析図（補
助図）の事例分析との比較を行っている。その結果、1会計期間の財務状況が可
視化された1期型財務分析図（主要図）と、2会計期間比較による財務変動状況
が可視化された2期型財務分析図（補助図）とによって、1会計期間の財務状況
の良否、2期会計期間比較による財務状況の好転・後退の見える化が可能になる
ことを明らかにしている。特に、「目標管理」と「因果分析」のための六タイプ
の1期型財務分析図（主要図）と、これに関連する六タイプの2期型財務分析図
（補助図）とを一体化させ、財務状況の評価の見える化、取引方針の検討過程の
見える化、両図の利用の仕方について説明を行っている。

　10章では最初に、「目標管理」と「因果分析」から得られた六タイプの1期型
財務分析図（主要図）と六タイプの2期型財務分析図（補助図）の要約を行って
いる。次いで、1期型財務分析図（主要図）と2期型財務分析図（補助図）の一

体化による「取引方針」の可視化（見える化）について要約を行っている。そして、因果図分析を行う上で、因果比率分析と因果実数分析を組み合わせた財務諸表分析の重要性と留意点について要約を行っている。

　結章では、財務分析図開発の過程を振り返り、因果比率分析、因果実数分析、因果図分析に基づく評価基準と取引方針の選択基準とを提示している。その上で財務諸表分析の課題を含む本書の総括と展望を行っている。

謝　辞

　恩師の笹渕文男先生、阪本安一先生より経営分析についても御指導を賜った中で、経営指針としての展開の重要さを学ぶ日々を過ごすことのできた後進の一人として、その学恩の深さを心に刻み、与えられた時空間のもとで引き続き努力、精進を重ねていくのみである。

　・阪本安一先生門下生として自らに厳しく会計学と対峙された足立典照先生
　・早稲田大学教授として日本会計研究学会に多大の御貢献をされた広瀬義州先生
　・久留米大学商学部長として研究教育環境の充実に御尽力された由井敏範先生
　よりの学恩にも心より御礼を申し上げ、墓前に拙著を捧げることをお許しいただきたい。

　筆者は「個性の伸展による人生練磨」を建学の精神とする「日本経済大学」をはじめとする学校法人都築育英学園の一員として学界での活動を継続する光栄に浴している。これまで渋谷キャンパスの『日本経済大学大学院紀要』と福岡キャンパスの『日本経大論集』への掲載に恵まれた論稿が本書の骨格をなしている。学園総長・都築仁子先生、理事長兼学長・都築明寿香先生より賜っている御指導に身の引き締まる日々であり、謹んで深く感謝を申し上げる。

　学外の「九州会計研究会」では、創設者の九州大学名誉教授・津守常弘先生、京都先端科学大学教授（京都大学名誉教授）・德賀芳弘先生、専修大学教授・椛田龍三先生、西南学院大学教授・福浦郁巳先生、九州大学教授・大石桂一先生をはじめとする諸先生より議論と研鑽の場を与えていただいたことに心より感謝を

申し上げる。

　また、「ＡＷ21（アカウンティングワークショップin 21c）」では、早稲田大学教授・伊藤嘉博先生、明治学院大学教授（一橋大学名誉教授）・尾畑　裕先生、早稲田大学教授・長谷川惠一先生、福岡大学名誉教授・古賀　勉先生をはじめとする諸先生より長年にわたり会計研究の交流機会を与えていただいており厚く御礼申し上げる。

　そして、「日本経営診断学会」では、淑徳大学名誉教授・岡田匡令先生、亜細亜大学名誉教授・大江　宏先生、明治大学名誉教授・井上崇通先生、同大学教授・高橋昭夫先生、中村学園大学教授・片山富弘先生、名古屋外国大学名誉教授・稲福善男先生、中村学園大学短期大学部教授・岸川公紀先生、別府大学教授・是永逸郎先生、中村学園大学准教授・中川　隆先生をはじめとする諸先生と一緒に経営診断の理論と実践の融合に関する研究交流を行うことができており感謝の気持ちでいっぱいである。

　さらに、「ＡＲ9（アカウンティング・リサーチin 九州」では、福岡大学名誉教授・太田正博先生、佐賀大学名誉教授・山下壽文先生、福岡大学教授・渡辺剛先生、同大学教授・高橋秀至先生、九州産業大学教授・園　弘子先生、中村学園大学教授・日野修造先生、同大学准教授・水島多美也先生、神奈川大学准教授・井上　修先生、福岡大学大学院非常勤講師・江頭　彰先生、地元九州で活躍の高校教諭・会計専門職をはじめとする諸先生と新鮮で貴重な研究交流の機会を得ており、各位よりの御指導、御厚誼に深謝申し上げる。

　結びに、「インゼミ研究会」の福岡大学教授・長束　航先生、福岡大学教授・田坂　公先生、久留米大学教授・金田堅太郎先生、北九州市立大学准教授・森脇敏雄先生、山梨学院大学講師・李　会爽先生のゼミに所属するゼミナリステンによる研究発表会に筆者ゼミも初回より参加、近年の筆者は講評者として参加し、2022年師走で満20年の歳月を迎えた。指導者各位に心より敬意と日頃よりの御高配に満腔の謝意を表し、「インゼミ研究会」の末永い盛会をとおして大きく学んで生きる大学生がこれからも元気に巣立っていくよう祈念したい。

　末筆ながら、執筆した過去からの進歩を願う筆者に対して、出版事情の厳しい

中で本書出版の機会を与えていただいた森山書店・菅田直文代表取締役に心より御礼を申し上げる。

　妻・紀代美の献身に支えられて『財務諸表分析の新展開』を上梓できるよろこびを分かち合いたい。

令和 5 年 7 月 15 日

石　内　孔　治

目　　次

序　章　本書の立場、経営体の使命と三目標、問題意識、視座、目的

第 1 節　本 書 の 立 場

　経営診断、財務診断、経営分析の役割を述べた上で、本書では経営体の外部者の立場に立って経営分析としての「財務諸表分析の新展開」を行う。

第 1 項　経営診断

　日本経営診断学会編［1994］では「経営診断とは、経営および経営活動を定量的・定性的に分析し、総合的に経営の評価を行うとともに、経営上の欠陥についての改善勧告を行い、同時に将来に向けての戦略的路線の提言を行う一連のシステムである。」と定義している[1]。

　また、三苫夏雄［1973］では「企業診断は、経営の実体にふれ、経営の現状を分析し、その長所を発見し、長所をますます伸ばし、短所・欠陥を見出して、改善対策を立て、将来に向かってどうあるべきかについて勧告助言ならびに指導を行う。」と述べている[2]。この企業診断を経営診断と置き換えて読むこともできる。

　こうした経営診断は、経営体の内部の諸資料を入手でき且つ経営内部者と打ち合わせ協議することが可能なコンサルタント契約者でなければ、経営者に対して「経営上の欠陥についての改善勧告を行い、同時に将来に向けての戦略的路線の提言を行う」こと、並びに「改善対策を立て、将来に向かってどうあるべきかについて勧告助言ならびに指導を行う」ことは困難である。経営体の外部者である筆者は、本書で取り上げる経営体の内部の諸資料を入手できない。また、経営内部者との打ち合わせ協議も不可能な立場にあるので、経営診断の概念は使用しない。

第 2 項　財務診断

　青木茂男編［1984］では「財務診断においては、財務活動の結果について検閲し、それの適否をとりあげるのであるが、必要に応じて、これをもとに財務管理のやり方の改善についての助言、勧告を行う」こと、「診断は単なる調査や評価だけではなく、具体策の提案をすること、助言勧告を具体的内容をもってするこ

とに意味がある。医者でいうなら、ここが悪い、あそこが悪い、こういう病気でしょう、と終わるのではなく、これを治すにはこういう方法を取ってください、こういう方策が必要でしょう、といろいろ提案もし助言勧告もする」ことに診断の意味があると述べている[3]。

　経営体の外部者である筆者は、本書で取り上げる経営体の内部の諸資料を入手でき且つ経営内部者と打ち合わせ協議することが可能な立場にないので、この財務診断についても経営者に対して「財務管理のやり方の改善についての助言、勧告を行う」こと、並びに「具体策の提案をすること、助言勧告を具体的内容をもってすること」は困難であるので、財務診断の概念も使用しないことにする。

第3項　経営分析

　青木茂男［2012］によれば「経営分析論は会計学、経営学、財務論、統計学など隣接学問の成果や現実の経済社会に関する知識にもとづいて"企業の実態"を明らかにすることを目的とするものである[4]」。そして「経営分析は、具体的には企業活動を貨幣金額で表現した財務諸表と、貨幣金額では表現できない非財務資料を用いて収益性と流動性（支払能力）を評価することであり、それをもって分析者の意思決定に役立てることを目的とする[5]」とされている。

　この経営分析観に依拠して、経営体の外部者の視点で経営分析としての財務諸表分析を行う。具体的には、各種経営体の財務状況の良否を因果比率分析、因果実数分析、因果図分析で構成する因果分析をとおして、さまざまな分析者（観察者）の意思決定に役立つことを願い「財務諸表分析の新展開」を行うことにする。

第4項　本書の分析対象

　経営分析としての財務諸表分析では、流動性、収益性、資本性、社会性の視点から企業体あるいは経営体の財務状況に関する実体を明らかにし、分析者（観察者）の意思決定に役立てることが任務である。なお、地球環境問題を含む「社会性」分析については、別著で取り上げているので[6]、「社会性」については本書の対象外とする。

　流動性の分析では、経営体の抱える負債とこれを決済するための財源である資産との関係（負債耐信性）の良否を評価すること。収益性の分析では、総収益と

総費用との関係（成果俯瞰性）の良否を評価すること。資本性（以下、投資性という）の分析では、自己資本と固定性資産との関係（投資固定性）の良否を評価すること。その上で、経営全体の財務状況の良否を評価することを任務とする。以上の流動性分析、収益性分析、投資性分析を次の順序で展開する。

　第1に因果比率分析では、流動性分析のための「流投負債比率」、収益性分析のための「収益費用比率」、投資性分析のための「資本固定比率」からなる比率分析を行う。

　第2に因果実数分析では、流動性分析のための「流投資金」、収益性分析のための「収益資金」、投資性分析のための「自己資金」からなる実数分析を行う。

　第3に因果図分析では、流動性分析のための「流投資金ボックス」、収益性分析のための「収益資金ボックス」、投資性分析のための「自己資金ボックス」からなる「可視化図分析」を行う。

第5項　財貨・サービスの流れが集約される会計報告書＝財務諸表

　本書では人や経営体の提供する資源，資金，サービス，情報などを総称して「財貨サービス」または「財貨等」と表現する。その経営の動きを財貨等の動きや流れでとらえることにし、財貨等の動きや流れは会計報告書に集約され表示される。

　会計報告書としては、財政状態を表示する貸借対照表、経営成績を表示する損益計算書、資金状態を表示するキャッシュ・フロー計算書、株主資本の変動状況を表示する株主資本等変動計算書、個別注表記等が存在する。この会計報告書は、財務諸表と一般に呼称されている。この財務諸表という用語の持つ意味内容を先ず検討する。

1. 財務諸表

　広瀬義州（2015）『財務会計』では、経済活動および経済事象を貨幣額で計算することを測定といい、測定された経済活動および経済事象を会計情報または財務情報としている。そして、会計情報または財務情報を伝達するための書類が財務諸表であるとされている[7]。

　この財務諸表という用語は、たとえば金融庁（旧大蔵省）企業会計審議会［1949］によれば「企業会計原則は，公認会計士が，公認会計士法及び証券取引

法に基づき財務諸表の監査をなす場合において従わなければならない基準となる」とされている[8]。

　また、金融庁（旧大蔵省）［1963年］「省令第五十九号：財務諸表等の用語、様式及び作成方法に関する規則（略称：財務諸表等規則）」では「金融庁長官が、法の規定により提出される財務諸表に関する特定の事項について、その作成方法の基準として特に公表したものがある場合には、当該基準は、この規則の規定に準ずるものとして、第一項に規定する一般に公正妥当と認められる企業会計の基準に優先して適用されるものとする」という条文の中でも、財務諸表という用語が使用されている[9]。

　なお、上掲の財務諸表等規則の第一章総則の第一条の二では、「金融商品取引法第五条、第七条、第九条第一項、第十条第一項、第二十四条第一項若しくは第三項又は同条第六項の規定により提出される財務計算に関する書類（以下「財務書類」という。）」というように、財務書類という用語も使用されている[10]。さらに、会社法では計算書類という用語が使用されている。このように「財貨・サービス」の動きや流れが集約される会計報告書として、財務諸表、財務書類、計算書類などが使用されているが、本書では財務諸表という用語を採択し、次の表1-1を用いてもう少し財務諸表と財務について説明を行う。

2.　財務諸表の借方と貸方について

表 1-1	（借方）	財務諸表	（貸方）
	経営体に託された財貨等の機能状況		経営体の背負っている責務状況

　表1-1で示しているように、財務諸表の借方には、経営体の定款に定める使命の達成に向けて託された「財貨等がどのような機能状況」にあるのかが集約され表示される。そして，貸方には、経営体に託された財貨等に起因する「責任や義務などの責務状況」が集約され表示される。

①ここに財貨等とは財貨サービスや価値要素を指す。

②経営体にとって、財貨等は「入」あれば「出」ありである。経営体に財貨等の取得＝流入があれば、その相手に対して、たとえばより良い商品やサービスなどを提供する責任、出資金や融資金を受け入れたのであれば、出資者や債権者

へ交付した株券や借用証書に起因して義務を背負う。責任と義務を「責務」ということにする[11]。

③経営体が他者から取得した財貨等のうち、機能済みとなった価値要素が「費用」であり、機能中の価値要素が「資産」である。他方、経営体から市場へ販売した生産品、商品および価値要素が「収益」であり、株主や債権者などへ提供した株券や借用証書などの価値要素に起因する責務のように、次期以降も責務の継続する価値要素が「負債」と「資本」である。

④このように、経営体が取得した、または経営体に託された価値要素の機能状況と、他者へ提供した価値要素に起因して経営体が背負っている責務の遂行状況との関係をあらわしているのが財務諸表である。

⑤以上の経営体に託された財貨等の「財」と、経営体の背負っている責務の「務」に着目して「財務」と呼称する。

⑥「財務」の状況は会計報告書に集約される。「財務」の状況が集約された会計報告書の諸表を「財務諸表」と呼称する。

第2節　経営体の使命と三目標

　上述の「2. 財務諸表の借方と貸方について」において、経営体の使命の達成に向けて託された財貨等の「財」と、これに起因して経営体の背負う責務の「務」に着目して「財務」と呼称した。この第2節第1項では、「財」と「務」のうちの、「務＝責務」についてもう少し説明を行う。そして、第2項で財務諸表の構成要素である資産、負債、資本、収益、費用を用いて、流投資金、自己資金の概念について説明を行う。

第1項　特に経営体に託された財貨に起因する使命、責務

　経営体は、経営体独自の理念、精神、心（以下、心という）を「財＝財貨サービス」に込めて、これを顧客や社会へ提供する。たとえば、時計メーカーであれば「永遠の時を刻む」という「心」を「時計」に込め、時計を生産し市場に時計を提供する[12]。このように筆者は、経営体の心が「財＝財貨サービス」に込められていると、「財」の特性を認識する。

　経営体独自の心が込められた「財＝財貨サービス」を顧客・市場へ提供するに際して、経営体は出資者・債権者・職員・消費者・地域住民などの各種のステークホルダーから財貨等を託されることに起因して社会的な「責務＝務」を背負うことになる。すなわち、人々のしあわせ・たのしみ・よろこびなどに繋がるように、経営体独自の「心」を「財貨サービス」に込めて生産・販売する。その経営体の「責務＝務」が定款において明文化される。つまり、経営体の責務は、地球環境の保護を含め多岐にわたるが、経営体を構成する消費者・地域住民・職員・債権者・出資者・徴税者をはじめとする各種のステークホルダーから託される財貨等に起因し、社会的な使命、責務が定款に集約されると認識する。

第２項　経営体の使命、責務に基づく三目標、三資金、残高点検式

①負債過多が原因で経営関係者（ステークホルダー）に迷惑をかけないように、定款に定める使命の達成を責務とし、第１に「流投資産額以下に総負債額を抑えることを経営体の目標（以下、第１目標）」として設定する。これを不等号で示すと「流投資産≧総負債」となる。流投資産と総負債の差を「流投資金」という概念で捉える。流投資産の概念については、第２章第１節第１項の「経営指針としての新しい流投負債比率とその補助比率を支える概念」で取り上げる。また、流投資金の概念については、第３章第１節第１項でも述べる。

②第２に、必要コストを賄うための源泉である収益を確保し「総収益額以下に総費用額を抑えることを経営体の目標（以下、第２目標）」として設定する。これを不等号で示すと「総収益額≧総費用額」となる。総収益と総費用の差を「収益資金」という概念で捉える。なお、収益資金の概念については、第３章第１節第２項でも述べる。

③第３に、出資元本の維持と財務基盤の強化を目指して「損益前資本額以下に固定性資産額を抑えることを経営体の目標（以下、第３目標）」として設定する。これを不等号で示すと「損益前資本額≧固定性資産額」となる。損益前資本と固定性資産の差を自己資金という概念で捉える。なお、自己資金の概念については、第３章第１節第３項でも述べる。

④上掲した②の収益資金と③の自己資金の集計額は、①の流投資金になる計算式を定立し、これを残高点検式と呼称する。残高点検式が組み込まれた財務分析

図によって、経営体の財務状況の良否を総合的に評価する。

なお、残高点検式は「流投資金＝収益資金＋自己資金」である。残高点検式の詳細は、第3章第1節第4項で詳述する。このように、人々のたのしみ・よろこび・しあわせに繋がる、経営体の「心」を「財＝財貨サービス」に込め、これを生産し市場へ提供することが経営体の使命、責務であるとの経営体観に立脚し「財務諸表分析の新展開」を提示する。

第3節　問題意識、視座、目的

第1項　本書の問題意識

本書を展開するにあたっての問題意識は次のとおりである。これまでの財務諸表分析は二つの柱からなっている。

柱の一つは次のとおりである。銀行家比率とも言われる流動比率（＝流動資産÷流動負債）に代表される流動性分析である。流動比率、当座比率、固定比率、固定長期適合率、自己資本比率などによる分析を「流動性比率分析」という。そして、資金運用表、資金移動表、キャッシュ・フロー計算書などによる分析を「資金計算書分析」という。流動性比率分析と資金計算書分析を「流動性分析」という。この「流動性分析」が財務諸表分析の柱の一つとして広く利用されている。

いま一つはデュポン・チャート・システムとも言われる資本利益率（＝売上高利益率×資本回転率）に代表される収益性分析である。資本利益率、資産利益率（＝売上高利益率×資産回転率）、損益分岐点分析、生産性分析、成長性分析などによる分析を「収益性分析」という。この「収益性分析」も財務諸表分析の柱の一つとして広く利用されている。

しかし、上述の貸借対照表をベースとする「流動性分析」と、損益計算書をベースとする「収益性分析」が、記述中心の財務諸表分析から抜け切れていないのである。この問題意識のもと、本書の目的は財務諸表分析に可視化図を取り入れて、「流動性分析」と「収益性分析」を見える化し、これまでの記述中心では説明できなかった、新たな説明を体系的に展開することにある。本書の目指すところは、「目標管理」と「因果分析」に基づく財務諸表分析の理論と技法を体系的に展開することである。この他に次のように解決すべき具体的な問題も存在する。

問題 1

　引当金（以下、本書では減価償却累計額も包摂）の設定に伴う費用は、費用計上の時点では現金預金の支出を伴わないので、計上額に対応する資金が経営内部に留保されることになる。この場合にたとえば、長期性引当金の設定趣旨は将来の資金支出に備えることにあるので、長期性引当金に対応する準備資産は将来の支出に備え、長期特定資産として拘束し保有するのが正しい経理である。ところが、計上時点で非支出費用の長期性引当費用に対応する資産を固定資産として経理せずに、流動資産の部に計上することで、流動比率や当座比率の健全値を満たす経理行動をとる事例が存在する。この結果、流動比率、当座比率、固定比率、固定長期適合率などが歪むという問題が生じるのである。

問題 2

　それにとどまらずに、当座資産や流動資産として保有している資産を余裕資金と誤解し、この資金を転用して固定資産を取得すると、将来の支出に備えて引き当て留保したはずの資金が社外流出するので、長期性引当金の設定趣旨が破綻することになる。たとえば、退職給付引当金に対応する資産は職員の持分であるところ、その資産が転用されて社外流出した場合は、経営内部に将来の支出に必要な資金が存在しないという問題が生ずることになる。また、長期特定資産として拘束保有すべき固定資産を、流動資産の部に計上しこれを転用すると、長期特定資産が社外流出するので経営体の流動性基盤の脆弱を引き起こすことになる。

問題 3

　自己資本（以下、純資産）を源泉とする資金のすべてを固定資産の取得に充てる経営は、本来の経営の姿であろうか。純資産を源泉とする資金の一部は運転資金として保有するのが経営の本来の姿である。しかし、固定比率 100％超（＝固定資産÷純資産）の経営体が存在する。固定比率 100％超の経営体は例外なしに負債依存の経営を行っている。過大投資に起因する固定比率 100％超の経営が常態化すると、債権者への元利金の支払いが優先し、職員福祉の向上への対応が後退しがちとなるだけでなく、不景気等への対応困難を招きやすい。

問題 4

　これまでの売上総利益率、営業利益率、経常利益率中心の分析にとどまると、最終利益または純損失に至った経緯に関する費用分析、費用管理が漏れることに

なる。経営体による営業外費用、特別損失、法人税等、営業外収益、特別利益の計上が高額化している事実を踏まえると、売上高や経常利益中心の収益性分析に依拠したのでは経営全体を俯瞰した利益分析、利益管理も困難になる。

問題５

　これまでの流動性分析と収益性分析は、記述中心の比率分析と実数分析であり、図を利用した可視化分析による財務分析結果の「見える化」が必要であると考える。そこで、記述中心のこれまでの比率分析と実数分析に、新たな因果図分析によって財務状況や目標達成状況の「見える化」を行うことにする。

第２項　財務状況を評価するための目標管理と因果分析による財務諸表分析

　以上の問題意識と具体的な諸問題へ対処するために、本書の財務諸表分析では、目標管理と因果分析による財務諸表分析を次のように行う。三目標達成の有無に基づいて最上位の①Ｓレベル評価、上位の②Ａレベル評価、下位の③Ｂレベル評価、最下位の④Ｃレベル評価で財務状況の良否と目標達成レベルの評価と、因果比率分析、因果実数分析、因果図分析からなる三種類の因果分析とを行う。これを「目標管理と因果分析による財務諸表分析」ということにする。

　先ず経営管理としての「目標管理」では流投資産額以下に総負債額を抑える目標（以下、第１目標の流動性）、総収益額以下に総費用を抑える目標（以下、第２目標の収益性）、自己資本額以下に固定資産額を抑える目標（以下、第３目標の投資性）の達成に向けて経営体を導くことを目指す。

　次に「因果分析」では因果比率分析、因果実数分析、因果図分析による原因と結果の突き合わせ（因果分析）をとおして三目標の達成状況を「見える化」し、財務状況の良否と目標達成レベルについて評価を行う。

　目標の達成状況は財務状況の良否に直結する。その目標の達成状況を見える化し、財務状況の良否を評価するための理論の用具が、因果比率分析、因果実数分析、因果図分析からなる「因果分析」である。

　以上の目標管理と因果分析に基づく財務諸表分析の理論と技法の体系化を目指す「財務諸表分析の新展開」の主な柱は次のとおりである。

　第１の柱は、温故知新に基づき先行研究からの学びを視座の一つとすることである。Ｗ．Ｍ．Cole［1908・1921］による非複式簿記型と複式簿記型の萌芽的資

金運用表、三苫夏雄［1973・1986］による非複式簿記型の資金運用表、資金流図など、先行の諸研究からの学びを基礎にして「財務諸表分析の新展開」を行う。

　第2の柱は、人々が相寄って成り立つ生命体としての経営体を支えるのは「理念」、「使命」、「目標」である。この考えに基づき、人々のたのしみ・よろこび・しあわせに繋がる、経営体の「心＝理念」が込められた「財・サービス」を市場へ提供することが、経営体の使命であり、その使命は定款に織り込まれている。そこで、理念や使命の達成状況を「流投資産額以下に総負債額を抑える目標（第1目標の流動性）」、「総収益額以下に総費用を抑える目標（第2目標の収益性）」、「損益前資本額以下に固定性資産額を抑える目標（第3目標の投資性）」からなる三目標の達成状況で測定するとの立論を行う。

　第3の柱は、先ず第1目標の流動性分析（流投資金分析）では、費用計上の時点で現金支出を伴わない長期性引当金等に焦点をあて、これまでの流動性分析に内在する問題に対処するとの観点に立ち、流投負債比率と流投資金の新概念をベースにして、経営指針としての流動性分析（流投資金分析）の新展開を行う。

　次に、第2目標の収益性分析（収益資金分析）では、営業外収益、特別利益、営業外費用、特別損失などの計上が常態化している現状を踏まえ、経営の最終成果を意味する「純損益」に至った経緯を総収益と総費用の比較による収益性分析を行うとの観点に立ち、収益費用比率と収益資金の新概念をベースにして、経営指針としての収益性分析（収益資金分析）の新展開を行う。

　さらに、第3目標の投資性分析（自己資金分析）では、自己資本を超えて固定資産を取得している経営体は、例外なく負債依存の固定資産投資の状況にある。そこで、因果分析としての投資性分析を行い、ここでは、自己資本を超えた固定資産の取得を抑止するとの観点に立ち、資本固定比率と自己資金の新概念をベースにして、経営指針としての投資性分析（自己資金分析）の新展開を行う。

　第4の柱は、先ず、新たな比率分析としての流投負債比率、収益費用比率、資本固定比率とその補助比率による「因果比率分析」と、新たな実数分析としての流投資金、収益資金、自己資金、残高点検式に裏付けられた「因果実数分析」と、新たな因果図分析としての第1区分の流投資金ボックス、第2区分の収益資金ボックス、第3区分の自己資金ボックスで構成される財務分析図による「因果図分析」とによって、財務諸表分析の理論と技法の体系化を行う。その上で、四自動

車会社を中心に財務諸表分析の理論と技法による事例分析を行い、これから得られた知見を明らかにすることである。なお、財務状況の評価は次のように行う。

① 「流投資産額以下に総負債額を抑える第1目標」、「総収益額以下に総費用額を抑える第2目標」、「損益前資本額以下に固定性資産額を抑える第3目標」の三目標を達成できた場合は、最上位のSレベル評価とする。

② 第1目標と第2目標の二目標は達成しているが、第3目標が未達成である。または、第1目標と第3目標の二目標は達成しているが、第2目標が未達成である。この場合は、未達成の第3目標または第2目標を達成する必要があるので、Aレベル評価とする。

③ 第1目標と第2目標の二目標は未達成であるが、第3目標は達成している。または、第1目標と第3目標の二目標は未達成であるが、第2目標は達成している。この場合は、未達成の二つの目標を達成する必要があるので、Bレベル評価とする。

④ 第1目標、第2目標、第3目標のすべてが未達成である場合は、三つの目標の達成に向けて改善が必要であるので、最下位のCレベル評価とする。

人々が相寄って「世の人々の楽しみと幸福のために[13]」商品やサービスを生産し、これを社会へ提供する。この経営体を支えるのは、理念、使命、目標の達成に向けた取り組みである。経営体の提供する商品・サービスには世の人々のたのしみ、よろこび、しあわせを願う心が込められていると考える。理念、使命、責務の達成に向けて取り組む活動を、目標管理と因果分析による経営指針としての財務諸表分析で見える化することとしたい。

第3項 本書の視座

本書は、経営体の外部者の立場に立ち、三目標達成の場合を最上位Sレベル評価とし、これを財務状況の良否に関する理想の評価像として設定する。三目標の達成に接近するための「目標管理」による「経営指針としての財務諸表の因果分析に関する理論と技法」を、一人でも多くの読者と共有できればとの意図で、次の四視座に基づき展開する。

第1は、先行研究からの学びを視座1とし、従来の財務状況の良否分析が機能していない要因を明らかにするとともに、W. M. Cole［1908・1921］による非

複式簿記型と複式簿記型の萌芽的資金運用表、三苫夏雄［1973・1986］による非複式簿記型の資金運用表と資金流図をはじめとする先行研究を取り上げる。

　第2は、目標管理と因果分析による経営指針としての財務諸表分析の展開を視座2とし、新たな「因果比率分析」を取り上げる。因果比率分析は下向過程分析と上向過程分析とで構成する。先ず、下向過程分析では、①流投資産額以下に総負債額を抑える経営体の目標（第1目標）の達成有無を「流投負債比率（100％以下を基準値）」で評価する。この流投負債比率を結果比率として位置づける。②総収益額以下に総費用額を抑える経営体の目標（第2目標）の達成有無を「収益費用比率（100％以下を基準値）」で評価する。この収益費用比率を原因比率として位置づける。③損益前資本額以下に固定性資産額を抑える経営体の目標（第3目標）の達成有無を「資本固定比率（100％以下を基準値）」で評価する。この資本固定比率を原因比率として位置づける。このように、第1目標、第2目標、第3目標それぞれの達成状況を個別に評価する。

　次いで、「上向過程分析」では、因果比率分析による総合評価を次のように行う。①第1目標、第2目標、第3目標の三つの目標すべてが達成されていれば最上位のＳレベル評価、②1目標と第2目標、または第1目標と第3目標が達成されていればＡレベル評価、③1目標と第2目標または第1目標と第3目標は未達成であるが、第2目標または第3目標は達成されている場合はＢレベル評価、④第1目標、第2目標、第3目標の三つの目標すべてが未達成であれば最下位Ｃレベルと総合評価を行う。この下向過程分析と上向過程分析による「因果比率分析」の理論と技法を展開する。

　第3は、財務状況の良否を金額で特定できない因果比率分析の課題を克服することを視座3とし、因果実数分析を取り上げる。因果実数分析は下向過程分析と上向過程分析とで構成する。先ず、下向過程分析では、①流投資産額以下に総負債額を抑える経営体の第1目標の達成有無を「流投資金が正数か負数か」で評価する。この流投資金を結果指標（結果実数）として位置づける。②総収益額以下に総費用額を抑える経営体の第2目標の達成有無を「収益資金が正数か負数か」で評価する。この収益資金を原因指標（原因実数）として位置づける。③損益前資本額以下に固定性資産額を抑える経営体の第3目標の達成有無を「自己資金が正数か負数か」で評価する。この自己資金を原因指標（原因実数）として位置づ

ける。このように、第1目標、第2目標、第3目標それぞれの達成状況を個別に評価する。次いで、「上向過程分析」では、因果実数分析による総合評価を次のように行う。①第1目標、第2目標、第3目標の三つの目標すべてが達成されていれば最上位のSレベル評価、②1目標と第2目標、または第1目標と第3目標が達成されていればAレベル評価、③1目標と第2目標または第1目標と第3目標は未達成であるが、第2目標または第3目標は達成されている場合はBレベル評価、④第1目標、第2目標、第3目標の三つの目標すべてが未達成であれば最下位Cレベルと総合評価を行う。この下向過程分析と上向過程分析による「因果実数分析」の理論と技法を展開する。

　第4は、目標達成レベルと財務状況の良否を視覚的に見える化することを視座4とし、上述の因果比率分析と因果実数分析を基礎にして、三つの目標の達成の有無を視覚的に把握する意図のもと、因果図分析を行う。因果図分析は下向過程分析と上向過程分析とで構成する。先ず、下向過程分析では、①流投資産額以下に総負債額を抑える経営体の第1目標の達成有無を「第1区分の流投資金が正数か負数か」で評価する。この流投資金を結果指標として位置づける。②総収益額以下に総費用額を抑える経営体の第2目標の達成有無を「第2区分の収益資金が正数か負数か」で評価する。この収益資金を原因指標として位置づける。③損益前資本額以下に固定性資産額を抑える経営体の第3目標の達成有無を「第3区分の自己資金が正数か負数か」で評価する。この自己資金を原因指標として位置づける。このように第1目標、第2目標、第3目標それぞれの達成状況と財務状況の良否を個別に評価を行う。

　次いで、「上向過程分析」では、目標達成レベルと財務状況の良否の総合評価を次のように行う。①第1目標、第2目標、第3目標の三つの目標すべてが達成されていれば最上位のSレベル評価、②1目標と第2目標、または第1目標と第3目標が達成されていればAレベル評価、③1目標と第2目標または第1目標と第3目標は未達成であるが、第2目標または第3目標は達成されている場合はBレベル評価、④第1目標、第2目標、第3目標の三つの目標すべてが未達成であれば最下位Cレベルと総合評価を行う。以上の下向過程分析と上向過程分析による「因果図分析」では、「☆、★、◇、◆、矢印からなる記号」と「残高点検式」を財務分析図に織り込み、財務諸表分析の新展開を行う。

第４項　本書の目的

　本書は、上述の青木茂男［2012］の経営分析観に依拠し、新たな目標管理と因果分析による財務諸表分析の理論と技法を次の目的のもとに展開する。

ア：キャッシュ・フロー計算書、株主資本等変動計算書、財務諸表付属明細表などがなくても、経営体から公表される貸借対照表と損益計算書を入手できれば、これを分析素材にして、読者が経営体の財務状況の良否と目標達成レベルを分析し、読み取ることができること。

イ：具体的には、比率情報の、流動性分析のための「流投負債比率」、収益性分析のための「収益費用比率」、投資性分析のための「資本固定比率」で構成する因果比率分析をとおして、目標達成レベルと財務状況の良否を分析し、読み取ることができること。

ウ：次に、実数（金額）情報である「流動性分析のための流投資金」、「収益性分析のための収益資金」、「投資性分析のための自己資金」を「残高点検式」で検証することのできる因果実数分析をとおして、目標達成レベルと財務状況の良否を分析し、読み取ることができること。

ウ：そして、比率情報と実数情報からなる、流動性分析のための流投資金の第１区分ボックス、収益性分析のための収益資金の第２区分ボックス、投資性分析のための自己資金の第３区分ボックスを財務分析図に配置し、残高点検式に裏付けられた可視化図の「財務分析図」による因果図分析をとおして、目標達成レベルと財務状況の良否を分析し、読み取ることができること。

エ：結びは、因果比率分析、因果実数分析、因果図分析から得られた知見に裏付けられた財務諸表分析のための個別・区分評価基準と総合評価基準に基づいて、経営体の外部者であっても、公表の貸借対照表と損益計算書があれば、その経営体の財務状況の良否、問題点の把握、改善案を読者の手で作成できるようになること。

　このように本書の目的は、経営体外部者の立場に立ち、財務諸表の分析者および利用者への役立ちを願い、大企業、中企業、小規模企業、非営利経営体の公表する財務諸表に基づいて、目標達成レベルと財務状況の良否の分析等が可能な「因果比率分析」、残高点検式に裏付けられた「因果実数分析」、両分析からなる「因果図分析」の理論と技法を展開することである。

注

1) 日本経営診断学会編［1994］4 頁。

2) 三苫夏雄［1973］3 頁。

3) 青木茂男［1984］5 頁、11 頁。

   なお、『財務診断』の編者は早稲田大学出身の青木茂男博士である。一方、後述する青木茂男［2012］『要説経営分析』の著者は中央大学出身の青木茂男博士である。同姓同名であるので留意されたい。

4) 青木茂男［2012］はしがき iii 頁。

5) 青木茂男［2012］3-4 頁。

6) 石内孔治［2011］197-234 頁。

7) 広瀬義州［2015］2 頁。

8) 金融庁企業会計審議会（旧大蔵省の経済安定本部・企業会計制度対策調査会金融庁）［1949］「企業会計原則」の前文の二 2。

9) 金融庁（旧大蔵省）［1963 年］「省令第五十九号：財務諸表等の用語、様式及び作成方法に関する規則（略称：財務諸表等規則）」の第一章　総則の第一条第 3 項。

10) 金融庁（旧大蔵省）［1963 年］同上「財務諸表等規則等」の第一章総則の第一条の二。

11) 徳賀芳弘［1989］の「はしがき iv」において obligation を「責務」と和訳された上で、責務概念は「法律上使用される債務概念よりも広義なものとして用いられている」と述べられている。

12) かつて、時計メーカーのロンジンでは「永遠の時を刻む ロンジン」というブランドイメージを広報していた。また、絨毯メーカーでもあった東洋リノリュームでは「喜びを敷き詰める 東洋リノリューム」というブランドイメージを広報していた。これらが、経営体独自の「心」を「財貨サービス」に込めて生産・販売している例である。

13) 「産業によって世の中のために働く」ことを信条とした（林　洋海［2009］220 頁）、ブリストン創業者の石橋正二郎氏の「世の人々の楽しみと幸福の為に」という言葉が、久留米市の石橋文化センター入口の右門柱壁に刻印されている。

   また、松下幸之助氏［2004］では「経営活動とは人間が相寄って人間の幸せのために行う活動である」と述べている（30 頁、148 頁）。

第1章　財務分析比率の留意点等―先行研究からの学び―

　序章では、本書の立場、問題意識、理念、目的、視座などについて述べた。こ
れを受けてこの第1章では、視座1の先行研究からの学びに基づき、財務比率を
めぐる問題点とその対処策を論じる。以下、第1節では先行研究の流動比率と当
座比率の意義、第2節では先行研究の固定比率と固定長期適合率の意義を説明す
る。第3節と第4節では流動比率、当座比率、固定比率、固定長期適合率をめぐ
る問題点とその対処策、第5節では先行研究の自己資本比率の留意点、第6節で
は経常利益中心の収益性分析の問題点を論じる。

第1節　先行研究の流動比率と当座比率

　この第1節では、短期の支払能力などを判断するための、先行研究の流動比率
と当座比率を説明する。

第1項　先行研究の流動比率

　信用分析としての流動比率分析に関して、國部克彦［1994］は、P. R. Earling
が「商企業を営む場合には流動 資産の現金回収価値が約65パーセントであるた
め、流動資産総額の65％パーセントが与信の限度であると指摘している」とし
て、これを流動比率2対1の原則の原型として理解することができようと述べて
いる[1]。また、J. 0. Horrigan［1968］は、1890年代末の米国において流動資産
（current assets）と流動負債（current liabilities）の比較による流動比率
（current ratio）が19世末頃から使用されだしたと述べている[2]。

　先行研究の流動比率はわが国でも広く利用されており、青木茂男［2012］によ
れば「流動比率は短期的な支払能力を表す。1年以内に支払わなければならない
負債は1年以内に現金化する流動資産で賄うべきであるという考え方に基づく比
率である[3]」と述べている。流動比率の計算式は「流動比率（％）＝流動資産
÷流動負債」である。

　このように、流動資産を分子、流動負債を分母にして計算される。「流動比率
2対1の原則」ともいわれる流動比率は、200％以上が望ましいとされる。ただ

し、この指標値について、青木茂男［2012］は「一般的には200％ではなくて120％程度あればよいといわれている。倒産企業は概して流動比率100％以下の企業が多いが、120％以上で倒産した企業もあれば100％以下の優良企業もある。何パーセントでなければならないという絶対的な基準はない（343-344頁）」と述べている。

　また、國弘員人［1974］では「流動比率が200パーセント以上になる業種もあり、また流動比率が100パーセント以下になる業種もある。電力業などの公益事業や百貨店などでは、流動比率は普通、100パーセント以下であり、また、100パーセント以下であることが多い。このような業種による違いを無視して、画一的に流動比率は200パーセント以上であることが望ましいというのは誤りである[4]」と述べている。ただし、三苫夏雄［1986］43頁では「100％は危険信号、120％以上ならばまあまあ、150％あれば理想、150％以上なら極めて健全」とされている[5]。なお、筆者が財政金融統計月報835号（令和2年度）『法人企業統計年報特集』より、令和2（2020）年度の流動比率を計算したところ全産業の平均値は約149％であった。

第2項　先行研究の当座比率

　当座比率については、J. G. Cannon［1905］において、負債（liabilities）が当座資産（quick assets）の50％を超えた時をもって、借り手の負債限度とする「50％の信用ルール＝当座比率」が提示されている[6]。なお、森田知香子［1995］は、1890年代後半の米国において、流動資産と当座資産とが明確に区分されていたかどうかが定かではなかったとした上で、Horriganをはじめ多くの論者が、Cannonの示した「quick assets：当座資産」と「current assets：流動資産」とを区別せずに、当座比率である「50％の信用ルール」を「流動比率2対1の原則」と理解した可能性があると言及している（109頁）[7]。この流動比率と当座比率の峻別例はS. Gilman［1925］で、なされていることを確認することができる。彼は自著で掲げた貸借対照表に基づき、計算例とともに流動比率（Current Ratio）と当座比率（Acid Test Ratio）とを峻別している[8]。

　青木茂男［2012］は当座比率：Acid Test Ratioの「acid testには酸性試験という意味もあるが "詳細に吟味する" "厳しい吟味" という意味もある。当座

比率は流動比率をさらに厳しく吟味するという意味である（346 頁）」とした上
で、「先達が acid test を日本語に置き換える際につい酸性試験としてしまったの
だろう」と述べ、「米国でも最近では acid test ratio よりも quick ratio を使うこ
とが多い（346 頁）」と紹介している[9]。

　当座資産を分子、流動負債を分母にして計算される当座比率（＝当座資産÷流
動負債）の指標値について、青木茂男 [2012] は「貨幣性資産と流動負債を対比
するのであるから、この比率は 100％程度あれば短期的な債務の返済に問題がな
いと考えられる。ただ、この比率も流動比率で述べたことと同じ問題点を有して
いる（346 頁）」と述べている。つまり、絶対的な指標値は存在しないということ
を指摘している。また、國弘員人 [1974] は当座比率についても「業種などによ
って異なるから、画一に何パーセント以上あることが望ましいというのは誤りで
ある（349 頁）」と指摘している。ただし、三苫夏雄 [1986] は「100％以上なら
ば理想であるが、70 ～ 80％あれば健全である（47 頁）」としている。なお、財
政金融統計月報 835 号（令和 2 年度）『法人企業統計年報特集』より、筆者が令和
2（2020）年度の当座比率を計算したところ全産業の平均値は約 91％であった。

第 2 節　先行研究の長期財務安全性分析
―固定比率分析と固定長期適合率分析―

　この第 2 節では固定資産への投資財源の安全性を判断するための比率とされる
先行研究の固定比率、固定長期適合率を取り上げる。

第 1 項　先行研究の固定比率

　Paul Havener [1917] は、A, B & Company という設例会社の 1916 年 6 月 30
日現在の貸借対照表を掲げ、「流動資産が流動負債の 2.5 倍であり、自己資本が
固定資産全額と流動資産の一部を賄っているため、その数値が正確であれば大変
良好な財政状態を示す（國部克彦訳 [1994] 24 頁）」としている[10]。この
Havener の指摘について、國部克彦 [1994] は、「流動比率と固定資産対自己資
本比率を財政状態判断のための総合的な評価指標とする分析論として理解するこ
とができよう（國部克彦 [1994] 25 頁）」と述べている。

　固定比率について、阪本安一 [1964] では「固定比率は固定資産がいかなる資

金源によって調達せられたか、企業は果たして財政的基礎が強固であるかなどを
みるためにしばしば自己資本と固定資産との比率を算定する。」とした上で、同
書290頁において、何故、100％以下なのかについては「固定比率は、企業が固
定資産に対する投資が過大に陥ることを防止する上に役立つものである。この立
場からこの比率は、自己資本を分母とする場合には100％以下であることが望ま
しいわけである（11頁）」としている[11]。以下、自己資本は純資産と同義である。

　次に、青木茂男［2012］347-348頁では「固定資産への投資をどの程度自己資
本で賄っているかをみるのが固定比率であり、100％以下が理想とされている。
固定資産に投下した資本の回収には長期間を要するし、設備投資が必ずしも収益
獲得に貢献するとは限らないから、投下した資本を確実に回収できるかどうかわ
からない。回収にはリスクがある。そこで保守的に考えれば固定資産への投資は
自己資本によって賄うのが望ましい」と述べている。

　計算式が「固定比率（％）＝固定資産÷自己資本」の場合は、固定資産を分子、
自己資本を分母にして計算される。この固定比率の指標値について、青木茂男
［2012］347-348頁では、100％以下が理想とされている。なお、「固定比率は
164％（全産業、2011年3月期、連結）であり、100％以下の産業は収益性が高い
医薬品や設備投資額の比較的小さい工作機械など1/3の業種にとどまっている。固
定資産への投資を全て自己資本ではなかなか賄えないのである」と述べている。

　そして、國弘員人［1974］でも、固定資産（含む繰延資産）に、自己資本をど
のくらい投下しているのかを判断するための比率が固定比率であるとされている。
そして、総資産額から固定資産額を差し引いた残額は流動資産額であり、総資本
額から自己資本額を差し引いた残りは他人資本の負債額である。よって、固定資
産（繰延資産も加える）に、自己資本をどのくらい投下しているかを読み取るこ
とができれば、流動資産という支払手段で負債を支払う力（弁済力）をある程度
は読み取ることができるとしている。さらに、國弘員人［1968］216頁及び
［1974］349頁では、固定比率を自己資本固定比率と呼び、「固定比率＝自己資本
÷固定資産」の計算式を掲げ、「固定比率は100％以上であることが望ましいと
いわれているが、これでは大ざっぱすぎる」と指摘している。

　この國弘員人説の上記の分子と分母とを入れ替えて「固定比率＝固定資産÷自
己資本」の計算式に置き換えると、固定比率は100％以下が望ましいというのは、

大ざっぱすぎるということになる。このように、固定比率についても絶対的な基
値は確立していないのである。なお、財政金融統計月報835号（令和２年度）
『経営分析法人企業統計年報特集』より、筆者が令和２（2020）年度の固定比率
＝固定資産÷自己資本を計算したところ全産業の平均値は約139％であった。

第２項　先行研究の固定長期適合率

　ウォール信用分析論の集大成と言われる A. Wall & R. W. Duning［1928］の
Ratio Analysis of Financial Statements において、四つの静態比率（pp.107-
127）が提示されており、この中に上述した流動比率（Current Ratio）と固定比
率（Worth to Fixed Assets）が含まれている。続いて、四つの動態比率
（pp.128-138）と八つの補助比率（pp.141-151）が提示されている。八つの補助
比率の中に当座比率（Cash and Receivables to Current Debt）と、固定長期適
合率（Net Worth and Founded Debt to Fixed Assets）が含まれている[12]。

　このうちの固定長期適合率について、青木茂男［2012］では、固定資産の取得
に際して自己資本が不足する場合には、固定資産に投下した資本の回収に長期間
を要するので、短期資金ではなく、長期間で返済すればよい長期借入金や社債で、
固定資産を調達することが望ましいとする。固定長期適合率は「固定比率を一部
修正した比率である。この比率も低い方が良い（348頁）」と述べている。その
上で、自己資本に固定負債を加えた長期資金で、固定資産が取得されているかど
うか、その調達と運用のバランスを判断するための比率が固定長期適合率であり、
「この比率が100％以下なら設備資金の調達は健全であると考える」としている。
併せて、「日本企業の固定長期適合率は86％（全産業、2011/３月、連結）であ
り、100％を超えるのは百貨店113％、私鉄114％、など約１割の産業にすぎな
い」ことも紹介している（348頁）。計算式は固定長期適合率（％）＝固定資産
÷（自己資本＋固定負債）である。

　また、國弘員人［1974］では、固定資産と長期資本との関係を表す固定長期適
合率を「長期資本固定比率」と呼んでいる（351頁）。そして長期資本固定比率
の分子が長期資本で、分母が固定資産で構成され、比率は100％以上あることが
望ましいとする。しかし、流動比率と同じように、長期資本固定比率も、業種な
どによって相違する（352頁）と指摘している。この國弘員人説の長期資本固定

比率の計算式の分子を固定資産に置き換え、分母を自己資本および固定負債からなる長期資本に置き換えて読み替えると、固定長期適合率は 100％以下が望ましいとなる。

　固定長期適合率に関してビジドラ［2019］では「固定比率が 100％を大きく超えていたとしても、固定長期適合率が 100％を下回っていれば、財務状況は安全と判断することができます。」と述べ、また、「固定比率を見て、100％を大幅に超えるようであれば、固定長期適合率を計算してみましょう。固定比率が 100％を超えていても、固定長期適合率が 100％を切っていればほぼ問題はありません」との見解を示している[13]。なお、財政金融統計月報 835 号（令和 2 年度）『法人企業統計年報特集』より、筆者が令和 2（2020）年度の固定長期適合率を計算したところ全産業の平均値は約 80％であった。

第 3 節　経営体Ａタイプの貸借対照表に内在する財務比率分析上の問題点

　第 1 節と第 2 節で述べた流動比率、当座比率、固定比率、固定長期適合率が正しく機能していない事例をこの第 3 節で取り上げ、そこに内在する問題点と対処策の説明を行う。一般的に短期の支払能力を判断するための比率としては、1 年以内の支払能力の安全性を判断するための「流動比率」と、即時の支払能力の安全性を判断するための「当座比率」とが広く利用されている。

　また、固定資産への投資財源の安全性比率としては、自己資本と固定資産の関係を分析する「固定比率」、ならびに長期資本（自己資本と固定負債の合計）と固定資産の関係を分析する「固定長期適合率」が広く利用されている。

　その財務状況の良否に関する安全性比率のうち、流動比率は 200％以上、当座比率は 100％以上、固定比率は 100％以下、固定長期適合率は 100％以下が安全性の目安値とされている。しかし、経営体Ａタイプの公表する貸借対照表に基づく安全性分析には、これから取り上げる諸問題が内在している。

第 1 項　経営体Ａタイプの貸借対照表に基づく財務比率の問題点
　表 1-1 はＹ病院の 2022 年 3 月決算の貸借対照表である[14]。流動資産は 44 億764 万円、流動負債は 12 億 1,451 万円であるので、流動比率は 413.28％（≒流動

資産 44 億 764 万円 ÷ 流動負債 10 億 6,649 万円）となり、当座比率は 393.32 ％
（≒ 当座資産 41 億 9,471 万円（＊ B ＋＊ C）÷ 流動負債 10 億 6,649 万円）なる。

表 1-1　　　　　　貸借対照表（Y 病院）

＊ A	流動資産	44 億　764 万円	流動負債	10 億 6,649 万円　＊1
＊ B	（現金及び預金	29 億　627 万円）	固定負債	32 億 2,823 万円　＊2
＊ C	（未収金	12 億 8,844 万円）	（企業債	8 億 2,402 万円）＊3
	（貯蔵品、その他資産	2 億 1,293 万円）	退職給付引当金	19 億 3,834 万円）＊4
＊ D	固定資産	59 億　442 万円	（修繕引当金	3 億 1,785 万円）＊5
	（有形固定資産	59 億　442 万円	（長期前受金	1 億 4,802 万円）＊6
			純資産（自己資本）	60 億 1,734 万円　＊7
			（当期純損失	▲ 4,370 万円）＊8
	資産合計	103 億 1,206 万円	負債・純資産合計	103 億 1,206 万円

出所：Y 病院 2022 年 3 月期決算の貸借対照表より筆者作成（四捨五入処理の関係で集計金額の端数を一部調整）

また、固定資産は 59 億 442 万円であるので、固定比率は 98.12 ％（≒ 固定資産
＊ D の 59 億 442 万円 ÷ ＊ 7 の純資産 60 億 1,734 万円）となり、固定長期適合率
は 63.86 ％ ÷ 固定資産 59 億 442 万円 ÷（＊ 7 の純資産 60 億 1,734 万円 ＋ ＊ 2 の
固定負債 32 億 2,823 万円）となる。各比率を要約すると表 1-2 のようになる。

表 1-2　　　財務安全比率（Y 病院 2022 年 3 月決算　　筆者作成

	分析結果	健全値の目安	全産業平均
流 動 比 率	413.28％	200％以上	149.12％
当 座 比 率	393.32％	100％以上	91.42％
固 定 比 率	98.12％	100％以下	138.88％
固定長期適合率	63.86％	100％以下	79.65％

全産業平均（2020 年度）は財政金融統計月報第 835 号より筆者作成

　このように Y 病院の各比率は目安値と全産業平均値とを満たしており、財務状
況は極めて健全と映る。このように映る背景が存在するので、これを説明する。
表 1-1 の貸方に表示の ＊ 2 の固定負債 32 億 2,823 万円の内訳は、＊ 3 の企業債
8 億 2,402 万円、＊ 4 の退職給付引当金 19 億 3,834 万円、＊ 5 の修繕引当金 3 億
1,785 万円、＊ 6 の長期前受金 1 億 4,802 万円である。このうち職員の持分であ
る退職給付引当金 19 億 3,834 万円と、将来の修繕に備えるための修繕引当金 3
億 1,785 万円との合計 22 億 5,619 万円に対応する資産は、設定趣旨に照らし固定
資産の部に長期特定資産として拘束し計上するのが適正な経理処理である。根拠
は、これらの非支出系の長期性引当金や減価賠償累計額に対応する資産は、将来
の使途目的に備えて長期特定資産として資金留保して置く必要があるからである。
　しかし、Y 病院に限らず、長期性引当金や減価賠償累計額に対応する資産額を
長期特定資産として保有していない経営体（以下、経営体 A タイプとか経営体 A
という）が存在する。以下では長期性引当金を中心にして説明を行う。経営体 A
タイプに該当する Y 病院は、表 1-1 のように長期性引当金に対応する資産 22 億

5,619 万円を固定資産の部に計上していないので、流動資産の部において保有していると思われる。この結果、流動比率は 413.28％、当座比率は 393.32％と高率になり、一方で固定比率は 98.12％、固定長期適合率は 63.86％と適正比率になるのである。これは経営体Ａタイプにみられる傾向であり、財務比率が歪む問題を生じさせる。これを問題点 1 とする。

第 2 項　経営体Ａタイプの貸借対照表に基づく財務比率問題への対処策 1

　この問題点 1 への対処策として、表 1-1 の貸方の＊ 4 の退職給付引当金 19 億 3,834 万円と、＊ 5 の修繕引当金 3 億 1,785 万円との合計 22 億 5,619 万円に対応する資産を、借方の＊Ａの流動資産の＊Ｂの現金預金 29 億 627 万円の中から取り出し、これを表 1-3 の＊Ｄの固定資産の部へ移動させることにする。取り出した資産 22 億 5,619 万円を、表 1-3 の借方の＊Ｄの固定資産の部において、＊①のように「投資有価証券等」22 億 5,619 万円として表示する（移動前の表 1-1 の借方の＊Ｂから移動先の表 1-3 の借方の＊①へ向かう矢印を参照のこと）。

	表 1-1		貸借対照表（Ｙ病院）		
＊Ａ	流動資産	44 億 764 万円	流動負債	10 億 6,649 万円	＊1
＊Ｂ	（現金及び預金	29 億 627 万円）	固定負債	32 億 2,823 万円	＊2
＊Ｃ	（未収金	12 億 8,844 万円）	（企業債	8 億 2,402 万円）	＊3
	（貯蔵品、その他資産 2 億 1,293 万円）		（退職給付引当金	19 億 3,834 万円）	＊4
＊Ｄ	固定資産	59 億 442 万円	（修繕引当金	3 億 1,785 万円）	＊5
	（有形固定資産	59 億 442 万円）	（長期前受金	1 億 4,802 万円）	＊6
			純資産（自己資本）	60 億 1,734 万円	＊7
			（当期純損失	▲4,370 万円）	＊8
	資産合計	103 億 1,206 万円	負債・純資産合計	103 億 1,206 万円	

出所：Ｙ病院 2022 年 3 月期決算の貸借対照表より筆者作成（四捨五入処理の関係で集計金額の端数を一部調整）

	表 1-3		貸借対照表（Ｙ病院）		
＊Ａ	流動資産	21 億 5,145 万円	流動負債	10 億 6,649 万円	＊1
＊Ｂ	（現金及び預金	6 億 5,008 万円）	固定負債	32 億 2,823 万円	＊2
＊Ｃ	（未収金	12 億 8,844 万円）	（企業債	8 億 2,402 万円）	＊3
	（貯蔵品、その他資産	2 億 1,293 万円）	（退職給付引当金	19 億 3,834 万円）	＊4
＊Ｄ	固定資産	81 億 6,061 万円	（修繕引当金	3 億 1,785 万円）	＊5
＊①	（投資有価証券等	22 億 5,619 万円）	（長期前受金	1 億 4,802 万円）	
	（有形固定資産	59 億 442 万円）	純資産（自己資本）	60 億 1,734 万円	＊6
			（当期純損失	▲4,370 万円）	
	資産合計	103 億 1,206 万円	負債・純資産合計	103 億 1,206 万円	

出所：Ｙ病院 2022 年 3 月期決算の公表貸借対照表より筆者作成（四捨五入処理の関係で集計金額の端数を一部調整）

　この表 1-3 から財務比率を計算し直すと（1 次修正という）、次掲の表 1-4 のようになる。

表 1-4　　　　　**財務安全比率の１次修正（Ｙ病院 2022 年３月決算）**　　　筆者作成

	修正前	１次修正後	変化	健全値の目安	全産業平均年度
流 動 比 率	413.28%	201.73%	211.55 ポイント減	200%以上	149.12%
当 座 比 率	393.32%	181.77%	211.55 ポイント減	100%以上	91.42%
固 定 比 率	98.12%	135.62%	37.50 ポイント増	100%以下	138.88%
固定長期適合率	63.86%	88.27%	24.41 ポイント増	100%以下	79.65%

青木茂男［2012］では流動比率は一般的には 200％ではなくて 120％程度あればよいといわれている（343 頁）。
当座比率は 100％程度あれば短期的な債務の返済には問題がないと考えられる（346 頁）。固定比率は 100％以下が理想といわ
れている（347 頁）。固定長期適合率は 100％以下なら設備資金の調達は健全とされる（348 頁）
なお、全産業平均値は、財政金融統計月報 835 号（2022 年 4 月 7 日公開）より筆者計算。

　表 1-4 の１次修正のように、流動比率は 201.73％ ≒ 流動資産 21 億 5,145 万円
÷流動負債 10 億 6,649 万円、当座比率は 181.77％ ≒ 当座資産（現金及び預金 6
億 5,008 万円 + 未収金 12 億 8,844 万円）÷流動負債 10 億 6,649 万円、固定比率
は 135.62％ ≒ 固定資産 81 億 6,061 万円÷純資産（自己資本）60 億 1,734 万円、
固定長期適合率は 88.27％ ≒ 固定資産 81 億 6,061 万円÷（純資産 60 億 1,734 万円
+固定負債 32 億 2,823 万円）へと変化する。安全性の目安値を流動比率 200％以
上、当座比率 100％以上、固定比率 100％以下とすれば、一次修正後の固定比率
は 135.62％であるので目安値を満たしてない。以上が、退職給付引当金などの長
期性引当金に対応する資産額を固定資産の部に計上せずに、流動資産の現金預金
として計上していることに起因して、問題点 1 と表現した当初の流動比率 413.28
％、当座比率 393.32％、固定比率 98.12％、固定長期適合率 63.86％のように健全
な数値になっている背景である。

　そこで、上述の問題点 1 の対処策として、表 1-1 の＊Ｂの現金及び預金 29 億
627 万円の中に含まれていると思われる長期性引当金に対応する資産 22 億 5,619
万円を、表 1-3 の＊①の固定資産の部へ移動を試みたわけである。この１次修
正の試みによって、修正前の流動比率と当座比率が高率であった背景、固定比率
と固定長期適合率が適正比率となった背景を説明することができたと言える。

　ただし、長期性引当金に対応する資産（現金及び預金 29 億 627 万円の中ら 22
億 5,619 万円を「流動資産の部」から「固定資産の部」へ移動させたので（移動
前の表 1-1 の借方の＊Ｂから移動先の表 1-3 の借方の＊①へ向かう矢印を参照
のこと）、固定比率（98.12％⇒ 135.62％）と固定長期適合率（63.86％⇒ 88.27％）
が高率に転じることになった。この固定比率と固定長期適合率の高率化への対処
策を次の第 3 項で説明する。

第3項　経営体Aタイプの貸借対照表に基づく財務比率問題への対処策2

　固定比率と固定長期適合率が高率になる問題を解決するために、2次修正として次のように対処する。表1–1の＊Bの現金及び預金29億627万円に含まれていると思われる長期性引当金に対応する資産22億5,619万円の表示場所を、表1–5の＊Dの固定資産の部ではなく、新区分の＊アの「流投資産の部」の中の＊Eへ変更する（表1–1の＊Bから表1–5の＊Eの投資有価証券等22億5,619万円への矢印を参照）。また、併せて、表1–5の貸借対照では次の対処も行うことにする。

①長期利潤目的の投資有価証券、退職給付引当金などの長期性引当金に対応する長期特定資産を「投資有価証券等」という新概念でとらえる。

②流動資産と投資有価証券等を「流投資産」という新概念でとらえる。

③財務分析上、貸借対照表の借方の区分表示を「流動資産と固定資産」から「流投資産の部と固定性資産の部」に変更する。

④流投資産の部は「流動資産」と新概念の「投資有価証券等」に細分する。

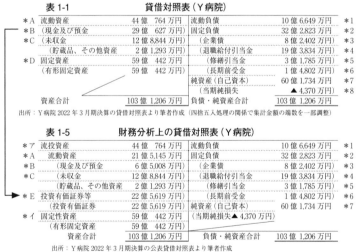

表 1-1　　　　　貸借対照表（Y病院）

＊A	流動資産	44億 764万円	流動負債	10億6,649万円	＊1
＊B	（現金及び預金	29億 627万円）	固定負債	32億2,823万円	＊2
＊C	（未収金	12億8,844万円）	（企業債	8億2,402万円）	＊3
	（貯蔵品、その他資産	2億1,293万円）	（退職給付引当金	19億3,834万円）	＊4
＊D	固定資産	59億 442万円	（修繕引当金	3億1,785万円）	＊5
	（有形固定資産	59億 442万円）	（長期前受金	1億4,802万円）	＊6
			純資産（自己資本）	60億1,734万円	＊7
			（当期純損失	▲4,370万円）	＊8
	資産合計	103億1,206万円	負債・純資産合計	103億1,206万円	

出所：Y病院2022年3月期決算の貸借対照表より筆者作成（四捨五入処理の関係で集計金額の端数を一部調整）

表 1-5　　　　財務分析上の貸借対照表（Y病院）

＊ア	流投資産	44億 764万円	流動負債	10億6,649万円	＊1
＊A	流動資産	21億5,145万円	固定負債	32億2,823万円	＊2
＊B	（現金及び預金	6億5,008万円）	（企業債	8億2,402万円）	＊3
＊C	（未収金	12億8,844万円）	（退職給付引当金	19億3,834万円）	＊4
	（貯蔵品、その他資産	2億1,293万円）	（修繕引当金	3億1,785万円）	＊5
＊E	投資有価証券等	22億5,619万円）	（長期前受金	1億4,802万円）	＊6
	（投資有価証券	22億5,619万円）	純資産（自己資本）	60億1,734万円	＊7
＊イ	固定性資産	59億 442万円	（当期純損失▲4,370万円）		
	（有形固定資産	59億 442万円）			
	資産合計	103億1,206万円	負債・純資産合計	103億1,206万円	

出所：Y病院2022年3月期決算の公表貸借対照表より筆者作成
四捨五入処理の関係で集計金額の端数を一部調整している。

筆者作成

　通説では表1–1の＊7の期末の「純資産（自己資本）60億1,734万円」で＊Dの「固定資産59億442万万円」を除して固定比率98.12％と計算する。しかし、時系列で考えると、＊8の当期純損失4,370万円が確定する前の自己資本＝損益

前資本 60 億 6,104 万円（＝期末自己資本 60 億 1,734 万円＋当期純損失 4,370 万円）で、固定性資産 59 億 442 万円を取得していたはずである。よって、期末自己資本 60 億 1,734 万円ではなく、損益前資本 60 億 6,104 万円（＝期末自己資本 60 億 1,734 万円＋当期純損失 4,370 万円）で、固定性資産 59 億 442 万円を除して固定比率 97.42％と計算すべきある。そこで表 1-5 で Y 病院の短期と長期の財務比率を 2 次修正すると、次の表 1-6 のようになる。固定比率は第 1 次修正の 135.62％が第 2 次修正では 97.42％へ、固定長期適合率は 88.27％が 63.36％へ改善する。流動比率 201.73％、当座比率 181.77％に変化は生じない。

表 1-6　　　　財務安全比率の 2 次修正（Y 病院 2022 年 3 月決算）　　　　筆者作成

	修正前	1 次修正	2 次修正	健全値の目安	全産業平均年度
流 動 比 率	413.28%	201.73%	201.73%	200％以上	149.12%
当 座 比 率	393.32%	181.77%	181.77%	100％以上	91.42%
固 定 比 率	98.12%	135.62%	97.42%	100％以下	138.88%
固定長期適合率	63.86%	88.27%	63.36%	100％以下	79.65%

固定比率 97.42％ ÷ 固定資産 59 億 442 万円 ÷ 損益前資本 60 億 6,104 万円

固定長期適合率 63.36％ ÷ 固定資産 59 億 442 万円 ÷ 長期資本 92 億 8,927 万円

長期資本 92 億 8,927 万円＝純資産 60 億 6,104 万円＋固定負債 32 億 2,823 万円

全産業平均値は、財政金融統計月報 835 号（2022 年 4 月 7 日公開）より筆者計算。

なお、表 1-6 の健全値の目安に関して、青木茂男［2012］では流動比率は一般的には 200％ではなくて 120％程度あればよい（343 頁）。当座比率は 100％程度あれば短期的な債務の返済には問題がない（346 頁）。固定比率は 100％以下が理想（347 頁）。固定長期適合率は 100％以下なら設備資金の調達は健全とされる（348 頁）。

　このように長期性引当金に対応する資産 22 億 5,619 万円の表示場所を固定資産の部から新設の「流投資産の部」へ変更し、損益前資本で固定資産を除して 2 次修正を行うと、固定比率は 97.42％に、固定長期適合率は 63.36％に改善し、いずれも 100％以下となり、固定比率と固定長期適合率の高率化問題も解決する。

第４節　経営体Ｂタイプの貸借対照表 “借方” の組み替え

　一方、巨額の長期利潤目的の投資有価証券や長期性引当金等に対応する長期性預金を保有する優れた経営体（以下、経営体Ｂという）では、そうした資産を固定資産の部に掲げているので、固定比率や固定長期適合率が高率に計算される傾

向がある。これを表 1-7 の T 社の貸借対照表で説明を行う[15]。

表 1-7　　　　　　　　T 社 貸借対照表

＊A	流動資産	8 兆 3,404 億円	総負債	6 兆 3,838 億円	＊1
	内、当座資産	5 兆 3,748 億円	流動負債	4 兆 7,983 億円	＊2
＊B	固定資産	12 兆 6,506 億円	固定負債	1 兆 5,855 億円	＊3
	有形固定資産	1 兆 4,478 億円	(内、退職給付引当金 3,629 億円)		＊4
＊C	投資その他の資産	11 兆 2028 億円	純資産 (自己資本)	14 兆 6,072 億円	＊5
＊D	(内、投資有価証券	7 兆 4,417 億円)	(内、当期純利益	1 兆 6,940 億円)	＊6
	資産合計	20 兆 9,910 億円	負債・純資産合計	20 兆 9,910 億円	

T 社 2022 年 3 月期決算の有価証券報告書より筆者作成 (四捨五入処理の関係で集計金額の端数を一部調整)

第 1 項　経営体 B タイプの貸借対照表に基づく固定比率分析の問題点

　表 1-7 から通説にしたがい流動比率、当座比率、固定比率、固定長期適合率を計算すると表 1-8 のようになる。

表 1-8　財務安全性比率・通説 (2022 年 3 月決算)　　筆者作成

	通説	健全値の目安	全産業平均年度
流　動　比　率	173.82%	200% 以上	149.12%
当　座　比　率	112.01%	100% 以上	91.42%
固　定　比　率	86.61%	100% 以下	138.88%
固定長期適合率	78.13%	100% 以下	79.65%

　目安値 100％以下の「固定比率は固定資産投資の調達と運用のバランスを示す (青木茂男［2012］347 頁)」とされる。この固定資産投資は、生産に必要な機械、設備、土地、無形固定資産への投資を指すと解するのが妥当である。この考え方のもと、表 1-7 の＊D の利潤目的の投資有価証券 7 兆 4,417 億円は対象外とし、これを＊B の固定資産 12 兆 6,506 億円から控除し、固定資産額は 5 兆 2,089 億円に修正して固定比率を計算すると、T 社の固定比率は 35.66％ (≒修正固定資産 5 兆 2,089 億円 ÷ 純資産 14 兆 6,072 億円) となる。このように、固定比率が 86.61％から 35.66％へと大きく変化することを踏まえると、T 社のように優れた経営体 B タイプの固定資産投資分析を、これまで適正に測定し得ていたのかを見直さざるを得ないと言える。これが問題点 2 である。

　この問題点 2 への対処策として、表 1-7 の＊C の「投資その他の資産 11 兆 2,028 億円 (前者)」の中に含まれている、＊D の「投資有価証券 7 兆 4,417 億円 (後者)」は、利潤目的で運用している換金可能な余裕資産であるので、これを固定資産から取り除いて固定比率を計算することが妥当である。

　そこで、T 社の表 1-7 の貸借対照表の＊D の投資有価証券 7 兆 4,417 億円を、表 1-9 の「＊ア：流投資産の部」の＊②へ投資有価証券等 7 兆 4,417 億円として

移動し、これを独立表示し、固定比率を計算し直すことにする（移動前の表1-7
の＊Ｄから移動後の表1-9の＊②への矢印を参照のこと）。

第２項　経営体Ｂタイプの貸借対照表に基づく固定比率分析問題への対処策

表 1-7　　　　　　　　　Ｔ社貸借対照表
2022（令和 4）年 3 月 31 日時点

＊Ａ	流動資産	8 兆 3,404 億円	総負債	6 兆 3,838 億円	＊1
	内、当座資産	5 兆 3,748 億円	流動負債	4 兆 7,983 億円	＊2
＊Ｂ	固定資産	12 兆 6,506 億円	固定負債	1 兆 5,855 億円	＊3
	有形固定資産	1 兆 4,478 億円	（内、退職給付引当金 3,629 億円）		＊4
＊Ｃ	投資その他の資産	11 兆 2028 億円	純資産（自己資本）	14 兆 6,072 億円	＊5
＊Ｄ	（内、投資有価証券	7 兆 4,417 億円）	（内、当期純利益	1 兆 6,940 億円）	＊6
	資産合計	20 兆 9,910 億円	負債・純資産合計	20 兆 9,910 億円	

Ｔ社 2022 年 3 月期決算の有価証券報告書より筆者作成（四捨五入処理の関係で集計金額の端数を一部調整）

表 1-9　　　　Ｔ社　財務分析上の貸借対照表
2022（令和 4）年 3 月 31 日時点

＊ア	流投資産	15 兆 7,821 億円	総負債	6 兆 3,838 億円	＊1
＊①	流動資産	8 兆 3,404 億円	流動負債	4 兆 7,983 億円	＊2
	内、当座資産	5 兆 3,748 億円	固定負債	1 兆 5,855 億円	＊3
＊②	投資有価証券等	7 兆 4,417 億円	（内、退職給付引当金 3,629 億円）		＊4
＊エ	固定性資産	5 兆 2,089 億円	純資産（自己資本）	14 兆 6,072 億円	＊5
	有形固定資産	1 兆 4,478 億円	（内、当期純利益	1 兆 6,940 億円）	＊6
＊③	投資その他の資産	3 兆 7,611 億円			
	資産合計	20 兆 9,910 億円	負債・純資産合計	20 兆 9,910 億円	

Ｔ社 2022 年 3 月期決算の有価証券報告書より筆者作成（四捨五入処理の関係で集計金額の端数を一部調整）

　表1-7の借方の＊Ｂの固定資産 12 兆 6,506 億の中から＊Ｄの投資有価証券 7
兆 4,417 億円を取り出したことによって、修正固定資産（以下、固定性資産とい
う）は表1-9の＊エのように 5 兆 2,089 億円（有形固定資産 1 兆 4,478 億円＋＊
③の投資有価証券等を除去後の投資その他の資産 3 兆 7,611 億円）となる。この
＊エの固定性資産（修正固定資産）5 兆 2,089 億円を自己資本で除して固定比率
を計算する場合に、通説では＊6の当期純利益 1 兆 6,940 億円を含む＊5の「期
末自己資本 14 兆 6,072 億円」で＊エの固定性資産 5 兆 2,089 億円を除して固定比
率 35.66％と計算する。

　しかし、時系列でみると表1-9の＊エの固定資産 5 兆 2,089 億円は、＊6の当
期純利益 1 兆 6,940 億円が確定する前の自己資本＝損益前資本 12 兆 9,132 億円で
取得していたはずである（＊6の当期純利益 1 兆 6,940 億円は株主持分であり、
定時または臨時の株主総会等の開催前に当期純利益 1 兆 6,940 億円を源泉とする
資金を転用することは避けるべきである）。よって、＊5の期末自己資本 14 兆
6,072 億円から＊6の当期純利益 1 兆 6,940 億円を差し引いた「修正自己資本 12

兆 9,132 億円（これを損益前資本という）」で、＊エの固定資産 5 兆 2,089 億円を
除して固定比率 40.34％を計算すべきと考える。そこで、表 1-9 で T 社の固定比率と
固定長期適合率を計算し直すと計算過程と計算結果は、次のようになる（表 1-10）。

固定比率 40.34％≒修正固定資産 5 兆 2,089 億円÷損益前資本 12 兆 9,132 億円

損益前資本 12 兆 9,132 億円＝純資産 14 兆 6,072 億円－当期純利益 1 兆 6,940 億円

固定長期適合率 35.93％≒修正固定資産 5 兆 2,089 億円÷長期資本 14 兆 4,987 億円

長期資本 14 兆 4,987 億円＝損益前資本 12 兆 9,132 億円＋固定負債 1 兆 5,855 億円）

表 1-10　　　T 社財務安全性比率の修正計算（2022 年 3 月決算）　　　筆者作成

	修正前	修正後	健全値の目安	全産業平均年度
流 動 比 率	173.82％	173.82％	200％以上	149.12％
当 座 比 率	112.01％	112.01％	100％以上	91.42％
固 定 比 率	86.61％	40.34％	100％以下	138.88％
固定長期適合率	78.13％	35.93％	100％以下	79.65％

　このように、表 1-9 の貸借対照表に基づいて T 社の固定比率と固定長期適合
率を修正計算すると、表 1-10 で確認できるように T 社の固定比率は 40.34％
（先行研究では 35.66％）、固定長期適合率は 35.93％に改善する。T 社の流動性基
盤と資本性基盤が優れていることを読み取ることが可能になる。そこで、上述の
損益前資本 12 兆 9,132 億円で固定性資産 5 兆 2,089 億円を除した比率（40.34％）
は「資本固定比率」と呼称し、先行研究の「固定比率」と区別する。また、固定
長期適合率は「長期資本固定比率」ということにする。

第 3 項　Y 病院と T 社の貸借対照表分析から得られた知見

1．Y 病院の貸借対照表分析から得られた知見

表 1-11　　　　　　　　貸借対照表（Y 病院）

＊A	流動資産	44 億 764 万円	流動負債	10 億 6,649 万円	＊1
＊B	（現金及び預金	29 億 627 万円）	固定負債	32 億 2,823 万円	＊2
＊C	（未収金	12 億 8,844 万円）	（企業債	8 億 2,402 万円）	＊3
	（貯蔵品、その他資産 2 億 1,293 万円）		（退職給付引当金	19 億 3,834 万円）	＊4
＊D	固定資産	59 億 442 万円	（修繕引当金	3 億 1,785 万円）	＊5
	（有形固定資産	59 億 442 万円）	（長期前受金	1 億 4,802 万円）	＊6
			純資産（自己資本）	60 億 1,734 万円	＊7
			（当期純損失	▲ 4,370 万円）	＊8
	資産合計	103 億 1,206 万円	負債・純資産合計	103 億 1,206 万円	

出所：Y 病院 2022 年 3 月期決算の貸借対照表より筆者作成（四捨五入処理の関係で集計金額の端数を一部調整）

　ところで、Y 病院が公表した上掲の表 1-11 の貸借対照表から計算すると、流
動比率は 413.28％（≒流動資産 44 億 764 万円÷流動負債 10 億 6,649 万円）であ
る。Y 病院では流動資産 44 億 764 万円だけで総負債 42 億 9,472 万円を賄える状

況にあると映る。つまり、流動資産 44 億 764 万円に占める総負債の比率は 97.44
％（÷総負債 42 億 9,472 万円÷流動資産 44 億 764 万円）であり、流動資産対総
負債比率は 97.44％となる。

　しかし、Ｙ病院では上述のように長期特定資産として拘束すべき＊ 4 の退職給
付引当金 19 億 3,834 万円と＊ 5 の修繕引当金 3 億 1,785 万円からなる長期性引当
金 22 億 5,619 万円に相当する資産が、流動資産 44 億 764 万円の中に含まれてい
ると思われる。だとすれば、その流動資産 44 億 764 万円から長期性引当金に対
応する長期特定資産 22 億 5,619 万円を控除した差額の 21 億 5,145 万円が正しい
流動資産額（修正流動資産額）ということになる。

　長期性引当金に対応する長期特定資産や投資有価証券を「投資有価証券等」と
いう概念でとらえ、さらに修正流動資産 21 億 5,145 万円と投資有価証券等 22 億
5,619 万円の合計 44 億 764 万円を「流投資産」という概念でとらえると、「流投
負債比率」97.44％（÷総負債 42 億 9,472 万円÷流投資産 44 億 764 万円）となる。
つまり、Ｙ病院は流投資産 44 億 764 万円で総負債 42 億 9,472 万円を賄える状況
にあるわけである。ただし、Ｙ病院の流動資産 44 億 764 万円の中に含まれてい
ると思われる投資有価証券等額（投資有価証券額や長期特定資産額）22 億 5,619
万円を外部者は正確に捕捉できない。それで財務諸表分析上の貸借対照表では、
表 1-12 のように「＊ア：流投資産額 44 億 764 万円＝＊Ａ：流動資産 44 億 764
万円＋＊Ｅ：投資有価証券 0 万円」と表示することになる。

表 1-12　　　　財務分析上の貸借対照表（Ｙ病院）

＊ア	流投資産	44 億 764 万円	流動負債	10 億 6,649 万円	＊1
＊Ａ	流動資産	44 億 764 万円	固定負債	32 億 2,823 万円	＊2
＊Ｂ	（現金及び預金	29 億 627 万円）	（企業債	8 億 2,402 万円）	＊3
＊Ｃ	（未収金	12 億 8,844 万円）	（退職給付引当金	19 億 3,834 万円）	＊4
	（貯蔵品、その他資産	2 億 1,293 万円）	（修繕引当金	3 億 1,785 万円）	＊5
＊Ｅ	投資有価証券等	0 円	（長期前受金	1 億 4,802 万円）	＊6
＊イ	固定性資産	59 億 442 万円	純資産（自己資本）	60 億 1,734 万円	＊7
	（有形固定資産	59 億 442 万円）	（当期純損失▲ 4,370 万円）		＊8
	資産合計	103 億 1,206 万円	負債・純資産合計	103 億 1,206 万円	

出所：Ｙ病院 2022 年 3 月期決算の貸借対照表より筆者作成（四捨五入処理の関係で集計金額の端数を一部調整）

　このように、退職給付引当金などの長期性引当金に対応する投資有価証券等
（長期特定資産他）を流動資産の中に含めていると思われるＹ病院などの経営体
Ａの場合であっても、流動資産と投資有価証券等で構成する「流投資産」と「総
負債」とを比較する「流投負債比率」によって、新たに短期と長期を包摂した流
動性基盤の安全性を判断することが可能になる。これがＹ病院の貸借対照表分析

から得られた知見である。

2．Ｔ社の貸借対照表分析から得られた知見

　Ｔ社が公表した表 1 – 13 の貸借対照表から計算すると、流動比率は 173.82％
（≒＊Ａの流動資産 8 兆 3,404 億円÷＊ 2 の流動負債 4 兆 7,983 億円）であるが、
Ｔ社の場合も＊Ａの流動資産 8 兆 3,404 億円だけで＊ 1 の総負債 6 兆 3,838 億円
を賄える状況にあることが読み取れる。つまり、流動資産 8 兆 3,404 億円に占め
る総負債 6 兆 3,838 億円の比率は 76.54％（≒総負債 6 兆 3,838 億円÷流動資産 8
兆 3,404 億円）であり、流動資産対総負債比率は 76.54％であることがわかる。

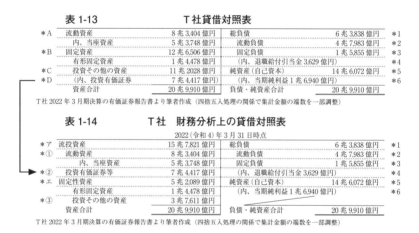

表 1-13　　　　　　　Ｔ社貸借対照表

＊Ａ	流動資産	8 兆 3,404 億円	総負債	6 兆 3,838 億円	＊1
	内、当座資産	5 兆 3,748 億円	流動負債	4 兆 7,983 億円	＊2
＊Ｂ	固定資産	12 兆 6,506 億円	固定負債	1 兆 5,855 億円	＊3
	有形固定資産	1 兆 4,478 億円	（内、退職給付引当金 3,629 億円）		＊4
＊Ｃ	投資その他の資産	11 兆 2028 億円	純資産（自己資本）	14 兆 6,072 億円	＊5
＊Ｄ	（内、投資有価証券	7 兆 4,417 億円）	（内、当期純利益 1 兆 6,940 億円）		＊6
	資産合計	20 兆 9,910 億円	負債・純資産合計	20 兆 9,910 億円	

Ｔ社 2022 年 3 月期決算の有価証券報告書より筆者作成（四捨五入処理の関係で集計金額の端数を一部調整）

表 1-14　　　　　　Ｔ社　財務分析上の貸借対照表
2022（令和 4）年 3 月 31 日時点

＊ア	流投資産	15 兆 7,821 億円	総負債	6 兆 3,838 億円	＊1
＊①	流動資産	8 兆 3,404 億円	流動負債	4 兆 7,983 億円	＊2
	内、当座資産	5 兆 3,748 億円	固定負債	1 兆 5,855 億円	＊3
＊②	投資有価証券等	7 兆 4,417 億円	（内、退職給付引当金 3,629 億円）		＊4
＊エ	固定性資産	5 兆 2,089 億円	純資産（自己資本）	14 兆 6,072 億円	＊5
	有形固定資産	1 兆 4,478 億円	（内、当期純利益 1 兆 6,940 億円）		＊6
＊③	投資その他の資産	3 兆 7,611 億円			
	資産合計	20 兆 9,910 億円	負債・純資産合計	20 兆 9,910 億円	

Ｔ社 2022 年 3 月期決算の有価証券報告書より筆者作成（四捨五入処理の関係で集計金額の端数を一部調整）

　そこで、Ｔ社のように、固定資産の部において投資有価証券 7 兆 4,417 億円が
明示されている場合には、表 1 – 13 を修正し、財務分析上の貸借対照表を表 1 –
14 のように作成し直し、短期流動性の安全性を判断するための流動比率 173.82
％÷＊①の流動資産 8 兆 3,404 億円÷＊ 2 の流動負債 4 兆 7,983 億円を計算する。
加えて、投資有価証券等を固定資産の部から取りだし、これを流投資産の部にお
いて流動資産と投資有価証券等を並列表示し、流投資産 15 兆 7,821 億円（＝流
動資産 8 兆 3,404 億円＋投資有価証券等 7 兆 4,417 億円）と、総負債 6 兆 3,838
億円（＝流動負債 4 兆 7,983 億円＋固定負債 1 兆 5,855 億円）との比較による流
投負債比率 40.45％（＝総負債 6 兆 3,838 億円÷流投資産 15 兆 7,821 億円）を求
める。このようにすれば、短期と長期を包摂した流動性基盤の安全性を判断する

ことができる。これはＴ社の事例分析から得られた知見である。

　このようにＹ病院とＴ社では流動資産額以下に総負債額を抑えている。こうした経営体は他にも実在する。この場合に、Ｙ病院のように長期性引当金に対応する資産が流動資産の中に含めていると思われる経営体Ａでは、外部者が流動資産の中に含まれていると思われる長期特定預金などの投資有価証券等の額を正確に取り出すことは困難である。そこで、経営体Ａでは流投資産（たとえば44億764万円＝流動資産44億764万円＋投資有価証券 0̇ 万円）と総負債（＝42億9,472万円）とを比較する。

　一方、Ｔ社のように長期性引当金に対応する資産を固定資産の部で表示している経営体Ｂでは、外部者であっても投資有価証券等（たとえば7兆4,417億円）を固定資産の部で特定できるので、これを取り出して「流投資産」の部に移動させ、流動資産とともに投資有価証券等を並列表示すれば、経営体Ａと足並みが揃うことになる。こうして経営体Ｂの場合も、流動比率とともに流投資産15兆7,821億円（＝流動資産8兆3,404億円＋投資有価証券等7兆4,4417億円）と、総負債6兆3,838億円とを比較することが可能になる。

　以上がＹ病院とＴ社の事例分析から得られた知見に基づく、経営体Ａタイプとタイプに共通する「流投負債比率＝総負債÷流投資産」による新たな短期と長期を包摂した流動性基盤を判断するための新比率の説明である。

第 5 節　先行研究の自己資本比率分析の留意点

　この第5節では、先行研究の自己資本比率分析の留意点を取り上げる。

第 1 項　先行研究の自己資本比率とわが国の自己資本比率の全産業平均値

　A. Wall ＆ R. W. Duning［1928］は、自己資本と負債との比較による「資本負債比率（Worth to Debt）」という概念を使用している。他方、W. A. Paton［1928］は自己資本と総資産との比較による「自己資本比率（Proprietary equity to total assets）」という概念を使用している[16]。

　その自己資本比率に関して、國弘員人［1974］は負債と自己資本（現在の純資産）の和である総資本に占める自己資本の割合が自己資本比率であるとした上で、

「支払義務を負債とすると、自己資本は、その支払手段と見ることもできる」と
している（318頁、352頁）。そして、國弘員人［1968］では、「この比率がどれ
くらいあればよいかということは、いろいろな事情があって、一律にはいえない
が、一般的には、自己資本は50パーセント以上あることが望ましい（219頁）」
としている。

　一方、青木茂男［2012］は、総資産（＝負債＋純資産）に占める純資産（自己
資本）の割合で、長期的な財務安全性を最もよく示す比率が自己資本比率である
とした上で「自己資本比率は何パーセント以上でなければならないという基準は
ないが、この比率が高いほど財務リスクが低い。この比率が高いほど無借金経営
に近く財務安全性が高いことを意味する」と述べ、且つ「理論的な最適自己資本
比率はない」としている。なお、この比率が高いということは「設備投資に消極
的であるという側面をも有している。自己資本比率が高いことは財務安全性の面
では好ましいが、企業成長にとっては好ましいとは限らない」とも述べている
（349頁）。

　なお、財政金融統計月報811号『法人企業統計年報特集』より、筆者が平成
30（2018）年度の自己資本比率を計算したところ、表1-15の末尾で確認できる
ように、全産業の平均値は約42％であった。

表1-15　　　　　貸借対照表（全産業）

流動資産	778,746,093	流動負債	538,798,799
（当座資産	480,627,678）	固定負債	504,325,532
固定資産	1,018,255,997	純資産	756,457,216
繰延資産	2,579,457		
資産合計	1,799,581,547	負債・純資産合計	1,799,581,547

財政金融統計月報811号より筆者作成

流動比率144.53％、当座比率89.20％、固定比率134.67％（含む繰延資産135.01％）、固定長期適
合率80.79％（含む繰延資産80.99％）、自己資本比率42.02％

第2項　先行研究の自己資本比率分析の留意点

　上述の「一般的には、自己資本は50パーセント以上あることが望ましい（國
弘員人［1968］219頁）」、「この比率が高いほど財務リスクが低い（青木茂男
［2012］349頁）」とされる。その自己資本比率の2021年6月時点におけるわが
国銀行の国内基準に基づく自己資本比率の上位10行は表1-16のとおりであ
る[17]。

　表 1-16 でわかるように、セブン銀行と大和ネクスト銀行を除くと、上位銀行でも自己資本比率は 10％台である。一般企業と異なる位置づけがなされる金融機関の自己資本比率を調べたところ、その多くが 10％未満である。

表 1-16　国内基準による自己資本比率のトップ 10

順位	銀行名	自己資本比率
1	セブン銀行	54.59%
2	大和ネクスト銀行	43.50%
3	ゆうちょ銀行連)	15.53%
4	埼玉りそな銀行	14.45%
5	新生銀行	13.26%
6	常陽銀行	11.48%
6	常陽銀行	11.48%
7	京都銀行	11.24%
8	あおぞら銀行	11.13%
9	りそな銀行	10.85%
10	SBJ 銀行	10.51%

出所：近藤真理「日本の銀行ランキング TOP10！信用格付や時
　　　価総額など、三菱 UFJ、三井住友、みずほの順位は？」
　　　moneytimes.jp（公開日 2021 年 8 月 9 日）

　たとえば表 1-17 は M I 銀行（都市銀行）の、表 1-18 は F 銀行（地方銀行）の自己資本比率であるが、いずれも 10％未満である。

表 1-17　　　　　　　　　　　MI 銀行の自己資本比率（単体）　　　　　　　　筆者作成

M 銀行 (単体)	2018 年 3 月期	2019 年 3 月期	2020 年 3 月期	2021 年 3 月期	2022 年 3 月期
	4.63%	4.44%	3.86%	3.74%	3.31%

表 1-18　　　　　　　　　　　F 銀行の自己資本比率（単体）　　　　　　　　筆者作成

F 銀行 (単体)	2018 年 3 月期	2019 年 3 月期	2020 年 3 月期	2021 年 3 月期	2022 年 3 月期
	4.17%	4.02%	3.47%	3.61%	3.28%

　この自己資本比率に関して、上述したように先行研究の國弘員人［1968］では「自己資本を支払手段と考えて、総資本に占める自己資本の割合を見ることによって、支払義務を弁済・弁償する力がどの程度あるかを読み取ることができる（國弘員人［1974］352 頁）」という。また、國弘員人［1974］では「支払義務を負債とすると、自己資本は、その支払手段と見ることもできる（國弘員人［1974］は 352 頁）」としている。この見解では、表 1-16、表 1-17 および表 1-18 のように、自己資本比率が 10％未満の金融機関は支払義務を履行する弁済力も低いことになる。しかし、自己資本比率が 10％未満の低率であっても大部分の銀行は支払義務を遂行している。この事実を踏まえると自己資本比率の多寡が支払義務を履行する弁済力をあらわすとは限らないことに留意をする必要がある[18]。

第6節　経常利益中心の収益性分析に内在する問題点
―第1章の結びに代えて―

　ここまで、先行研究の短期の支払能力を判断するための流動比率と当座比率、固定資産投資の安全性を判断するための固定比率と固定長期適合率、財務安全性や負債の弁済力・弁償を判断するための比率とされる自己資本比率が正しく機能していない事例を取り上げた。この第6節では、経常利益を中心にした収益性分析に内在する問題点を取り上げ、経営全体の収益性を俯瞰した収益性分析の必要性を述べる。

第1項　総収益と総費用の比較による収益性分析の必要性

　経常利益を中心にした収益性分析では、分析の構成項目から営業外収益、特別利益、特別損失などが漏れることになる。たとえばT社では、営業外収益が2019年3月決算では1兆460億円、2020年3月決算で9,300億7,400万円、2021年3月決算で1兆2,766億円、2022年3月決算で1兆1,514億円も存在する。また、法人税額等は2019年3月決算で4,262億円、2020年3月決算で3,113億円、2021年3月決算で2,486億円、2022年3月決算で4,776億円である（出所：T社2019年3月決算、2020年3月決算、2021年3月決算、2022年3月決算の有価証券報告書）[19]。

　H社では特別利益が2019年3月決算で67億円、2020年3月決算で59億円、2021年3月決算で450億円、2022年3月決算で104億円である。特別損失は2019年3月決算で547億円、2020年3月決算で483億円、2021年3月決算で240億円、2022年3月決算で461億円である。法人税額等は2019年3月決算で1,237億7000万円、2020年3月決算で967億円、2021年3月決算で70億円、2022年3月決算で899億円である（出所：H社2019年3月決算、2020年3月決算、2021年3月決算、2022年3月決算の有価証券報告書）[20]。

　また、企業の中には巨額の営業費用や営業外費用を特別損失へ計上替えする、いわゆる「区分表示シフト」を行うケースが見られる。この「区分表示シフト」によって見栄えの良い利益表示または利益マネジメントが行われ、営業外費用などが分析対象項目から除外されることになる[21]。さらには、「負の暖簾」を利用

した利益嵩上げの利益捻出会計が存在する[22]。こうした問題が内在するので、売上高経常利益を中心とする収益性分析に依拠したのでは、経営全体の収益性を俯瞰することができないのである。これに加えて、経常利益中心の収益性分析には次に述べる貸借対照表と損益計算書の連携に関わる問題も内在している。

第 2 項　資産経常利益率分析と売上経常利益率分析の問題点

　資産経常利益率分析や売上経常利益率分析で使用される「経常利益」は、経営体の最終成果を意味する概念ではない。一方、総収益額と総費用額との差額概念である「純利益または純損失（以下、純損益とか損益という）」は、経営体の最終成果を意味する概念である。この「純損益」が損益計算書で確定し、貸借対照表の資本の部に表示されることで、損益計算書と貸借対照表との連携・接続が可能になる。ところが「経常利益」は貸借対照表の資本の部に表示されることがないので、「経常利益」中心の財務分析の場合は、損益計算書と貸借対照表との関係が切断されることになる。この結果、経営全体を俯瞰した収益性分析を行うことができないという問題点 3 が生じる。

　以上の問題点 3 の、「純損益」が果たしている損益計算書と貸借対照表との連携・接続について、表 1-19 と表 1-20 の大陸式決算で説明を行う。

簿記 = Bookkeeping（取引の帳簿への記入から帳簿の締切りによる利益確定までの行為を簿記という）

表 1-19		損　　益		単位：億円
総　費　用	120,654	総　収　益		137,593
残　　高	16,939			
	137,593			137,593

決算仕訳
　　決算日　　　　　　（借）損益　16,939　　　　　（貸）残高　16,939

表 1-20		残　　高		単位：億円
流動資産	83,404	総　負　債		63,837
固定資産	126,506	純　資　産		129,134
		損　　益		16,939
	209,910			209,910

損益勘定において算定された当期純利益 1 兆 6,939 億円を残高勘定の貸方へ振り替え、残高勘定の貸借金額が一致すれば（この例では 20 兆 9,910 億円）、帳簿の完成である。ここまでの行為が簿記である。T 社の 2022 年 3 月決算の有価証券報告書より筆者作成（四捨五入により端数調整している）

　表 1-19 の簿記の「損益勘定」で確定した貸借差の純利益 1 兆 6,939 億円は、損益勘定の借方に残高 1 兆 6,939 億円と表示される。そして、この残高 1 兆 6,939 億円が、表 1-20 の「残高勘定」の貸方へ送られ（損益勘定の借方から残高勘定の貸方への矢印を参照のこと）、損益 1 兆 6,939 億円と記入されて帳簿が

締め切られ、残高勘定の貸借合計（表 1-20 では 209,910）の一致をもって簿記は完結する。帳簿締め切りの決算仕訳は次のとおりである。

　決算日（3/31）　（借）損　益　16,939　　　（貸）残　高　16,939

　そして、内部書類である帳簿記録＝簿記の表 1-19 の「損益」という勘定タイトルは、外部報告の会計において表 1-21 のように「損益計算書」へと書き改められ、借方に「当期純利益 16,939」と表示される。また表 1-20 の「残高」という勘定タイトルは、表 1-22 のように「貸借対照表」へと書き改められ、貸方の純資産 146,073 の下行において当期純利益 16,939 は内訳表示される（表 1-21 から表 1-22 への矢印を参照のこと）。

会計＝ Accounting（取引結果を法制度等に基づいて経営関係者へ説明、報告する行為を会計という）

表 1-21　　　　　損　益　計　算　書　　　　　単位：億円

総　費　用	120,654	総　収　益	137,593
当期純利益	16,939		
	137,593		137,593

簿記の損益勘定は、会計では損益計算書になり当期純利益と表示され、残高勘定は貸借対照表になり、当期純利益は純資産の中に含め内訳表示される。

表 1-22　　　　　貸　借　対　照　表　　　　　単位：億円

流動資産	83,404	総　負　債	63,837
固定資産	126,506	純　資　産	146,073
		（内、当期純利益	16,939）
	209,910		209,910

簿記で確定した取引結果を、会社法、金融商品取引法、税法等の法制度に基づいて株主、徴税当局をはじめとする経営関係者へ説明、報告する行為が会計である。
Ｔ社の 2022 年 3 月決算の有価証券報告書より筆者作成（四捨五入により端数調整している）簿記（Bookkeeping）と会計（Accounting）の区別については渡邉　泉 [2008]『歴史から学ぶ軽軽』森山書店、225 頁」を参照されたい。

　このように表 1-21 の損益計算書の借方に表示された当期純利益 16,939 が、表 1-22 の貸借対照表の貸方の純資産（資本）の部において内訳表示されることで、損益計算書と貸借対照表が連携・接続するのである。こうした問題点 3 への対処策として、経常利益による収益性分析に代えて、総収益と総費用との比較による経営全体を俯瞰した収益性分析が必要である。そこで、ここまで述べてきた流動比率、当座比率、固定比率、固定長期適合率、自己資本比率、収益性分析比率が正しく機能していない問題を克服するための新しい財務比率を次の第 2 章で提示し、その上で新しい財務比率による事例分析を行うことにする。

注

1) 國部克彦（1994）白桃書房、18 頁。

Peter R. Earling（1890）, pp.171-174.

なお、引用文の現金回収価値について、Earling の 173 頁において、to insure us dollar for dollar と記述されている。

Hathi Trust Digital Library Millions of books online（ダウンロードによる参照が可能である）、

https://www.hathitrust.org

2）James 0. Horrigan［1968］，p. 285.

3）青木茂男［2012］343 頁。

4）國弘員人［1974］347 頁。

5）三苫夏雄［1986］43 頁。

なお、伊藤敏克「流動比率の計算式と適正水準（目安）」では、「流動比率は、1 年以内に現 金化される流動資産と、1 年以内に支払期限が到来する流動負債を用いて計算する」として、中小企業の流動比率の目安を次のように掲げている。 ① 150% 以上であれば優良水準である。② 120%〜149% の範囲であれば安全水準である。③ 100%〜119% の範囲であれば改善の余地がある。④ 99% 以下であれば、危険水準である。

伊藤敏克［2021］「流動比率の計算式と適正水準（目安）」

bcj-co.jp/keiei8/knowhow85.html（2021 年 5 月 19 日参照）

6）James G. Cannon［1905］pp.586-591. この中の 588 頁 において、当座比率の「50%ルール」について次のように記述されている。

Rule No.3 the debt limit of the borrower has been exceeded when his liabilities exceed fifty per cent. of his quick assets（the so-called fifty per cent. credit rule）と記述されている。

The Bankers' Magazin 1905 については、久留米大学御井図書館に文献取り寄せでお世話になった。

7）森田知香子［1995］114 頁。

8）Stephen Gilman［1925］pp.32-35.

S. Gilman は 34 頁で Quick and Working Assets と題して次のように流動比率の計算例を示している。

Current Assets $38,579 ÷　Current Liabilities $10,248 　= 376% Current Ratio

35 頁では The Acid Test と題して当座比率の計算例を示している。

QuickAsset$16,369 ÷　Current Liabilities $10,248 = 160%　Acid Test Ratio

なお、青木茂男［2012］343 頁において「流動比率は銀行家比率とも言われた」とある。アメリカの銀行家：ウォール（alexander wall）の経験則に基づく流動負債 1 に対して 2 倍の流動資産が必要とする流動比率 200%は「銀行家比率」とも言われている。

9）この「きびしい吟味」の訳語については、次の辞書でも確認することができる。

小学館［1990］18 頁。

なお、伊藤敏克「当座比率の計算式と適正水準（目安）」では、「当座比率は、1 年以内に現金化される流動資産の中でも換金性の高い現金、売掛金、受取手形等の当座資産と、1 年以内に支払期限が到来する流動負債を用いて計算する」として、中小企業の当座比率の目安を次のように掲げている。 ① 120% 以上であれば優良水準である。② 90%〜119% の範囲であれば安全水準である。③

70%〜89% の範囲であれば改善の余地がある。④ 69% 以下であれば危険水準である。ここに、危険水準とは「一般的に、当座比率が 69% 以下だと、資金繰りに影響が出始める。また、外部からの会社の心証が悪くなる。例えば、銀行融資や助成金の交渉に影響が出る場合がある」としている。

伊藤敏克［2021］「当座比率の計算式と適正水準（目安）｜安全性分析に用いる経営指標」
bcj-co.jp/keiei8/knowhow87.html（2021 年 5 月 11 日参照）

10) 國部克彦［1994］24-25 頁。

國部克彦［1994］で和訳の P. Havener［1917］．352 頁の原文は次のとおりである。

If this statements is current and shows the true financial position of the company, it is in excellent financial condition, current assets being over two and one-half times current liabilities and the net worth fully taking care of the entire investment in fixed assets as well as $173,000.00 of the current assets.

Paul. Havener［1917］pp.349-363.

11) 阪本安一［1983］．11 頁。

なお、伊藤敏克「固定比率と固定長期適合率の計算式と適正水準（目安）」では、「固定比率とは、購入した固定資産が会社の自己資金でどの程度まかなわれているかを示す経営指標のことだ。」と述べ、「自己資本に対する固定資産の構成比率を求めることで計算できる」として、中小企業の固定比率の目安を① 100% 以下であれば優良水準である。② 101%〜120% の範囲内であれば標準水準である。③ 121%〜150% の範囲内であれば要改善である。④ 151% 以上であれば、過剰投資の可能性があるとしている。

伊藤敏克［2021］「固定比率と固定長期適合率の計算式と適正水準（目安）／資産・投資効率を計る経営指標」 https://bcj-co.jp/keiei8/knowhow96.html（2021 年 5 月 9 日参照）

12) Alexander Wall & Raymond W. Duning［1928］の次の頁を参照されたい。

流動比率は原著の 88-90 頁と 107-114 頁で、当座比率は 90-92 頁と 127 頁で説明している。固定比率は 73-77 頁（分子に自己資本を、分母に固定資産を使用して計算している）と 123-125 頁で説明している。固定長期適合率については 147 頁で簡単に説明している。固定長期適合率（Net Worth and Founded Debt to Fixed Assets）を、上野正男［2005］．311 頁では、「長期資本固定比率」と和訳している。また、國弘員人（1974）351 頁でも、「長期資本固定比率」が使用されている。

13) ビジドラ［2019］「固定比率とは？財務体質を把握するために知っておきたい基礎知識」www.smbc-card.com/ hojin/magazine/…/fixed_rate.jsp（2019 年 8 月公開）：（2021 年 5 月 9 日参照）

14) 公立八女総合病院企業団『業務状況報告書 2022 年 3 月期決算』
https://hosp-yame.jp/wp-content/uploads/2022/07/20220711_ simohankigyo9mujokyohokokusyo_hp.pdf（2022 年 9 月 24 日参照）8-9 頁より筆者作成。

なお、流動負債と固定負債との区分に計上されている繰延収益 1 億 4,802 万円は、財務分析上では固定負債として取り扱っている。

15) トヨタ株式会社『有価証券報告書 2022 年 3 月期決算』
https://global.toyota/pages/global_toyota/ir/library/securities-report/archives /

archives_2021_03.pdf193-195 頁（2022 年 7 月 16 日参照）。

16）William Andrew Paton［1928］p.254.

國部克彦［1994］前掲書、149 頁。

なお、伊藤敏克「自己資本比率の計算式と適正水準（目安）」で、中小企業の自己資本比率の目安を次のように掲げている。 ①50% 以上であれば、優良企業である。70% を超えると無借金経営の超優良企業。②20～49% の範囲に収まっていれば、一般的な水準の会社である。40% 以上であれば、倒産のリスクは殆どない。③ 10～19% の範囲であれば、資本力に乏しい状態である。直ちに経営が悪化する恐れはないが、20% 以上の水準を目指して利益体質を改善した方が良いだろう。④ 9% 以下であれば、資本欠損の恐れがある。既に赤字経営に陥っているような場合は、早急に利益体質を改善し、会社の黒字化を最優先しなければならない。

伊藤敏克［2021］「自己資本比率の計算式と適正水準（目安）／安全性分析に用いる経営指標」bcj-co.jp/keiei8/knowhow79.html（2021 年 5 月 11 日参照）

17）近藤真理［2021］moneytimes.jp（公開日 2021 年 8 月 9 日）

なお、BIS（Bank for International Settlements ＝国際決済銀行）の国際統一基準では、達成すべき自己資本比率を 8% 以上と定めているほか、国内基準では、達成すべき自己資本比率を 4% 以上と定めている。

18）支払義務の弁済力や弁償力は、自己資本比率で判断するのではなく、流動比率や当座比率で判断する方が妥当である。筆者が、自己資本比率 10% 未満の金融機関の流動比率を調べたところ、たとえば都市銀行のＭＩ銀行の流動比率は約 104%（2022 年 3 月期決算）、地方銀行のＦ銀行で約 103% である。これは、広く金融機関に見られる値である。流動比率（銀行家比率）の健全値は 200% 以上必要というが、銀行自身の流動比率は 100% 程度である。ということは、分子が流動負債、分母が流動資産ならば 100% 以下でよいと筆者は考える。これについては第 2 章で論じる。

「三井住友銀行有価証券報告書 2022 年 3 月期決算」157-163 頁。

https://www.smfg.co.jp/investor/financial/yuho/2022_pdf/2022_fy_bc.pdf

（2023 年 3 月 10 日参照）

「福岡銀行有価証券報告書 2022 年 3 月期決算」111-115 頁。

https://www.fukuoka-fg.com/investor/library/securities.html

（2023 年 3 月 10 日参照）

19）トヨタ株式会社『有価証券報告書 2019 年 3 月期決算』

https://global.toyota/pages/global_toyota/ir/library/securities-report/archives /archives_2019_03.pdf,160-162 頁。

トヨタ株式会社『有価証券報告書 2021 年 3 月期決算』

https://global.toyota/pages/global_toyota/ir/library/securities-report/archives /archives_2021_03.pdf,193-195 頁。

トヨタ株式会社『有価証券報告書 2022 年 3 月期決算』

https://global.toyota/pages/global_toyota/ir/library/securities-report/archives /archives_2021_03.pdf193-195 頁。

20）本田技研工業株式会社『有価証券報告書 2019 年 3 月期決算』

https://www.honda.co.jp/content/dam/site/www/investors/cq_img/library/report/FY201903_yuho_j.pdf,150‒152 頁。

本田技研工業株式会社『有価証券報告書 2021 年 3 月期決算』

https://www.honda.co.jp/content/dam/site/www/investors/cq_img/library/report/FY202103_yuho_j.pdf,157‒159 頁。

本田技研工業株式会社『有価証券報告書 2022 年 3 月期決算』

https://www.honda.co.jp/content/dam/site/www/investors/cq_img/library/report/FY202203_yuho_j.pdf,163‒165 頁。

21）木村晃久［2019］によれば、区分シフトとは、経常損益の項目を特別損益に計上したり、逆に特別損益の項目を経常損益の計上する行動を言う。（木村晃久［2019］2 頁）。また、同書 107 頁において、「投資家は区分選択項目を利用した損益の区分シフトに誤導されないと言えるだろう」とも述べている。

　　木村晃久［2019］2 頁、107 頁。

　　井上　修　［2018］381-402 頁。

22）金田堅太郎［2020］16-27 頁。

第2章 新比率の流投負債比率、資本固定比率、収益費用比率と補助比率

　財務分析比率の一部が正しく機能していない問題を克服するとの意図に基づき、この第2章では、最初に貸借対照表分析と損益計算書分析のための新しい財務分析比率の流投負債比率、資本固定比率、収益費用比率とそれぞれの補助比率を提示する。次いで、この新比率による事例分析を行うことにする。

第1節　経営指針としての流投負債比率と補助比率

　第1章において、Y病院（経営体Aタイプ）の流動資産の実体は、本来の「流動資産」と長期特定資産をはじめとする「投資有価証券等」とで構成されているので、「流投資産」で「総負債」を賄っているケースを明らかにした。ただし、経営体Aタイプの場合には、流動資産の中に含まれていると思われる投資有価証券等の金額を、外部者が正確に把握するとこが困難である。

　一方、T社（経営体Bタイプ）では、本来の「流動資産」と、退職給付引当金などに対応する「固定資産」としての長期特定資産をはじめとする投資有価証券等とが峻別されている。したがって、外部者であっても財務諸表分析を行う場合には、投資有価証券等を固定資産の部から取り出すことが可能である。

　そこで、上述の両タイプの経営体に共通する「流投資産」の概念を次のように導入した。すなわち、経営体Aタイプは「流投資産額＝公表流動資産額＋投資有価証券等0」とする。経営体Bタイプは「流投資産額＝公表流動資産額＋公表投資有価証券等額」とする。この経営体Aタイプと経営体Bタイプに共通する新概念の流投資産と総負債とを比較する「流投負債比率」によって、新たに短期と長期を包摂した流動性の分析が可能になることを明らかにした。

　以下では、短期と長期を包摂した流動性を判断するための流投負債比率では、新概念の流投資産額以下に総負債額を抑えることを目標として設定し、流投負債比率100％以下の達成とその補助比率の100％以下の達成を経営体の目標値として指針化する。第1項では、新しい流投負債比率を支える投資有価証券等と流投資産の概念を説明する。第2項では流投負債比率、第3項〜第6項では補助比率の健全値をそれぞれ100％以下とする根拠ついて述べることにする。

第1項　経営指針としての新しい流投負債比率とその補助比率を支える概念

　第1に主要比率の1つである流投負債比率を支える投資有価証券等の概念、第2に流投資産の概念を説明する。第3に流投負債比率と補助比率の健全値をそれぞれ100％以下とする根拠を述べることにする。

1．新しい流投負債比率を支える投資有価証券等の概念について

　流動性の良否を判断するための流投負債比率の説明に先立ち、「流投負債比率」を支える投資有価証券等と流投資産の概念について説明を行う。新たな分析比率の流投負債比率は、次式のように分子は総負債額、分母は流投資産額で構成する。

流投負債比率（％）＝総負債÷流投資産

　　＊ 総負債＝流動負債＋固定負債　　　＊ 流投資産＝流動資産＋投資有価証券等

　第1に、上記式のうちの流投資産を構成する投資有価証券等について説明する。投資有価証券等は「財務諸表等の用語、様式及び作成方法に関する規則」の第14条（資産の分類）において「資産は、流動資産、固定資産及び繰延資産に分類し、更に、固定資産に属する資産は、有形固定資産、無形固定資産及び投資その他の資産に分類して記載しなければならない[1]」と規定されている（傍点は筆者挿入）。上掲文中の「投資その他の資産」に該当する投資有価証券や長期特定資産は、経営体が余裕資金を長期保有目的で運用している資産である。その投資有価証券や長期性預金などを指して「投資有価証券等」と呼ぶことにする。

2．新しい流投負債比率を支える流投資産の概念について

　第2に、流投負債比率を支える流投資産概念の説明を行う。円谷昭一［2020］267頁によれば、「2018年度の東証1部上場会社（2,164社）のうち、有利子負債がまったくない無借金企業が12.9％、有利子負債の額を現預金・有価証券の額が上回っているいわゆる実質無借金企業が45.1％である」と述べている[2]。したがって、流動資産だけで総負債の返済財源を賄うことのできない経営体が存在する。その場合に、ゴーイングコンサーン（継続事業）中の生産過程に直結している機械設備や無形資産を換金処分すると直ちに生産活動に支障が生じる。

　一方、生産過程から離れて保有される投資有価証券、長期預貯金、長期特定資産などの「投資有価証券等」はある意味では余裕資金であり、これを換金処分し

ても生産活動に直接の影響はないのである。これを根拠にして、経営体の保有する「投資有価証券等」は、負債の返済財源と見てよいと筆者は判断する。そこで、投資有価証券等を固定資産の部から取り出して、これを流動資産と同位置の項目として取り扱う。その流動資産と投資有価証券等の頭文字を取った新概念が「流投資産」である。そして、この流投資産額以下に総負債額を抑えることを経営体の目標（第１目標という）として設定するわけである。

3.　流投負債比率と補助比率の役割について

　第３に、流投負債比率と補助比率の役割について説明を行う。上述の流投資産額以下に総負債額を抑える第１目標の達成有無を点検し、流投資産と総負債との関係状況、つまり経営全体の短期と長期を包摂した流動性の良否を大局的に判断することが、流投負債比率（＝総負債÷流投資産）の役割である。次いで、流動負債比率、当座負債比率、投資固定負債比率、投資引当金比率からなる補助比率によってそれぞれの比率が100％以下に収まっているか否かを点検し、短期支払能力と長期の流動性に関する詳細な判断を行うことが、補助比率の役割である。

第２項　新しい流投負債比率の基準値を100％以下とする根拠

　「流投資産額以下に総負債額を抑える」ことが目標であるから、「流投負債比率＝総負債÷流投資産≦100」の理論上の基準値は100％以下となる。この基準値に基づき、流投負債比率が100％以下であれば流投資産額以下に総負債額を抑えていることになるので、短期と長期を包摂した流動性は良好と判断する。一方、流投負債比率が100％超であれば流投資産額以下に総負債額を抑えていないので、目標値の100％以下を目指して流動性を改善する必要があると判断する。次いで、補助比率の流動負債比率（＝流動負債÷流動資産）、当座負債比率（＝流動負債÷当座資産）、投資固定負債比率（＝固定負債÷投資有価証券等）、投資引当金比率（＝長期性引当金÷投資有価証券等）の説明を行う。補助比率もすべて100％以下を基準値としており、流投負債比率の基準値100％以下との整合性を有している。

第３項　新しい流動負債比率の基準値を100％以下とする根拠

　１年以内の短期支払能力を判断するために、「流動資産額以下に流動負債額を

抑える」との目標に基づいて導入するのが「流動負債比率」である。計算式は「流動負債比率＝流動負債÷流動資産」である。流動資産額以下に流動負債額を抑えることを目標とするので、理論上の基準値は100％以下になる。分析の結果、流動負債比率が100％以下あれば、経営体の短期（1年以内）の流動性は良好と判断する。流動負債比率が100％超であれば目標値の100％以下を目指して流動資産と流動負債の関係状況を改善する必要があると判断する。

第４項　新しい当座負債比率の基準値を100％以下とする根拠

　即時の支払能力を判断するために、「当座資産額以下に流動負債額を抑える」との目標に基づいて導入するのが「当座負債比率」である。計算式は「当座負債比率＝流動負債÷当座資産」である。当座資産額以下に流動負債額を抑えることを目標とするので、理論上の基準値は100％以下が基準値になる。分析の結果、当座負債比率が100％以下であれば、経営体の当座資産による即時の支払能力（即時の流動性）は良好と判断する。当座負債比率が100％超であれば、目標値の100％以下を目指して当座資産と流動負債の関係状況を要改善と判断する。

　なお、ゴーイングコンサーン下（継続事業中）の経営体が当座資産で流動負債の全額を即時に返済することは、実際には考えられない。よって、事例分析を行う場合には当座負債比率は参考比率にとどめ、短期支払能力の判断指標である流動負債比率を使用する。

第５項　新しい投資固定負債比率の基準値を100％以下とする根拠

　継続事業（ゴーイングコンサーン）中に保有する「換金可能な長期資産」と「長期負債」とのバランス状況を判断するために、「投資有価証券等額以下に固定負債額を抑える」との目標に基づいて導入するのが「投資固定負債比率」である。計算式は「投資固定負債比率＝固定負債÷投資有価証券等」である。「投資有価証券等額以下に固定負債額を抑える」ことを目標とするので、理論上の基準値は100％以下が基準値になる。分析の結果、投資固定負債比率が100％以下であれば、長期性の換金可能資産による固定負債への備え（長期の流動性）は良好と判断する。投資固定負債比率が100％超であれば、目標値の100％以下を目指して改善する必要があると判断する。

第6項　新しい投資引当金比率の基準値を 100%以下とする根拠

　退職給付引当金などの長期性引当金に対する長期性の換金可能資産による備え
を判断するために、「投資有価証券等額以下に長期性引当金額を抑える」との目
標に基づいて導入するのが「投資引当金比率」である。計算式は「投資引当金比
率＝長期性引当金÷投資有価証券等」である。「投資有価証券等額以下に長期性
引当金額を抑える」ことを目標とするので、理論上の基準値は 100%以下が基準
値になる。分析の結果、投資引当金比率が 100%以下であれば、長期性の換金可
能資産によるによる長期性引当金への備えは良好と判断する。投資引当金比率が
100%超であれば、目標値の 100%以下を目指して改善する必要があると判断する。

　このように先ず、総負債を分子とし流投資産を分母とする「流投負債比率」に
基づいて、短期と長期を包摂した流動性の良否を大局的に判断する。次いで、従
来の流動比率に代えて流動負債比率を採択し、加えて新たに投資固定負債比率お
よび投資引当金比率を採択し、流動性の良否についての詳細な判断を行うわけで
ある。次の第2節では、資本固定比率と補助比率の長期資本固定比率を取り上げ
る。

第2節　経営指針としての資本固定比率と補助比率

　この第2節では、通説の固定比率分析と固定長期適合率分析に内在する問題点
を克服するとの意図の基づき、経営指針としての新しい資本固定比率と長期資本
固定比率を取り上げる。

　先行研究によれば、支払義務である負債を弁済・弁償する力などは、固定比率
及び固定長期適合率を見ることで読み取ることができるとされている（國弘員人
［1974］345-349 頁）。また、経営コンサルタント関係者の中にも、固定比率や固
定長期適合率からは負債を弁済する力を読み取り、固定長期適合率からは長期の
資金繰りの安全性を読み取ることができるとの見解がみられる、こうした見解は
妥当であろうか[3]。この疑問を最初に取り上げ、固定資産への投資財源を吟味す
るための経営指針としての新しい資本固定比率を提示し、これの説明を行うこと
にする。次いで、「資本固定比率」と補助比率の「長期資本固定比率」との関係
について説明を行い、それぞれの健全値を 100%以下とする根拠について述べる。

第１項　固定資産投資財源の良否を判断する固定比率と固定長期適合率の問題点

　主要比率の１つである固定比率は、固定資産への資本投下に無理がないかどうかを判断するための分析比率であり、通常、分子は固定資産、分母は純資産（以下、先行研究との関係で自己資本という）で構成される。固定比率が100％以下であれば、自己資本額以下に固定資産の取得が抑えられており、理想的な固定資産投資とされる[4]。その固定比率が100％超の場合は、自己資本を超えた無理な固定資産投資が行われていることを意味する。したがって、固定比率100％超という数値が長期間に及んでいる場合は、自己資本額を超えて負債に依存した固定資産投資が常態化しているサインであると読み取る。その固定比率100％超の発する意味を阻害している、あるいは警告サインを阻害しているのが、固定長期適合率であると筆者はみる。すでに一言したように、固定比率を一部修正した次式の固定長期適合率は低いほど良いとされ、100％以下であれば「設備資金の調達は健全である」とする見解がみられる[5]。

　　固定長期適合率（％）＝ 固定資産 ÷（自己資本＋固定負債）

　設備投資に投下した資金は耐用年数に応じた減価償却費を経由して長期間にわたり回収される。よって、設備資産の取得に際して自己資本が不足する場合には「設備投資の資金は短期資金ではなく、長期間で返済すればよい長期借入金や社債であることが望ましい」とされる（青木茂男［2012］348頁）。そこで、自己資本に固定負債を加えた「長期資本」で、設備資産が取得されているかどうか、設備資金の調達と運用のバランスを判断するために固定長期適合率が利用される。この比率が100％以下ならば自己資本と固定負債からなる長期資本と固定資産のバランスは取れており「設備資金の調達は健全であると考える」とされる（青木茂男［2012］348頁）。しかし、この「設備資金の調達は健全である」とする先行研究（青木茂男［2012］348頁）の教えの意味は、決して長期の資金繰りが安全とか、財務状況が安全という意味ではないのである。

　全産業平均の固定比率は138.88％（2020年度）の状況で、100％以下の経営体は極めて少ない状況である。一方、固定比率を一部修正した固定長期適合率の全産業平均は79.65％（2020年度）であり[6]、多くの経営体が100％以下の状況である。この固定長期適合率が100％以下であれば「設備資金の調達と運用は健全」という意味である。しかし、これが長期の資金繰りが安全とか、財務状況が安全

であるといった見解が経営コンサルタント関係者において見られる。これが固定
比率および固定長期適合率をめぐる問題点である。

第２項　固定比率100%超は固定負債依存のサイン

図2-1

	貸借対照表		単位：億円
流動資産	40	流動負債	30
固定資産	60	固定負債	30
		純 資 産 （自己資本）	40

固 定 比 率　150％＝固定資産60÷自己資本40
固定長期適合率 85.71％≒固定資産60÷（自己資本40＋固定負債30）　　　筆者作成

　図2-1で確認できるように、固定比率が100％超（この例では150％）であれ
ば、この経営体は自己資本不足のため、負債を源泉とする資金20を利用して固
定資産60を取得しているのである（矢印と数字を参照）。こうした負債依存の投
資が常態化し、業績悪化や不景気による資金繰り困難から経営が破綻すれば、諸
関係者へ迷惑が及ぶことになる。よって、経営体は負債依存の固定資産投資が常
態化しないように心がけ、固定長期適合率が100％以下であれば長期の資金繰り
が安全とか、財務状況が安全であるという見解を受容してはならないのである。
なお、固定長期適合率が100％未満（図2-1では85.71％）であれば、流動比率
は必ず100％超（図2-1では133％）になる[7]。

第３項　固定長期適合率100%超は流動負債依存のサイン

図2-2

	貸借対照表		単位：億円
流動資産	20	流動負債	30
固定資産	80	固定負債	30
		純 資 産 （自己資本）	40

流 動 比 率　66.67％≒流動資産20÷流動負債30
固 定 比 率　200％＝固定資産80÷自己資本40
固定長期適合率 114.29％≒固定資産80÷（自己資本40＋固定負債30）　　　筆者作成

次に、固定長期適合率100％超の経営体は、図2-2で確認できるように純資産

40と固定負債30だけでなく、流動負債を源泉とする資金10も利用して固定資産80を取得しているのである（矢印と数字を参照）。

　この場合、固定長期適合率は100％超となって表面化する。この100％超は、投資資金の回収に長期間を要する固定資産80への投資に、流動負債を源泉とする資金10を充てているとのサインであり、危険予知のサインでもある[8]。このサインは通説の流動比率の基準値（120〜200％）の大幅割れにも連動する（図2-2末尾の流動比率66.67％を参照）。しかし、危険予知のサインとしては、長期資本固定比率の100％超を目安にした方が流動比率よりもわかりやすいと言える。

第４項　自己資本に代わる新概念の損益前資本について

　第４項では最初に、固定比率の分母を構成する純資産（自己資本）の問題点を指摘する。その上で、これに代わる新しい資本固定比率の分母を構成する損益前資本の概念について説明を行う。

　設備投資の調達と運用のバランスを判断する比率として、固定比率（＝固定資産÷自己資本）が使用されている。その自己資本の中には当期純利益または当期純損失が含まれている。しかし、当期純利益は企業であれば株主の持分であり、その利益処分は決算後に開催される定時または臨時の株主総会等において利益処分が決まるのである。株主総会等での利益処分の承認以前に純利益を源泉とする資金を固定資産投資へ転用すべきではない。このことを念頭に置くと、決算日時点の財務諸表を分析素材にして固定比率を計算する場合には、期末自己資本に代えて、当該期末の自己資本額から当期純利益額を除去した「損益前資本額」を使用することが妥当である。

　その損益前資本について説明を行う。決算後の自己資本（純資産）つまり期末自己資本には総収益額と総費用額の差である純利益額または純損失額が含まれている。純利益または純損失は「純損益」とか「損益」と略称する。黒字決算の場合は、純利益額を期末自己資本額から減算して、決算前の自己資本＝「損益前資本」の額を求める。一方、赤字決算の場合は、純損失額を期末自己資本額に加算して、決算前の自己資本＝「損益前資本」の額を求める。よって、損益前資本の計算式は「損益前資本 ＝ 期末自己資本 ± 当期純損益」となる。

第５項　固定資産に代わる新概念の固定性資産について

　次に、固定比率の分子を構成する固定資産の問題点を述べ、固定資産に代わる固定性資産の概念を提示する。財務諸表等の用語、様式及び作成方法に関する規則の第14条（資産の分類）において「資産は、流動資産、固定資産及び繰延資産に分類」するとされている。通説では、有形固定資産、無形固定資産、投資その他の資産で構成される「固定資産」を、自己資本で除して固定比率を計算することになっている。しかし、青木茂男［2012］348頁が指摘しているように、固定比率や固定長期適合率の分析目的は、設備投資の調達と運用のバランスを判断することにある。したがって、製造・生産の過程で稼働中の設備・機械・土地などの「有形固定資産」および製造・生産を支える特許技術などの「無形固定資産」への長期投資（前者）と、退職給付引当金などの長期性引当金に対応する「長期特定資産」および長期利殖目的の「投資有価証券」への長期投資（後者）とは区別すべきであると筆者は考える。一般に、前者と後者からなる固定資産を対象にして分析が行われる傾向がある。しかし、後者の「投資有価証券等」は、負債返済のための財源資産としてみなすことができるので、財務諸表分析を行う場合には、「投資有価証券等」は総負債を返済するための利用可能な資産として位置づけることに合理性があると思われる。そこで、「財務諸表等の用語、様式及び作成方法に関する規則」の第14条（資産の分類）で定める固定資産の部から長期性預貯金および投資有価証券の「投資有価証券等」を取り除き、これを流投負債比率の「流投資産」項目へ移動させるわけである。

　同第14条では「資産は、流動資産、固定資産及び繰延資産に分類」するとされ、繰延資産は固定資産から独立の区分になっている。しかし、繰延資産に投じた資金の回収には設備資産と同様に長期期間を要するので、財務諸表分析上では繰延資産も固定資産項目として取り扱うことが妥当であると思われる。

　以上に基づき有形固定資産、無形固定資産、この二つに投資有価証券等を除く投資その他の資産を加え、さらに繰延資産を加えた修正固定資産を「固定性資産」という概念でとらえることにする。これを計算式で示すと次のようになる。

固定性資産＝有形固定資産＋無形固定資産＋投資有価証券等を除く投資その他の資産＋繰延資産

　この固定性資産を従来の固定資産に代えて採用し固定比率を計算することが妥当であるが、以下では先行研究の固定比率と区別する必要上、資本固定比率と呼

ぶことにする。計算式は「資本固定比率＝固定性資産÷損益前資本」である[9]。

第６項　固定比率に代わる資本固定比率の基準値を100％以下とする根拠

　一言したように、資本固定比率における資本概念は期末の純資産（自己資本）ではなく「損益前資本」であり、資産概念は固定資産の部から投資有価証券等を取り除き、繰延資産を加えた「固定性資産」である。この「損益前資本」で「固定性資産」を除するので、損益前資本の「資本」と固定性資産の「固定」とを合わせた「資本固定比率」によって投資性分析を行うわけである。損益前資本額以下に固定性資産額を抑えるのが目標であるので、資本固定比率の理論上の基準値は100％以下となる。つまり「資本固定費率＝固定性資産÷損益前資本≦100」となる。この基準値に基づき資本固定比率が100％以下であれば、損益前資本額以下に固定性資産への投資額が抑えられているので、損益前資本と固定性資産の関係状況つまり投資性の状況は良好と判断する。一方、資本固定比率が100％超であれば、目標値の100％以下を目指して改善が必要であると判断する。

第７項　長期資本固定比率の基準値を100％以下とする根拠

　さらに、固定長期適合率に代わる新しい補助比率の長期資本固定比率を説明する。固定資産への投資は自己資本によって賄うのが望ましい。しかし、自己資本が蓄積されるまで設備投資をしないことでビジネスチャンスを逃すことがあるので、多くの経営体が固定負債を源泉とする資金を投入して固定資産を取得している。こうした負債資金を利用した固定資産投資を分析するには「固定比率」よりも「固定長期適合率」が有用であるとされている（青木茂男［2012］347頁）。

　その「固定比率」や「固定長期適合率」は、上述したように設備投資の調達と運用のバランスを分析し判断するのが目的であるとされる。よって、いわゆる固定資産から退職給付引当金などの長期性引当金に対応する「長期特定資産」および長期利殖目的の「投資有価証券」を除き、設備投資、無形固定資産、繰延資産で構成する次の修正固定資産＝固定性資産の概念を採択することが妥当であると筆者は考える。

　　固定性資産＝有形固定資産＋無形固定資産＋投資有価証券等を除く投資その他の資産＋繰延資産

　そこで、「固定長期適合率」の固定資産に代えて、修正固定資産である固定性

資産を分子とし、長期資本（損益前資本と固定負債の合計）を分母とする「長期資本固定比率」を採択する。そして、長期資本額以下に固定性資産額を抑えることを経営体の目標とするので、長期資本固定比率の理論上の健全値は100％以下が基準値となる。長期資本固定比率＝固定性資産÷（損益前資本＋固定負債）。

1. 長期資本固定比率の意義について

　長期資本固定比率の存在意義について述べる。第１に「資本固定比率」が100％以下であれば、その経営体は理論的に負債に依存しないで固定性資産の調達が可能であるので、長期資本固定比率を分析する必要がない（ただし、資本固定比率が100％以下であっても固定負債を利用している経営体は少なくない）。

　第２に、資本固定比率100％超で、且つ長期資本固定比率100％未満＝固定性資産÷（損益前資本＋固定負債）の経営体の場合は、自己資金不足を固定負債に依存して固定資産投資を行っているのである。

　第３に、資本固定比率が100％超で、且つ長期資本固定比率も100％超の経営体の場合は、固定負債だけでなく短期に支払期限の到来する流動負債にも依存して固定資産へ無理な投資を行っているのである。この固定長期適合率100％超の経営体と掛取引を行う場合は、代金回収の面でリスクが特に大きいことに留意する必要がある。

　このように資本固定比率が100％以下であれば、長期資本固定比率を分析する必要はない。しかし、資本固定比率が100％超の場合には、特に流動負債の利用の有無を把握する必要がある。これに役立つのが長期資本固定比率であり、投資性分析を行う場合には同時に念のため長期資本固定比率分析を行うわけである。

2. 長期資本固定比率 100％以下の意味について

　次に、長期資本固定比率100％以下の意味について述べる。この比率が100％以下であれば、長期資本（損益前資本と固定負債の合計）額以下に固定性資産額を抑えているので、固定性資産を取得するための自己資金不足に関しては、固定負債を源泉とする資金でカバーしており、流動負債に依存していないという意味である。つまり、長期資本固定比率が100％以下であれば、長期の資金繰りが安全という意味ではないし、財務状況が安全という意味でもない点に留意する必要

がある。加えて、長期資本固定比率が100％超であれば、当該経営体は流動負債に依存した過大投資状態にあることを知らせる資本投資の危険予知のサインである。

第３節　経営の全体成果を判断するための
収益費用比率と補助比率

　第１節では流投負債比率とその補助比率の流動負債比率、当座負債比率、投資固定負債比率、投資引当金比率による「流動性分析」について説明を行い、第２節では、資本固定比率とその補助比率の長期資本固定比率による「投資性分析」ついての説明を行った。この第３節では、第１章第６節で指摘した問題点３への対処策として、経常利益による収益性分析に代えて、総収益と総費用との比較による経営全体を俯瞰した損益計算書分析を行うための「収益費用比率」と五つの補助比率による「収益性分析」を取り上げる。

第１項　経営指針としての収益費用比率の五つの補助比率

　最初に、経営指針としての①収益費用比率によって、経営全体を俯瞰した収益性の良否を大局的に判断する。

　次いで、②③④⑤⑥の補助比率で①の収益費用比率とイの収益純損益率に至った経緯について詳細分析を行う[10]。なお、アは収益費用比率の点検式である。

②収益売上原価率＝売上原価÷総収益

③収益販管費率＝販売費及び一般管理費÷総収益

④収益営業外費用率＝営業外費用÷総収益　　＊収益営外費率とも表示する。

⑤収益特別損失率＝特別損失÷総収益　　　　＊収益特損率とも表示する。

⑥収益法人税等率＝法人税等÷総収益　　　　＊収益法人税率とも表示する。

ア収益費用比率の点検式：①収益費用比率＝②＋③＋④＋⑤＋⑥

イ収益純損益率＝１－収益費用比率又は収益純損益率＝１－（②＋③＋④＋⑤＋⑥）

　　又は収益純損益率＝純損益÷総収益

　総収益は資金収入を伴い総費用は資金支出を伴う。しかも総収益と総費用の関係状況は経営全体の経営成果となってあらわれる。この総収益と総費用の関係状況の大局を把握するための主要比率が収益費用比率である。②③④⑤⑥の補助比

率は、経営成果に至った経緯を分析するとともに費用管理と利益管理を行う上で必須の補助比率である。

第2項　経営の全体成果を判断するための経営指針としての収益費用比率

　上述したように、収益性分析の構成項目から営業外収益、営業外費用、特別利益、特別損失、法人税等が除外された収益性分析では、経営全体の経営成果（経営の全体成果）を俯瞰することができず、妥当な収益性分析（費用分析や利益分析）が行えないのである。この売上高経常利益を中心とする収益性分析に内在する問題点を、表2-1でR社の事例で述べることとする[11]。

表2-1　R社　損益計算書（P/L）単位：百万円
自 2017 年 3 月 1 日至 2018 年 2 月 28 日

売上高	48,940	
売上原価	24,228	
売上総利益		24,711
販売費・管理費	25,605	
営業損失		△ 893　＊1
営業外収益	1,174	＊2
営業外費用	72	＊3
経常利益		208　＊4
特別利益	190	＊5
特別損失	303	＊6
法人税・住民税	△ 744	＊7
当期純利益		839　＊8

R社の 2018 年決算の有価証券報告書より筆者作成
四捨五入の関係で一部誤差が 1 あり

　表2-1の＊1の△ 893 は経営の本業の業績を示す営業損益である。2018 年 2 月決算では営業損失が 8 億 9,300 万円であったところ、＊2の営業外収益 11 億 7,400 万円が＊3の営業外費用 7,200 万円を大きく上回り、＊4のように経常利益 2 億 800 万円となった。次に、＊5の特別利益 1 億 9,000 万円と＊6の特別損失 3 億 300 万円を加減した後、＊7の法人税等の修正額△ 7 億 4,400 万円が大きく寄与した結果、＊8のように最終的に当期純利益が 8 億 3,900 万円となった。このように、企業の最終損益に至るまでの経営全体のプロセスを読み取るには、これまでの売上高経常利益中心の収益性分析に依拠したのでは困難である。

　以上で、営業外収益、営業外費用、特別利益、特別損失、法人税等が除外されている従来型の収益性分析ではなく、経営の全体成果を俯瞰することのできる総収益と総費用とを分析対象とする「収益費用比率」を採択する理由、これを主要比率の一つとする理由が明らかになったと言える。

第３項　経営の全体成果を判断する収益費用比率の基準値 100％以下の根拠

　主要比率の１つである収益費用比率は「総収益額以下に総費用額を抑える」との目標を設定し、これに基づいて経営全体の収益性の良否を分析するために開発された分析比率である。「総収益額以下に総費用額を抑える」のが経営体の目標であるから、収益費用比率の理論上の基準値は 100％以下となるわけである。つまり、経営全体の総収益と総費用の状況を俯瞰することのできる収益費用比率の計算式は「収益費用比率＝総費用÷総収益≦ 100」となる。分析の結果、収益費用比率が 100％以下であれば、総収益額以下に総費用額を抑えられており総収益に余裕があるので「経営全体の収益性は良好」と大局的に判断する。

　一方、総収益額を総費用が超える「総収益額＜総費用額」であれば、収益費用比率は 100％超となり、総収益産額以下に総費用額を抑えられておらず、総収益不足＝総費用過多であるので、目標値の 100％以下を目指して改善が必要であると判断する。経営体は、総費用をカバーするだけの総収益を達成できない期間が連続した場合に、資金繰りに窮し経営困難に直面する。こうした事態に直面しないよう、「総収益額以下に総費用額を抑える」との目標を設定し、目標管理による経営指針として収益費用比率は 100％以下を基準値とするわけである。次の第４節では、黒字決算へ経営体を導く経営体としての目標が果たされているかどうかを、経営指針としての流投負債比率、資本固定比率、収益費用比率とその補助比率によって事例分析を行うことにする。

第４節　四自動車会社への三主要比率と補助比率の適用─下向過程分析─

　以上の流投負債比率、資本固定比率、収益費用比率とそれぞれの補助比率をわが国の四自動車会社に適用し事例分析を行う。四社は多国籍企業として新型コロナウイルス感染症の世界規模での広がりなどに起因する影響を受けながら、CASE 社会などに向けての対応にも迫られている[12]。四社の公表する先端的な財務諸表は、中企業、小規模企業はもとより非営利経営体にも参考になるので、四社を事例分析の対象として選定する。表 2-2 は、四社の有価証券報告書の B/S と P/L から作成した新型コロナ発生前の 2019 年決算と新型コロナ発生後の 2021 年決算の財務分析データである[13]。

表2-2　　四自動車会社の財務諸表分析データ（2019 年 3 月期決算と 2021 年 3 月期決算）

記号	項　　目	2019年3月期決算				2021年3月期決算			
		T社	H社	N社	M社	T社	H社	N社	M社
A	流動資産	70,783	13,546	17,192	10,634	88,192	15,206	17,408	11,644
A補	内、当座資産	47,693	9,958	5,725	7,887	62,682	9,565	10,942	8,110
B	投資有価証券等	61,811	1,941	1,354	590	72,397	2,062	1,971	758
C	流投資産＊1	132,594	15,487	18,546	11,224	160,589	17,268	19,379	12,402
D	総負債	52,667	8,208	26,181	11,137	73,043	9,127	37,382	13,433
D-1	流動負債	43,118	6,893	21,352	5,888	57,022	7,037	21,413	5,132
D-2	固定負債	9,549	1,315	4,829	5,249	16,021	2,090	15,969	8,301
D補	内、長期性引当金	3,485	1,062	1,004	541	8,892	957	1,160	402
E	固定資産	106,387	16,275	34,048	10,998	123,790	18,628	39,647	11,449
F	固定性資産＊2	44,576	14,334	32,694	10,408	51,393	16,566	37,676	10,691
G	期末自己資本	124,503	21,613	25,059	10,495	138,940	24,707	19,673	9,660
H	損益前資本＊3	105,535	17,991	23,373	10,102	122,559	20,973	20,399	10,018
I	総収益	136,804	46,429	39,057	27,294	130,380	36,583	29,151	22,252
J	総費用	117,836	42,807	37,371	26,901	114,000	32,849	29,877	22,610
K	当期純損益	18,968	3,622	1,686	393	16,380	3,734	▲ 726	▲ 358
L	流投負債残高＝C－D	79,927	7,279	▲ 7,635	87	87,546	8,141	▲ 18,003	▲ 1,031
M	資本固定残高＝H－F	60,959	3,657	▲ 9,321	▲ 306	71,166	4,407	▲ 17,277	▲ 673
N	収益費用残高＝I－J	18,968	3,622	1,686	393	16,380	3,734	▲ 726	▲ 358
O	流投負債比率 （%）＝D/C	39.72%	53.00%	141.17%	99.22%	45.48%	52.85%	192.90%	108.31%
P	資本固定比率 （%）＝F/H	42.24%	79.67%	139.88%	103.03%	41.93%	78.99%	184.70%	106.72%
Q	収益費用比率 （%）＝J/I	86.13%	92.20%	95.68%	98.56%	87.44%	89.79%	102.49%	101.61%
R	資産純損益率 （%）＝K/S	10.71%	12.15%	3.30%	1.82%	7.73%	11.04%	▲ 1.27%	▲ 1.55%
S	総資産	177,170	29,821	51,240	21,632	211,983	33,834	57,055	23,093

各社の 2019 年と 2022 年 3 月期決算の有価証券報告書より筆者作成
＊1：流投資産 C ＝流動資産 A ＋投資有価証券等 B
＊2：固定性資産 F ＝固定資産 E －投資有価証券等 B ＋繰延資産
＊3：損益前資本 H ＝期末自己資本 G ± 当期純損益 K
数字は四捨五入処理と端数調整を行っている。

第 1 項　四自動車会社の 2019 年決算の三主要比率の要約

　表 2-2 は、四自動車会社に対して行った事例分析から得られた 2019 年決算の三主要比率の流投負債比率値、資本固定比率値、収益費用比率値の一覧表である。最初に、表 2-2 のデータに基づく事例分析の結果を表 2-3 で要約を行う。

表 2-3　四自動車会社の因果比率に基づく評価　2019 年決算　　筆者作成

2019 年	流投負債比率	資本固定比率	収益費用比率	総合評価
T　社	39.72%	42.24%	86.13%	S レベル
H　社	53.00%	79.67%	92.20%	S レベル
N　社	141.17%	139.88%	95.68%	B レベル
M　社	99.22%	103.03%	98.56%	A レベル

　分析の結果、表 2-3 の 2019 年決算の T 社と H 社の流投負債比率は 100% 以下であるので流動性は良好、資本固定比率は 100% 以下であるので投資性も良好、収益費用比率は 100% 以下であるので収益性も良好であると判断する。

　一方、N 社の流投負債比率は 100% 超であるので流動性の改善が必要である。資本固定比率も 100% 超であるので投資性の改善が必要である。収益費用比率は 100% 以下であるので収益性は良好と判断する。

　M 社の流投負債比率は 100% 以下であるので流動性は良好、資本固定比率は 100% 超であるので投資性の改善が必要である。収益費用比率は 100% 以下であるので収益性は良好と判断する。

第2項　四自動車会社の2021年決算の主要三比率の要約

　表2-4は、四自動車会社に対して行った事例分析から得られた2021年決算の流投負債比率値、資本固定比率値、収益費用比率値の一覧表である。

表2-4　四自動車会社の因果比率に基づく評価　2021年決算　筆者作成

2021年	流投負債比率	資本固定比率	収益費用比率	総合評価
T　社	45.48%	41.93%	87.44%	Sレベル
H　社	52.85%	78.99%	89.79%	Sレベル
N　社	192.90%	184.70%	102.49%	Cレベル
M　社	108.31%	106.72%	101.61%	Cレベル

　分析の結果、表2-4の2021年決算では、T社とH社の主要三比率の流投負債比率は100%以下であるので流動性は良好、資本固定比率も100%以下であるので投資性は良好、収益費用比率も100%以下であるので収益性は良好であると判断する。

　一方、N社とM社の流投負債比率は100%超であるので流動性の改善が必要である。資本固定比率も100%超であるので投資性の改善が必要である。収益費用比率も100%超であるので収益性の改善が必要であると判断する。

第3項　四社への事例分析からえられた知見―原因比率と結果比率―

　次に、流投負債比率値に基づく流動性の良否、資本固定比率値に基づく投資性の良否、収益費用比率値に基づく収益性の良否に関する事例分析から得られた知見について説明を行うことにする。

　表2-5のT社とH社で確認できるように、①の収益費用比率と②の資本固定比率が100%以下であれば、③の流投負債比率は必ず100%以下になる。

表2-5　　　　　　　　　　T社とH社の三比率一覧表　2019年決算　　　　筆者作成

2019年	①収益費用比率（原因比率）	②資本固定比率（原因比率）	③流投負債比率（結果比率）
T　社	86.13%	42.24%	39.72%
H　社	92.20%	79.67%	53.00%

　一方、表2-6のN社とM社で確認できるように、①の収益費用比率と②の資本固定比率が100%超であれば、③の流投負債比率は必ず100%超になる。

表2-6　　　　　　　　　　N社とM社の三比率一覧表　2021年決算　　　　筆者作成

2021年	①収益費用比率（原因比率）	②資本固定比率（原因比率）	③流投負債比率（結果比率）
N　社	102.49%	184.70%	192.90%
M　社	101.61%	106.72%	108.31%

　筆者は、主要比率の①の収益費用比率と②の資本固定比率が100%以下であれば、③の流投負債比率は必ず100%以下になり、①の収益費用比率と②の資本固定比率が100%超であれば、③の流投負債比率は必ず100%超になる関係に着目する。つまり、①の収益費用比率値と②の資本固定比率値しだいで、③の流投負

債比率値が決まるとの知見を得ることができた。これに基づき、以下では収益費用比率と資本固定比率を原因比率、流投負債比率を結果比率として位置づけることにする。この「原因比率」の収益費用比率および資本固定比率と「結果比率」の流投負債比率による比率分析を「因果比率分析」ということにする。

第４項　結果比率の流投負債比率と補助比率による事例分析結果の要約

　表2-7は、結果比率の流投負債比率と補助比率による四社の事例分析結果である。表2-7で確認できるように、Ｔ社とＨ社は両年とも結果比率の①流投負債比率、補助比率の②流動負債比率、③当座負債比率、④投資固定負債比率、⑤投資引当金比率は100％以下を達成しており短期と長期の流動性は良好である。

表2-7　　　　　流投負債比率と補助比率（2019年３月と2021年３月の比較）　　　　　　　筆者作成

会社	決算年	主要比率	補　　　助　　　比　　　率			
		①流投負債比率	②流動負債比率	③当座負債比率	④投資固定負債比率	⑤投資引当金比率
Ｔ　社	2019年３月	40%	61%	90%	15%	6%
	2021年３月	45%	65%	91%	22%	5%
Ｈ　社	2019年３月	53%	51%	69%	68%	55%
	2021年３月	53%	46%	74%	101%	46%
Ｎ　社	2019年３月	141%	124%	373%	357%	74%
	2021年３月	193%	123%	196%	810%	59%
Ｍ　社	2019年３月	99%	55%	75%	890%	46%
	2021年３月	108%	44%	63%	1,095%	53%

①流投負債比率＝総負債÷（流動資産＋投資有価証券等）　　　　②流動負債比率＝流動負債÷流動資産
③当座負債比率＝流動負債÷当座資産　　　　　　　　　　　　④投資固定負債比率＝固定負債÷投資有価証券等
⑤投資引当金比率＝長期性引当金÷投資有価証券等

　一方、Ｎ社は両年とも結果比率の①流投負債比率、補助比率の②流動負債比率、③当座負債比率、④投資固定負債比率が100％超であり、短期と長期の流動性は良好とは言えず改善を要する。⑤投資引当金比率は100％以下で良好である。

　Ｍ社は2021年の①流投負債比率は108％である。また④投資固定負債比率は両年とも100％超であるので長期の流動性は改善すべきである。ただし、他の補助比率は100％以下を達成しており、Ｍ社の短期流動性は良好である。

第５項　原因比率の資本固定比率と長期資本固定比率による事例分析結果の要約

　表2-8は、原因比率の資本固定比率とその補助比率の事例分析結果である。Ｔ社とＨ社は原因比率の①資本固定比率とその補助比率の長期資本固定比率はともに100％以下が達成されており投資性は良好である。

　一方、Ｎ社は固定比率および長期資本固定比率は両年ともに100％超であり、固定資産の取得に固定負債だけでなく流動負債に依存しており、極めて苦しい資

金繰り状況である。また、M 社の固定資本比率は両年ともに 100％超であるので、自己資本不足分を固定負債に依存しており投資性の改善が必要である。なお、長期資本固定比率は 100％以下であるので流動負債に依存していないと読み取る。

表 2-8　　　　　　　資本固定比率分析 (数字は四捨五入)　　　筆者作成

会社	決算年	主要比率	補助比率
		資本固定比率	長期資本固定比率
T　社	2019 年 3 月期決算	42％	39％
	2021 年 3 月期決算	42％	37％
H　社	2019 年 3 月期決算	80％	74％
	2021 年 3 月期決算	79％	72％
N　社	2019 年 3 月期決算	140％	116％
	2021 年 3 月期決算	185％	104％
M　社	2019 年 3 月期決算	103％	68％
	2021 年 3 月期決算	107％	58％

資本固定比率＝固定性資産÷損益前資本　固定性資産＝固定資産－投資有価証券等
損益前資本＝期末自己資本－当期純利益又は＝期末自己資本＋当期純損失
長期資本固定比率＝固定性資産÷長期資本　長期資本＝損益前資本＋固定負債

第 6 項　主要比率の収益費用比率と補助比率による事例分析結果の要約

表 2-9　　　　　　　　四自動車会社の収益・費用分析データ (単位億円)　　　筆者作成

会社	決算年	総収益	総費用	売上原価	販管費	営業外費用	特別損失	法人税等	当期純損益
T社	2019 年 3 月	136,804	117,836	99,913	13,169	491	0	4,263	18,968
	2021 年 3 月	130,380	114,000	99,400	11,221	893	0	2,486	16,380
H社	2019 年 3 月	46,429	42,807	28,969	11,797	255	548	1,238	3,622
	2021 年 3 月	36,583	32,849	21,609	10,829	100	240	71	3,634
N社	2019 年 3 月	39,057	37,371	32,339	3,631	186	959	256	1,686
	2021 年 3 月	29,151	29,877	24,316	3,217	618	1,523	203	▲726
M社	2019 年 3 月	27,294	26,901	23,137	3,520	53	93	98	393
	2021 年 3 月	22,252	22,610	19,156	3,032	72	205	145	▲358

各社の 2019 年決算と 2021 年決算の有価証券報告書より筆者作成。数字は四捨五入により端数調整を行っている。

　上掲の表 2-9 の原因比率の収益費用比率と五つの補助比率の分析データから計算した原因比率の収益費用比率値と五つの補助比率値が次の表 2-10 である。

表 2-10　　　　　　　　四自動車会社収益費用比率分析　　　筆者作成

会社	決算年	主要比率	補助比率					
		①収益費用比率	②収益原価率	③収益販管費率	④収益営業外率	⑤収益特損率	⑥収益法人税率	⑦収益純利益率
T社	2019 年 3 月	86.13％	73.03％	9.62％	0.36％	0％	3.12％	13.87％
	2021 年 3 月	87.44％	76.23％	8.61％	0.70％	0％	1.90％	12.56％
H社	2019 年 3 月	92.20％	62.39％	25.41％	0.55％	1.18％	2.67％	7.80％
	2021 年 3 月	89.79％	59.07％	29.60％	0.27％	0.66％	0.19％	10.21％
N社	2019 年 3 月	95.68％	82.80％	9.30％	0.48％	2.45％	0.65％	4.32％
	2021 年 3 月	102.49％	83.41％	11.04％	2.12％	5.22％	0.70％	▲2.49％
M社	2019 年 3 月	98.56％	84.77％	12.90％	0.19％	0.34％	0.36％	1.44％
	2021 年 3 月	101.61％	86.09％	13.63％	0.32％	0.92％	0.65％	▲1.61％

各社の 2019 年決算と 2021 年決算の有価証券報告書より筆者作成。数字は四捨五入により端数調整を行っている。

　表 2-10 のうち、T 社の 2019 年決算の収益費用比率は基準値の 86.13％で、2021 年決算は 87.44％である。両年とも 100％以下であり、T 社の収益性は良好である。これを支えている主要因は補助比率の中の収益原価率の 73.03％ (2019 年)、76.23％ (2021 年) であると読み取る。また、その 3.20 ポイントの後退が 2021 年の収益費用比率の悪化を招いたと読み取る。

　次に、H 社も両年の収益費用比率は 100％以下であり収益性は良好である。2019 年決算の 92.20％から 2021 年決算は 89.79％へと好転を支えた主要因は収益原価率が 62.39％から 59.07％へと 3.32 ポイント改善したことにあることがわか

る。

　一方、N社の場合は、2019年の収益費用比率は95.68％であり収益性は良好であったが、2021年の収益費用比率は102.49％であり不健全状態である。この後退の要因は、収益原価率が1.36ポイント、収益販管費率が1.67ポイント、収益営外費率が1.64ポイント、収益特損率が2.77ポイント後退したことにあると読み取る。M社の場合は、2019年の収益費用比率は98.56％であり収益性は良好であったが、2021年決算の収益費用比率は101.61％であり不健全状態である。この後退の要因は、収益原価率が1.32ポイント、収益販管費率が0.73ポイント，収益営外費率が0.13ポイント、収益特損率が0.58ポイント後退したことにあると読み取る。このように、原因比率の収益費用比率100％以下を基準値とする考え方のもと、先ずは原因比率の収益費用比率によって収益性の大局を把握する。次いで、収益費用比率や収益純損益率に至った経緯を詳細分析し、五つの補助比率によって費用管理、利益管理を行うわけである。

第5節　因果比率分析による財務状況の総合評価—上向過程分析—

　第1節の流投負債比率、第2節の資本固定比率、第3節の収益費用比率の説明を基礎にして、第4節において結果比率の流投負債比率による流動性の大局分析から補助比率の詳細分析へ下向分析し、また、原因比率の資本固定比率による投資性の大局分析から詳細分析への下向分析と、原因比率の収益費用比率による収益性の大局分析から詳細分析への下向分析を行った。これを「下向過程分析」ということにする。この下向過程分析を受けて、この第5節では上向過程へとターンし結果比率と原因比率の一体化による財務状況に関する総合評価を行うわけである。これを「上向過程分析」ということにする。

　上向過程分析では、総収益と総費用の比較による「損益計算書で集約される経営成績」と、流投資産・総負債の比較および損益前資本・固定性資産の比較による「貸借対照表で集約される財政状態」との関係を一体的にとらえて、財務状況の良否を総合的に判断するわけである。この方法で、多国籍企業の四自動車会社の、新型コロナウイルス感染症問題が発生する前の2019年決算と、コロナ問題が世界規模で広がった2021年決算とを比較し、結果比率と原因比率の一体化に

よる財務状況の良否の比較を行うわけである。次の表 2-11 は因果比率分析による下向過程分析と上向過程分析の結果である。

表 2-11　因果比率分析による四社の事例分析の結果 (2019 年と 2021 年決算の比較)　筆者作成

決算年	三　比　率	Ｔ　社	Ｈ　社	Ｎ　社	Ｍ　社
	流投負債比率 (結果比率)	39.72%	53.00%	141.17%	99.22%
2019 年	資本固定比率 (原因比率)	42.24%	79.67%	139.88%	103.03%
	収益費用比率 (原因比率)	86.13%	92.20%	95.68%	98.56%
	総 合 評 価	Ｓレベル評価	Ｓレベル評価	Ｂレベル評価	Ａレベル評価

決算年	三　比　率	Ｔ　社	Ｈ　社	Ｎ　社	Ｍ　社
	流投負債比率 (結果比率)	45.48%	52.85%	192.90%	108.31%
2021 年	資本固定比率 (原因比率)	41.93%	78.99%	184.70%	106.72%
	収益費用比率 (原因比率)	87.44%	89.79%	102.49%	101.61%
	総 合 評 価	Ｓレベル評価	Ｓレベル評価	Ｃレベル評価	Ｃレベル評価

第 1 項　Ｔ社とＨ社の財務状況の総合評価

　表 2-11 の四社のうち、2019 年 3 月期決算のＴ社とＨ社の三比率はすべて 100 ％以下であり「流投資産額以下に総負債額を抑える目標」、「損益前資本額以下に固定性資産額を抑える目標」、「総収益額以下に総費用額を抑える目標」を達成している。三目標のすべてを達成している場合には、最上位の財務状況 (以下、Ｓレベル) と総合評価を行う。20021 年 3 月期決算も三つの目標を達成しているので、最上位Ｓレベルの財務状況と総合評価する。

第 2 項　Ｎ社とＭ社の財務状況の総合評価

　次に、Ｎ社の 2019 年は、「総収益額以下に総費用額を抑える目標」は達成している。しかし、「流投資産額以下に総負債額を抑える目標」と「損益前資本額以下に固定性資産額を抑える目標」が未達成である。三比率のうち二比率が未達成の場合は、二つの目標の達成へ向けて改善が必要であることを意味するＢレベルの財務状況と総合評価を行う。そして、2021 年のＮ社は、三つの比率すべてが未達成である。三比率が未達成の場合は、三つの目標の達成へ向けて改善が必要であることを意味する最下位Ｃレベルの財務状況と総合評価する。

　一方、Ｍ社の 2019 年は、「流投資産額以下に総負債額を抑える目標」と「総収益額以下に総費用額を抑える目標」を達成している。ただし、「損益前資本額以下に固定性資産額を抑える目標」が未達成である。三比率のうち一比率が未達成の場合は、一つの目標の達成へ向けて改善が必要であることを意味するＡレベルの財務状況と総合評価を行う。そして、2021 年のＭ社は、三つの比率すべてが

未達成であり、三目標の達成へ向けて改善が必要であるので、2021年の財務状況は最下位Cレベルと総合評価する。

第6節　因果比率分析による
事例分析から得られた知見―2章の結びに代えて―

以上の四自動車会社に対して行った事例分析から得られた前掲表2-11の流投負債比率値、資本固定比率値、収益費用比率値を100％以下と100％超に分け直した表が次の表2-12である。

第1項　因果比率分析による四自動車会社の事例分析からの知見1

表2-12　　因果比率分析による四社の事例分析の結果（2019年と2021年決算の比較）　　筆者作成

決算年	三　比　率	T社	H社	N社	M社
2019年	流投負債比率（結果比率）	100％以下	100％以下	100％超	100％以下
	資本固定比率（原因比率）	100％以下	100％以下	100％超	100％超
	収益費用比率（原因比率）	100％以下	100％以下	100％以下	100％以下
	総　合　評　価	Sレベル評価	Sレベル評価	Bレベル評価	Aレベル評価

決算年	三　比　率	T社	H社	N社	M社
2021年	流投負債比率（結果比率）	100％以下	100％以下	100％超	100％超
	資本固定比率（原因比率）	100％以下	100％以下	100％超	100％超
	収益費用比率（原因比率）	100％以下	100％以下	100％超	100％超
	総　合　評　価	Sレベル評価	Sレベル評価	Cレベル評価	Cレベル評価

事例分析の数値を100％以下と100％超に分け直した表2-12を利用することで、四自動車会社に対して行った2019年決算と2021年決算の事例分析による三比率（流投負債比率、資本固定費比率、収益費用比率）の分析値に基づく総合評価のパターンが四種類であるとの知見を次のように得ることができた。

事例分析から得られた評価パターンの第1は、2019年決算と2021年決算のT社とH社のように、資本固定比率が100％以下、原因比率の収益費用比率が100％以下で、結果比率の流投負債比率が100％以下の場合は、Sレベルと総合評価する。これを評価パターンSということにする。

第2は、2019年決算のM社のように原因比率の資本固定比率が100％超（103.03％）、収益費用比率が100％以下（98.56％）で、結果比率の流投負債比率が100％以下（99.22％）の場合は、Aレベルと総合評価する。これを評価パターンA1ということにする。

第3は、2019年決算のN社のように原因比率の資本固定比率が100％超（139.88％）、収益費用比率が100％以下（95.68％）で、結果比率の流投負債比率が100％超（141.17％）の場合は、Bレベルと総合評価する。これを評価パターンB1ということにする。

第4は、2021年決算のN社とM社のように、資本固定比率が100％超、原因比

率の収益費用比率が100％超で、結果比率の流投負債比率が100％超の場合は、Ｃレベルと総合評価する。これを評価パターンＣということにする。

第2項　因果比率分析によるＹ病院とRC社の事例分析から得られた知見2

　次に、上述の四つのパターンとは別に、次の二つのパターンが存在するとの知見を得ることができたので、この評価パターンの第5と第6を表2-13に掲げ説明を行う。

表2-13　　　因果比率分析によるＹ病院とRC社の事例分析の結果　　　　筆者作成

決算年	三　比　率	Ｙ病院（2022年決算）	RC社（2018年3月期決算）
2021年	流投負債比率（結果比率）	100％以下	100％超
	資本固定比率（原因比率）	100％以下	100％以下
	収益費用比率（原因比率）	100％超	100％超
	総　合　評　価	Ａレベル評価	Ｂレベル評価

　事例分析から得られた評価パターンの第5は、Ｙ病院の事例分析から得られた[14]。原因比率の資本固定比率が100％以下（97.36％）、収益費用比率が100％超（100.64％）で、結果比率の流投負債比率が100％以下（97.44％）の場合は、Ａレベルと総合評価する。これをパターンＡ2ということにする。

　評価パターンの第6は、RC社の事例分析から得られた[15]。原因比率の資本固定比率が100％以下（95.01％）、収益費用比率が100％超（110.43％）で、結果比率の流投負債比率が100％超（113.26％％）の場合は、Ｂレベルと総合評価する。これをパターンB2ということにする。前掲の表2-12の四つの評価パターンと上掲の表2-13の二つの評価パターンをひとまとめにすると、次の表2-14のように評価パターンは六パターンとなる。

表2-14　　因果比率分析から得られた原因比率と結果比率の六パターンの要約表　　　筆者作成

経営体と決算期		原　因　比　率		結　果　比　率	パターン
Ｔ社とＨ社	2021年	収益費用比率 100％以下	資本固定比率 100％以下	流投負債比率 100％以下	パターンS
Ｍ　　　社	2019年	収益費用比率 100％以下	資本固定比率 100％超	流投負債比率 100％以下	パターンA1
Ｙ　　　院	2022年	収益費用比率 100％超	資本固定比率 100％以下	流投負債比率 100％以下	パターンA2
Ｎ　　　社	2019年	収益費用比率 100％以下	資本固定比率 100％超	流投負債比率 100％超	パターンB1
RC　　　社	2018年	収益費用比率 100％超	資本固定比率 100％以下	流投負債比率 100％超	パターンB2
Ｎ社とＭ社	2021年	収益費用比率 100％超	資本固定比率 100％超	流投負債比率 100％超	パターンC

第3項　因果比率分析による事例分析から得られた知見3

　次の表2-15のＴ社とＨ社のように、収益費用比率と資本固定比率が100％以下であれば、流投負債比率は必ず100％以下となる。一方、Ｎ社とＭ社のように、収益費用比率と資本固定比率が100％超であれば、流投負債比率は必ず100％超となる。つまり、資本固定比率と収益費用比率の数値しだいで、流投負債比率の数値が決まるとの知見を得ることができた。

表 2-15　　　　因果比率分析による四社の事例分析から得られた知見の要約表　　　筆者作成

決算年	三　比　率	T社	H社	N社	M社
2021年	流投負債比率（結果比率）	100％以下	100％以下	100％超	100％超
	資本固定比率（原因比率）	100％以下	100％以下	100％超	100％超
	収益費用比率（原因比率）	100％以下	100％以下	100％超	100％超
	総　合　評　価	Sレベル評価	Sレベル評価	Cレベル評価	Cレベル評価

　この知見に基づき、資本固定比率および収益費用比率を原因比率、流投負債比率を結果比率と定める。そして、「原因比率の資本固定比率および収益費用比率」と、「結果比率の流投負債比率」とによる比率分析を「因果比率分析」というわけである。

　ただし、以上の比率分析としての因果比率分析だけの説明では、資金の過不足とその資金補填の状況を実数（金額）で説明できない。これが因果比率分析に内在する課題である。この課題の克服を目指して次の第 3 章では金額ベースの実数分析としての実数因果分析を行う。

第 4 項　因果比率分析によるN社とM社の事例分析から得られた知見 4

　これまでの財務分析では、流動比率が 200％程度であれば短期（1 年以内）の支払能力は健全で、当座比率が 100％程度であれば即時の支払能力は健全であると評価してきた。それは、流動比率分析上の短期の支払能力は健全で、当座比率分析上の即時の支払能力は健全という意味である。ただし、N社とM社（いずれも 2019 年 3 月期決算と 2021 年 3 月期決算）のように資本固定比率＝固定性資産÷損益前資本（通説では固定比率＝固定資産÷純資産）が 100％超の経営体は、負債依存の固定資産投資が行われているのである。裏を返すと、資産総額から固定性資産額を差し引いた残額の「流投資産（流動資産と投資有価証券等）」の調達源は負債であることを意味する。流動比率でみる短期の支払能力と当座比率でみる即時の支払能力の健全性が、流動負債と固定負債に支えられている実体が「流投負債比率分析」によって明らかになったと言える。これがN社とM社の事例分析から得られた知見 4 である。経営体の保有する流動資産には、負債を源泉とする流動資産と、純資産（純利益＝収益資金と損益前資本＝自己資金）を源泉とする流動資産とがあり、両者を峻別して把握する必要があることを示唆している。この負債を源泉とする流動資産と、純資産を源泉とする流動資産との峻別については、第 8 章の財務分析図で「見える化」を行うことにする。

　なお、取引を行う場合には取引相手の財務状況などを検討し、取引方針は「取

引拡大」、「現状維持」、「取引縮小」「取引撤退」の中から選択を行うことになる[16]。その取引方針の選択過程については、この後の因果実数分析と因果図分析を考察後に、第9章で示すことにする。

注

1) 昭和38年大蔵省令第59号「財務諸表等の用語、様式及び作成方法に関する規則」第14条。

2) 円谷昭一［2020］267頁。

3) ビジドラ（公開日2019年8月27日）「固定比率とは？財務体質を把握するために知っておきたい基礎知識」
www.smbc-card.com/hojin/magazine/.../fixed_rate.jsp（2021年5月9日参照）では、「固定比率が100％を大きく超えていたとしても、固定長期適合率が100％を下回っていれば、財務状況は安全と判断することができます。」と。また、「固定比率を見て、100％を大幅に超えるようであれば、固定長期適合率を計算してみましょう。固定比率が100％を超えていても、固定長期適合率が100％を切っていればほぼ問題はありません。」と述べている。

4) 青木茂男［2012］347頁。

5) 青木茂男［2012］348頁。

6) 全産業平均は財政金融統計月報第835号『法人企業統計年報（2022年4月7日公開）』より筆者作成

7) 青木茂男［2012］では「固定長期適合率が100％以上ということは流動比率が100％以下であることを意味する」と述べている（青木茂男［2012］348頁）。

8) このように、筆者は固定長期適合率＝固定資産÷（自己資本＋固定負債）が100％超であれば、これは経営体の資金繰り困難状況を知らせる危険予知のサインであると考える。
　　なお、白田桂子［2003a］150頁では「倒産予知においては総資本留保利益率が時代を超えて常に高い判別力をもち、しかも経済環境が悪化する局面においては、さらにその判別力高まることが検証された」としている。
　　また、白田桂子［2003b］101頁では「総資本留保利益率＝（期首・期末平均留保利益÷期首・期末平均総資本）×100が「最も倒産判別に威力を発揮する比率として選択された比率である」としている。留保利益＝資本の部－（資本金＋資本準備金）

9) 石内孔治［2016］4頁で取り上げた「資本安全比率＝自己資本÷固定資産」とは考え方の異なる、新たな比率が本稿の「資本固定比率＝固定性資産÷損益前資本」である。

10) ①収益売上原価率、②収益販管費率、③収益営業外費用率、④収益特別損失率、⑤収益法人税等率、⑥収益純利益率については、石内孔治［2011］、49-53頁でも説明を行っている。

11) この損益計算書はR社の2018年3月31日決算の有価証券報告書から筆者が作成した。
レナウン株式会社『有価証券報告書2018年3月期決算』www.kabupro.jp/yuho/3606.htm（2021年5月11日参照）
株主プロ（2018）http://www.kabupro.jp/
chrome-extension://efaidnbmnnnibpcajpcglclefindmkaj/http://www.kabupro.jp/edp/20180531/

S100D2VB.pdf（2021年5月11日参照日参照）

12）CASE（ケース）とは、繋がる：connected、自律無人運転：autonomous、共有：Sharing、電気自動車：Electric からなる、ドイツのダイムラー社が発信した造語である。リチュウムイオン電池やAIなどに支えられた第4次産業革命のもたらす、CO_2の削減にとどまらない、新しい未来の社会を「CASE型社会」という。

石内孔治［2020］90-93頁。

13）トヨタ株式会社『有価証券報告書2019年3月期決算』

https://global.toyota/pages/global_toyota/ir/library/securities-report/archives/archives_2019_03.pdf,160-162頁。

本田技研工業株式会社『有価証券報告書2019年3月期決算』

https://www.honda.co.jp/content/dam/site/www/investors/cq_img/library/report/FY201903_yuho_j.pdf,150-152頁。

日産自動車株式会社『有価証券報告書2019年3月期決算』

https://www.nissan-global.com/JP/IR/LIBRARY/FR/2018/ASSETS/PDF/fr2018.pdf, 111-114頁。

マツダ株式会社『有価証券報告書2019年3月期決算』

https://www.mazda.com/globalassets/ja/assets/investors/library/s-report/files/f_repo190627.pdf,87-89頁（参照日2019年8月23日参照）。

トヨタ株式会社『有価証券報告書2021年3月期決算』

https://global.toyota/pages/global_toyota/ir/library/securities-report/archives/archives_2021_03.pdf,193-195頁。

本田技研工業株式会社『有価証券報告書2021年3月期決算』

https://www.honda.co.jp/content/dam/site/www/investors/cq_img/library/report/FY202103_yuho_j.pdf,157-159頁。

日産自動車株式会社『有価証券報告書2021年3月期決算』

https://www.nissan-global.com/JP/IR/LIBRARY/FR/2020/ASSETS/PDF/fr2020.pdf,119-122頁。

マツダ株式会社『有価証券報告書2021年3月期決算』

https://www.mazda.com/globalassets/ja/assets/investors/library/s-report/files/f_repo210625.pdf,91-93頁。

14）公立八女総合病院企業団『業務状況報告書2022年3月期決算』

https://hosp-yame.jp/wp-content/uploads/2022/07/20220711_simohankigyo9mujokyohokokusyo_hp.pdf（2022年9月24日参照）8-9頁。

15）リコー株式会社「有価証券2018年3月期決算」

https://jp.ricoh.com/-/Media/Ricoh/Sites/jp_ricoh/IR/securities_report/pdf/yuho1803.pdf 130-132頁。

16）現代会計カンファランス［1997］114-115頁において提示されている取引拡大、取引維持、取引縮小、即時撤退の概念を参考にした。

第3章　新しい因果実数分析による財務状況の事例分析

　因果比率分析とともに実数（金額）分析も必要であるので、この第3章では流投資金分析、収益資金分析、自己資金分析からなる新たな因果実数分析の財務諸表分析を取り上げる。

第1節　流投資金分析、収益資金分析、自己資金分析、残高点検式

　第1節では、実数（金額）ベースの流投資金分析（第1項）、収益資金分析（第2項）、自己資金分析（第3項）、残高点検式（第4項）について取り上げる。

第1項　実数（金額）ベースの流投資金分析について

　第1に、流動性基盤が強固であれば、景気低迷、政変、事変、事故、リコールなどに直面したとしても、リスクや苦境に耐えることが可能である。そこで、負債過多の常態化を防ぐとともに流動性基盤の構築に向け「流投資産額以下に総負債額を抑えることを経営体の目標（第1目標）」として設定する。

　　＊ 流投資産＝流動資産＋投資有価証券等　　＊ 負債＝流動負債＋固定負債

　この第1目標に基づき、流投資産額と総負債額の差を「流投資金」と定義し、流投資金による実数分析を「流投資金分析」ということにする。流投資金分析では、たとえば「流投資産50＞総負債30」であれば流投資金20と表示し数字に＋記号は付さない。この20は流投資金のプラス残高＝流投資産の余裕を意味する。

　一方、「流投資産40＜総負債50」であれば流投資金▲10と表示し、数字に▲の記号を付すことにする。この▲10は流投資金のマイナス＝流投資産の不足（負債過多）を意味する。以下、収益資金分析と自己資金分析も同じ。

　流投資金のマイナス＝流投資産の不足（負債過多）に陥る要因は、①赤字経営に起因するケース、②自己資本を超えた固定資産への過大投資に起因するケース、双方に起因するケースがあるので、その読み取り方の説明を行う。

第２項　実数（金額）ベースの収益資金分析について

　第２に、総収益（売上収益、営業外収益のほかに特別利益を含むので総収益という用語を使用する）と総費用（売上原価、販売費及び一般管理費、営業外費用のほかに特別損失や法人税等を含むので総費用という用語を使用する）との差である純利益は経営体に資金をもたらすが、純損失は経営体から資金を持ち出すことになる。「赤字は倒産の始まり」と自戒し、「総収益額以下に総費用額を抑えることを経営体の目標（第２目標）」として設定する。

　この第２目標に基づき、総収益額と総費用額の差を「収益資金」と定義し、収益資金による実数分析を「収益資金分析」と呼称する。収益資金分析では、たとえば「総収益 50 ＞総費用 30」であれば収益資金 20 と表示する。この 20 は収益資金のプラス残高＝収益の余裕（黒字）を意味する。

　一方、「総収益 40 ＜総費用 50」であれば収益資金▲ 10 と表示する。▲ 10 は収益資金のマイナス残高＝収益の不足（赤字）を意味する。

第３項　実数（金額）ベースの自己資金分析について

　第３に、自己資本額を超えて固定資産を取得している経営体は、負債依存（流動資産＜負債）の経営状態にあるとみてよい。自己資本を超えた固定資産の取得が常態化し、業績が低迷すると経営体の資金繰りは行き詰る。そこで、固定資産への過大投資の常態化を未然に防止するべく「損益前資本額以下に固定性資産額を抑えることを経営体の目標（第３目標）」として設定する。

　この第３目標に基づき、損益前資本額（＝自己資本額±当期純損益額）と、固定性資産額（＝固定資産額－投資有価証券等額＋繰延資産額）との差を「自己資金」と定義し、自己資金による実数分析を「自己資金分析」ということにする。自己資金分析では、たとえば「損益前資本 50 ＞固定性資産 30」であれば自己資金 20 と表示する。この 20 は自己資金のプラス残高＝損益前資本の余裕を意味する。

　一方、「損益前資本 40 ＜固定性資産 50」であれば自己資金▲ 10 と表示する。▲ 10 は自己資金のマイナス残高＝損益前資本の不足（過大投資）を意味する。

第４項　残高点検式について

　本書では、自己資金と収益資金との集計額は、流投資金に一致するとの立論に

基づく「残高点検式」を次のように設定する。

　残高点検式：流投資金＝収益資金＋自己資金

　任意の数字を用いて残高点検式を例示すると次のようになる。

　∴残高点検式：流投資金40＝収益資金10＋自己資金30

　　流投資金40＝流投資産90－総負債50　　　　収益資金10＝総収益100－総費用90

　　自己資金30＝損益前資本70－固定性資産40

　このように収益資金10と自己資金30の集計額が、流投資金40に一致する残高点検式を立論する。そして、収益資金と自己資金しだいで流投資金が決まる関係に着目し、自己資金10と収益資金30を原因実数、流投資金40を結果実数と位置づけることにする。この原因実数と結果実数とによる財務状況の分析を「因果実数分析」ということにする。因果実数分析には、財務状況の良否を因果分析するための残高点検式が組み込まれているのである。

第2節　四社の2019年と2021年の 財務状況に関する三資金の因果実数分析

　因果実数分析では、最初に流投資金が正数か負数かによって財務状況の結果の良否を把握する。次に、収益資金と自己資金が正数か負数かによって結果に至った原因を把握する。この因果実数分析によって、財務状況の良否を実数（金額）で把握することが可能になる。以下の第1項では四自動車会社へ三資金による因果実数分析を適用し、2019年決算の財務状況と目標達成レベルを1社ごとに要約し、第2項では2021年決算の財務状況と目標達成レベルを1社ごとに要約する。

第1項　四社の2019年決算の財務状況に関する三資金による因果実数分析

　第1に、表3-1で2019年決算に関する四社の三資金の因果実数分析を行う。

表3-1　　　　　四自動車の金額ベースに基づく三資金の状況（2019年3月期決算）

項　目	T　社	H　社	N　社	M　社
流投資金	7兆9,927億円	7,279億円	▲7,635億円	87億円
収益資金	1兆8,968億円	3,622億円	1,686億円	393億円
自己資金	6兆 959億円	3,657億円	▲9,321億円	▲306億円

出所：各社の2019年3月期決算の有価証券報告書より筆者作成
　　　四捨五入処理の関係で億円未満の金額を端数調整している。

　次の表3-2は、前掲の表3-1から求めたT社の三資金（2019年決算）の実績値である。因果実数分析では、流投資金（結果実数）のプラスを意味する流投資

産の余裕が 7 兆 9,927 億円になった要因は、収益資金（原因実数）のプラスを意
味する総収益の余裕 = 黒字 1 兆 8,968 億円と、自己資金（原因実数）のプラスを
意味する自己資本の余裕 6 兆 959 億円とにあると分析する。

表 3-2　T 社の金額ベースに基づく三資金の状況（2019 年 3 月期決算）

項　目	流投資金（結果実数）	収益資金（原因実数）	自己資金（原因実数）
T　社	7 兆 9,927 億円	1 兆 8,968 億円	6 兆 959 億円

出所：T 社の 2019 年 3 月期決算の有価証券報告書より筆者作成
　　　四捨五入処理の関係で億円未満の金額を端数調整している。

　次の表 3-3 の H 社の場合は、流投資金（結果実数）のプラスを意味する流投
資産の余裕が 7,279 億円になった要因は、収益資金（原因実数）のプラスを意味
する総収益の余裕 = 黒字 3,622 億円と、自己資金（原因実数）のプラスを意味す
る自己資本の余裕 3,657 億円にある。

表 3-3　H 社の金額ベースに基づく三資金の状況（2019 年 3 月期決算）

項　目	流投資金（結果実数）	収益資金（原因実数）	自己資金（原因実数）
H　社	7,279 億円	3,622 億円	3,657 億円

出所：H 社の 2019 年 3 月期決算の有価証券報告書より筆者作成
　　　四捨五入処理の関係で億円未満の金額を端数調整している。

　表 3-4 の N 社の場合は、流投資金（結果実数）のマイナスを意味する流投資
産の不足が ▲ 7,635 億円になった要因は、収益資金（原因実数）のプラスを意味
する総収益の余裕 = 黒字 1,686 億円で、自己資金（原因実数）のマイナスを意味
する自己資本の不足 ▲ 9,321 億円をカバーできなかったことにある。

表 3-4　N 社の金額ベースに基づく三資金の状況（2019 年 3 月期決算）

項　目	流投資金（結果実数）	収益資金（原因実数）	自己資金（原因実数）
N　社	▲ 7,635 億円	1,686 億円	▲ 9,321 億円

出所：N 社の 2019 年 3 月期決算の有価証券報告書より筆者作成
　　　四捨五入処理の関係で億円未満の金額を端数調整している。

　表 3-5 の M 社の場合は、流投資金（結果実数）のプラスを意味する流投資産
の余裕が 87 億円になった要因は、収益資金（原因実数）のプラスを意味する収
益の余裕 = 黒字 393 億円で、自己資金（原因実数）のマイナスを意味する自己資
本の不足 ▲ 306 億円をカバーできたことにある。

表 3-5　M社の金額ベースに基づく三資金の状況（2019 年 3 月期決算）

項　目	流投資金（結果実数）	収益資金（原因実数）	自己資金（原因実数）
M　社	87 億円	393 億円	▲ 306 億円

出所：M社の 2019 年 3 月期決算の有価証券報告書より筆者作成
　　　四捨五入処理の関係で億円未満の金額を端数調整している。

第 2 項　四社の 2021 年決算の財務状況に関する三資金による因果実数分析

　第 2 に、次の表 3-6 で 2021 年決算に関する四社の三資金の因果実数分析を行

う。

表 3-6 　　　　　　　　四自動車会社の金額ベースに基づく三資金の状況 (2021 年 3 月期決算)

項　目	T　社	H　社	N　社	M　社
流投資金	8 兆 7,546 億円	8,141 億円	▲ 1 兆 8,003 億円	▲ 1,031 億円
収益資金	1 兆 6,380 億円	3,734 億円	▲ 726 億円	358 億円
自己資金	7 兆 1,166 億円	4,407 億円	▲ 1 兆 7,277 億円	▲ 673 億円

出所：各社の 2021 年 3 月期決算の各有価証券報告書より筆者作成
四捨五入処理の関係で億円未満の金額を端数調整している。

次の表 3-7 は上掲の表 3-6 から作成した T 社の三資金の状況である。表 3-7 で、T 社の流投資金（結果実数）のプラスを意味する流投資産の余裕が 8 兆 7,546 億円になった要因は、収益資金（原因実数）のプラスを意味する総収益の余裕＝黒字 1 兆 6,380 億円と、自己資金（原因実数）のプラスを意味する自己資本の余裕 7 兆 1,166 億円とにある。

表 3-7 　T 社の金額ベースに基づく三資金の状況 (2021 年 3 月期決算)

項　目	流投資金 (結果実数)	収益資金 (原因実数)	自己資金 (原因実数)
T　社	8 兆 7,546 億円	1 兆 6,380 億円	7 兆 1,166 億円

出所：T 社の 2021 年 3 月期決算の有価証券報告書より筆者作成
四捨五入処理の関係で億円未満の金額を端数調整している。

次の表 3-8 で、H 社の流投資金（結果実数）のプラスを意味する流投資産の余裕が 8,141 億円になった要因は、収益資金（原因実数）のプラスを意味する収益の余裕＝黒字 3,734 億円と、自己資金（原因実数）のプラスを意味する自己資本の余裕 4,407 億円とにある。

表 3-8 　H 社の金額ベースに基づく三資金の状況 (2021 年 3 月期決算)

項　目	流投資金 (結果実数)	収益資金 (原因実数)	自己資金 (原因実数)
H　社	8,141 億円	3,734 億円	4,407 億円

出所：H 社の 2021 年 3 月期決算の有価証券報告書より筆者作成
四捨五入処理の関係で億円未満の金額を端数調整している。

次の表 3-9 で、N 社の流投資金（結果実数）のマイナスを意味する流投資産の不足が▲ 1 兆 8,003 億円になった要因は、収益資金（原因実数）のマイナスを意味する収益の不足＝赤字▲ 726 億円と、自己資金（原因実数）のマイナスを意味する自己資本の不足▲ 1 兆 7,277 億円とにある。

表 3-9 　N 社の金額ベースに基づく三資金の状況 (2021 年 3 月期決算)

項　目	流投資金 (結果実数)	収益資金 (原因実数)	自己資金 (原因実数)
N　社	▲ 1 兆 8,003 億円	▲ 726 億円	▲ 1 兆 7,277 億円

出所：N 社の 2021 年 3 月期決算の有価証券報告書より筆者作成
出所四捨五入処理の関係で億円未満の金額を端数調整している。

次の表 3-10 で、M 社の流投資金（結果実数）のマイナスを意味する流投資産の不足が▲ 1,031 億円になった要因は、収益資金（原因実数）のマイナスを意味する総収益の不足＝赤字▲ 358 億円と、自己資金（原因実数）のマイナスを意味する自己資本の不足▲ 673 億円にある。

表3-10　M社の金額ベースに基づく三資金の状況 (2021年3月期決算)

決算期	流投資金（結果実数）	収益資金（原因実数）	自己資金（原因実数）
M 社	▲ 1,031 億円	▲ 358 億円	▲ 673 億円

出所：M社の2021年3月期決算の有価証券報告書より筆者作成
四捨五入処理の関係で億円未満の金額を調整している。

　このように流投資金を結果実数とし、自己資金と収益資金を原因実数とする因果実数分析によって、財務状況を実数（金額）で点検することができるのである。

第3節　因果実数分析でみる四社の財務状況の変化
―2019年と2021年比較―

　以下では、四社の結果実数の流投資金、原因実数の収益資金と自己資金の2019年決算と2021年決算を比較し、三資金が好転か後退かの因果実数分析を行う。

第1項　四社の2019年と2021年の比較でみる結果実数の流投資金の変化
　表3-11は2019年決算と2021年決算の流投資産と総負債の差である流投資金（結果実数）に関する分析値である。

表3-11　　　　　四自動車会社の2019年と2021年の流投資金比較

決算期	T 社	H 社	N 社	M 社
2019年3月期決算	7兆9,927億円	7,279億円	▲ 7,635億円	87億円
2021年3月期決算	8兆7,546億円	8,141億円	▲ 1兆8,003億円	▲ 1,031億円
変　化	好転7,619億円	好転862億円	後退▲ 1兆368億円	後退▲ 1,118億円

出所：各社の2019年と2021年3月期決算の有価証券報告書より筆者作成
四捨五入処理の関係で億円未満の金額を調整している。

　表3-11のT社の流投資金（結果実数）のプラスを意味する流投資産の余裕は、2019年の7兆9,927億円が2021年に8兆7,546億円へ7,619億円の好転。H社は2019年の7,279億円が2021年に8,141億円へ862億円の好転となっている。

　一方、N社の流投資金（結果実数）のマイナスを意味する流投資産の不足は2019年の▲ 7,635億円が2021年に▲ 1兆8,003億円へ▲ 1兆368億円の後退。M社は2019年の87億円が2021年に▲ 1,031億円へ▲ 1,118億円の後退となっている。

第2項　四社の2019年と2021年の比較でみる原因実数の収益資金の変化
　次の表3-12は、2019年決算と2021年決算の総収益と総費用の差である原因実数の収益資金に関する分析値である。表3-12のT社の収益資金（原因実数）のプラスを意味する総収益の余裕＝黒字は、2019年の1兆8,968億円が2021年に1兆6,380億円へ▲ 2,588億円の後退。H社は2019年の3,622億円が2021年

に 3,734 億円へ 112 億円の好転となっている。

表 3-12 四自動車会社の 2019 年と 2021 年の収益資金比較

決算期	T 社	H 社	N 社	M 社
2019 年 3 月期決算	1 兆 8,968 億円	3,622 億円	1,686 億円	393 億円
2021 年 3 月期決算	1 兆 6,380 億円	3,734 億円	▲ 726 億円	▲ 358 億円
変　化	後退▲ 2,588 億円	好転 112 億円	後退▲ 2,412 億円	後退▲ 751 億円

出所：各社の 2019 年と 2021 年 3 月期決算の有価証券報告書より筆者作成
　　　四捨五入処理の関係で億円未満の金額を調整している。

　一方、N 社の収益資金（原因実数）は、2019 年の黒字 1,686 億円が 2021 年に赤字▲ 726 億円へ▲ 2,412 億円の後退。M 社は 2019 年の黒字 393 億円が 2021 年に赤字▲ 358 億円へ▲ 751 億円の後退となっていることがわかる。

第 3 項　四社の 2019 年と 2021 年の比較でみる原因実数の自己資金の変化

　表 3-13 は 2019 年決算と 2021 年決算の損益前資本額と固定性資産額の差である自己資金（原因実数）に関する分析値である。

表 3-13 四自動車会社の 2019 年と 2021 年の自己資金比較

決算期	T 社	H 社	N 社	M 社
2019 年 3 月期決算	6 兆 959 億円	3,657 億円	▲ 9,321 億円	▲ 306 億円
2021 年 3 月期決算	7 兆 1,166 億円	4,407 億円	▲ 1 兆 7,277 億円	▲ 673 億円
変　化	好転 1 兆 207 億円	好転 750 億円	後退▲ 7,956 億円	後退▲ 367 億円

出所：各社の 2019 年と 2021 年 3 月期決算の有価証券報告書より筆者作成
　　　四捨五入処理の関係で億円未満の金額を調整している。

　表 3-13 の T 社の自己資金（原因実数）のプラスを意味する損益前資本＝自己資本の余裕は、2019 年の 6 兆 959 億円が 2021 年に 7 兆 1,166 億円へ 1 兆 207 億円の好転。H 社は 2019 年の 3,657 億円が 2021 年に 4,407 億円へ 750 億円の好転となっている。一方、N 社の自己資金（原因実数）のマイナスを意味する損益前資本＝自己資本の不足は、2019 年の▲ 9,321 億円が 2021 年に▲ 1 兆 7,277 億円へ▲ 7,956 億円の後退。M 社は 2019 年の▲ 306 億円が 2021 年に▲ 673 億円へ▲ 367 億円の後退となっている。次の第 4 節では、四社の 2019 年と 2021 年における三資金の変化要因を因果実数分析で明らかにする。

第 4 節　因果実数分析でみる四社の財務状況の変化

　四社の 2019 年と 2021 年における財務状況の変化した要因を、1 社ごとに因果実数分析によって明らかにする。

第１項　因果実数分析でみるＴ社の財務状況の変化

　次の表 3-14 はＴ社の 2019 年決算と、2021 年決算の三資金（実数）のデータである。2019 年決算と 2021 年決算の両年比較では、収益資金（原因実数）は▲ 2,588 億円の減少（収益の余裕の後退）であったが、この▲ 2,588 億円を自己資金（原因実数）1 兆 207 億円の増加（損益前資本＝自己資本の余裕の好転）でカバーできたので、流投資金（結果実数）が 7,619 億円の増加（流投資産の余裕の好転）になったと読み取る。

表 3-14　Ｔ社の三資金の 2019 年 3 月期決算と 2021 年 3 月期決算の比較

決算期	流投資金（結果実数）	収益資金（原因実数）	自己資金（原因実数）
2019 年 3 月期決算	7 兆 9,927 億円	1 兆 8,968 億円	6 兆　959 億円
2021 年 3 月期決算	8 兆 7,546 億円	1 兆 6,380 億円	7 兆 1,166 億円
変化：比較増減高	7,619 億円	▲ 2,588 億円	1 兆　207 億円

出所：Ｔ社の 2019 年 3 月期決算と 2021 年 3 月期決算の有価証券報告書より筆者作成
　　　四捨五入処理の関係で億円未満の金額を端数調整している。

第２項　因果実数分析でみるＨ社の財務状況の変化

　表 3-15 は、Ｈ社の 2019 年決算と 2021 年決算の三資金のデータである。

表 3-15　Ｈ社の三資金の 2019 年 3 月期決算と 2021 年 3 月期決算の比較

決算期	流投資金（結果実数）	収益資金（原因実数）	自己資金（原因実数）
2019 年 3 月期決算	7,279 億円	3,622 億円	3,657 億円
2021 年 3 月期決算	8,141 億円	3,734 億円	4,407 億円
変化：比較増減高	862 億円	112 億円	750 億円

出所：Ｈ社の 2019 年 3 月期決算と 2021 年 3 月期決算の有価証券報告書より筆者作成
　　　四捨五入処理の関係で億円未満の金額を端数調整している。

　表 3-15 のＨ社の 2019 年決算と 2021 年決算の両年比較では、収益資金（原因実数）は 112 億円の増加（収益の余裕の好転）で、且つ自己資金（原因実数）も 750 億円の増加（損益前資本＝自己資本の余裕の好転）になったことで、流投資金（結果実数）が 862 億円の増加（流投資産の余裕の好転）になったと読み取る。

第３項　Ｎ社因果実数分析でみるＮ社の財務状況の変化

　表 3-16 は、Ｎ社の 2019 年決算と 2021 年決算の三資金のデータである。

表 3-16　Ｎ社の三資金の 2019 年 3 月期決算と 2021 年 3 月期決算の比較

決算期	流投資金（結果実数）	収益資金（原因実数）	自己資金（原因実数）
2019 年 3 月期決算	▲ 7,635 億円	1,686 億円	▲ 9,321 億円
2021 年 3 月期決算	▲ 1 兆 8,003 億円	▲ 726 億円	▲ 1 兆 7,277 億円
変化：比較増減高	▲ 1 兆　368 億円	▲ 2,412 億円	▲ 7,956 億円

出所：Ｎ社の 2019 年 3 月期決算と 2021 年 3 月期決算の有価証券報告書より筆者作成
　　　四捨五入処理の関係で億円未満の金額を端数調整している。

　表 3-16 のＮ社の 2019 年決算と 2021 年決算の両年比較では、収益資金（原因

実数）が▲ 2,412 億円の減少（総収益の不足が膨らんだ＝後退）で、且つ自己資金（原因実数）は▲ 7,956 億円の減少（損益前資本＝自己資本の不足が膨らんだ＝後退）となったので、流投資金（結果実数）が▲ 1 兆 368 億円の減少（流投資産の不足が膨らんだ＝後退）になったと読み取る。

第 4 項　因果実数分析でみる M 社の財務状況の変化

　表 3-17 は、M 社の 2019 年決算と 2021 年決算の三資金のデータである。

表 3-17　M 社の三資金の 2019 年 3 月期決算と 2021 年 3 月期決算の比較

決算期	流投資金（結果実数）	収益資金（原因実数）	自己資金（原因実数）
2019 年 3 月期決算	87 億円	393 億円	▲ 306 億円
2021 年 3 月期決算	▲ 1,031 億円	▲ 358 億円	▲ 673 億円
変化：比較増減高	▲ 1,118 億円	▲ 751 億円	▲ 367 億円

出所：M 社の 2019 年 3 月期決算と 2021 年 3 月期決算の有価証券報告書より筆者作成
　　　四捨五入処理の関係で億円未満の金額を端数調整している。

　表 3-17 の M 社の 2019 年決算と 2021 年決算の両年比較では、収益資金（原因実数）は▲ 751 億円の減少（総収益の不足が膨らんだ＝後退）で、且つ自己資金（原因実数）も▲ 367 億円の減少（損益前資本＝自己資本の不足が膨らんだ＝後退）となったので、流投資金（結果実数）が▲ 1,118 億円の減少（流投資産の不足が膨らんだ＝後退）になったと読み取る。以上、三資金を「結果実数の流投資金」と、「原因実数の収益資金および自己資金」とに分類することで、比率分析では行えない財務状況の変化した要因を、実数（金額）で特定できるのである。

第 5 節　因果実数分析に基づく四自動車会社の財務状況の読み取り

　ここまでの流投資金の好転・後退の要因は、収益資金の好転・後退と自己資金の好転・後退とから読み取ることができるとする因果実数分析の説明を基礎にして、この第 5 節では因果実数分析に基づく四自動車会社の財務状況を 1 社ごとに読み取る。資料は、海外で営業展開する四社が黒字決算であった 2019 年決算の有価証券報告書[1]から筆者が作成した資料と、世界規模の COVID-19 感染症問題に直面した 2021 年決算の有価証券報告書[2]から作成した資料とを比較し、各社の財務状況の変化などを読み取る。

表3-18　　四自動車会社の財務諸表4−分析データ2019年3月期決算　　　　　単位：億円

	項　目	T社	H社	N社	M社
A	流動資産	70,783	13,546	17,192	10,634
B	投資有価証券等	61,811	1,941	1,354	590
C	流投資産＊1	132,594	15,487	18,546	11,224
D	総負債	52,667	8,208	26,181	11,137
D-1	流動負債	43,118	6,893	21,352	5,888
D-2	固定負債	9,549	1,315	4,829	5,249
E	固定資産	106,387	16,275	34,048	10,998
F	固定性資産＊2	44,576	14,334	32,694	10,408
G	期末自己資本	124,503	21,613	25,059	10,495
H	損益前資本＊3	105,535	17,991	23,373	10,102
I	総収益	136,804	46,429	39,057	27,294
J	総費用	117,836	42,807	37,371	26,901
K	当期純損益＊4	18,968	3,622	1,686	393
L	流投資金	79,927	7,279	▲7,635	87
M	収益資金	18,968	3,622	1,686	393
N	自己資金	60,959	3,657	▲9,321	▲306

各社の2019年3月期決算の有価証券報告書より筆者作成
数字は四捨五入処理と端数調整を行っている。
＊1：流投資産C＝流動資産A＋投資有価証券等B
＊2：固定性資産F＝固定資産E−投資有価証券等B＋繰延資産
＊3：損益前資本H＝期末自己資本G±当期純損益K
＊4：当期純損益K＝総収益I−総費用J

第1項　四社の三資金分析による財務状況の読み取り—2019年3月期決算—

　第1に、前掲の表3-18を使いT社、H社、N社、M社が黒字決算であった2019年3月期決算（以下、2019年決算という）の財務状況の因果実数分析を行う。

1．残高点検式による金額点検—T社、H社、N社、M社の2019年決算—

　表3-18の原因実数の収益資金と自己資金の集計額が、結果実数の流投資金と一致するか否かを、残高点検式に基づき次のように点検を行う。

　　T社：流投資金7兆9,927億円＝収益資金1兆8,968億円＋自己資金6兆959億円

　　H社：流投資金7,279億円＝収益資金3,622億円＋自己資金3,657億円

　　N社：流投資金▲7,635億円＝収益資金1,686億円＋自己資金▲9,321億円

　　M社：社流投資金87億円＝億円収益資金393億円＋自己資金▲306

2．結果実数の流投資金による四社の財務状況の個別評価—2019年決算—

　次の表3-19は表3-18から作成した四社の流投資金（結果実数）である。

表3-19　　　　　　　　四自動車の金額ベースに基づく流投資金状況（2019年3月期決算）

項　目	T　社	H　社	N　社	M　社
流投資金（結果実数）	7兆9,927億円	7,279億円	▲7,635億円	87億円

出所：各社の2019年3月期決算の有価証券報告書より筆者作成
　　　四捨五入処理の関係で億円未満の金額を端数調整している。

　表3-19で確認できるように、流投資金（結果実数）のプラスを意味する流投資産の余裕が7兆9,927億円のT社、7,279億円のH社、87億円のM社は、流投資産以下に総負債を抑える経営体の第1目標を達成しているので、流投資産と総

負債の関係状況（流動性）は良好と個別評価する。一方、流投資金（結果実数）のマイナスを意味する流投資産不足＝負債過多が▲ 7,635 億円のN社は、第 1 目標の流動性（負債過多）について改善が必要であると個別評価する。

3. 原因実数の収益資金による四社の財務状況の個別評価― 2019 年決算―

表 3-20 は表 3-18 から作成した四社の収益資金（原因実数）である。

表 3-20　　　　　四自動車の金額ベースに基づく収益資金状況（2019 年 3 月期決算）

項　目	T　社	H　社	N　社	M　社
収益資金（原因実数）	1 兆 8,968 億円	3,622 億円	1,686 億円	393 億円

出所：各社の 2019 年 3 月期決算の有価証券報告書より筆者作成
　　　四捨五入処理の関係で億円未満の金額を端数調整している。

表 3-20 で確認できるように、収益資金（原因実数）のプラスを意味する総収益の余裕は、T社が 1 兆 8,968 億円、H社が 3,622 億円、N社が 1,686 億円、M社が 393 億円であり、4 社は総収益額以下に総費用額を抑える経営体の第 2 目標を達成している。よって、4 社の収益性は良好と個別評価する。

4. 原因実数の自己資金による四社の財務状況の個別評価― 2019 年決算―

表 3-21 は表 3-18 から作成した四社の自己資金（原因実数）である。

表 3-21　　　　　四自動車の金額ベースに基づく自己資金状況（2019 年 3 月期決算）

項　目	T　社	H　社	N　社	M　社
自己資金（原因実数）	6 兆 959 億円	3,657 億円	▲ 9,321 億円	▲ 306 億円

出所：各社の 2019 年 3 月期決算の有価証券報告書より筆者作成
　　　四捨五入処理の関係で億円未満の金額を端数調整している。

表 3-21 で確認できるように、自己資金（原因実数）のプラスを意味する損益前資本＝自己資本の余裕が 6 兆 959 億円のT社と、3,657 億円のH社は、経営体の損益前資本額以下に固定性資産額を抑える経営体の第 3 目標を達成しているので、自己資本と固定資産の関係状況（固定資産投資）は良好と個別評価する。一方、自己資金（原因実数）のマイナスを意味する損益前資本＝自己資本の不足が▲ 9,321 億円のN社、▲ 306 億円のM社は、第 3 目標が未達成であり固定資産への過大投資について改善が必要であると個別評価する。

5. 三資金の因果実数分析による四社の財務状況の総合評価― 2019 年決算―

表 3-22 の流投資金（結果実数）、収益資金（原因実数）、自己資金（原因実数）からなる因果実数分析による、四社の 2019 年決算の財務状況と目標達成レベル

に関する総合評価について説明を行う。

表 3-22　　　　　四自動車の金額ベースに基づく三資金の状況（2019 年３月期決算）

項　目	T　社	H　社	N　社	M　社
流投資金（結果実数）	7 兆 9,927 億円	7,279 億円	▲ 7,635 億円	87 億円
収益資金（原因実数）	1 兆 8,968 億円	3,622 億円	1,686 億円	393 億円
自己資金（原因実数）	6 兆　959 億円	3,657 億円	▲ 9,321 億円	▲ 306 億円
総合評価	最上位Ｓレベル評価	最上位Ｓレベル評価	Ｂレベル評価	Ａレベル評価

出所：各社の 2019 年３月期決算の有価証券報告書より筆者作成
　　　四捨五入処理の関係で億円未満の金額を端数調整している。

　表 3-22 で確認できるように、流投資金（結果実数）のプラスを意味する流投資産の余裕は、Ｔ社が 7 兆 9,927 億円、Ｈ社が 7,279 億円である。また、収益資金（原因実数）のプラスを意味する総収益の余裕＝黒字は、Ｔ社が 1 兆 8,968 億円、Ｈ社が 3,622 億円である。そして、自己資金（原因実数）のプラスを意味する損益前資本＝自己資本の余裕は、Ｔ社が 6 兆 959 億円、Ｈ社が 3,657 億円である。Ｔ社とＨ社は三資金に余裕があり、流投資産額以下に総負債額を抑える第１目標、総収益額以下に総費用額を抑える第２目標、損益前資本額以下に固定性資産額を抑える第３目標の三目標が達成されている。このように三目標が達成されている場合は、因果実数分析による経営全体の財務状況と目標達成レベルは最上位（以下、Ｓレベル）と総合評価する。

　一方、Ｎ社は、収益資金（原因実数）のプラスを意味する総収益の余裕＝黒字額が 1,686 億円であり「総収益額以下に総費用額を抑える第２目標」は達成されている。しかし、流投資金（結果実数）はマイナスを意味する流投資産の不足が▲ 7,635 億円であり「流投資産額以下に総負債額を抑える第１目標」が未達成である。また、自己資金（原因実数）はマイナスを意味する損益前資本＝自己資本の不足が▲ 9,321 億円であり「損益前資本額以下に固定性資産額を抑える第３目標」が未達成である。Ｎ社の場合は第２目標の収益性は達成されているが、第１目標の流動性（負債過多）と第３目標の投資性（固定資産への過大投資）を改善すべきである。このように三目標のうち二目標が未達成の場合は、二つの目標の達成へ向けて改善が必要であることを意味するＢレベルの財務状況と目標達成レベルであると総合評価を行う。

　Ｍ社は、流投資金（結果実数）はプラスを意味する流投資産の余裕が 87 億円であり「流投資産額以下に総負債額を抑える第１目標」は達成されている。また、収益資金（原因実数）はプラスを意味する総収益の余裕＝黒字が 393 億円であり「総収益額以下に総費用額を抑える第２目標」も達成されている。ただし、自己

資金（原因実数）はマイナスを意味する損益前資本＝自己資本の不足が▲ 306 億円であり、「損益前資本額以下に固定性資産額を抑える第 3 目標」が未達成である。M 社の場合、第 1 目標の流動性と第 2 目標の収益性は達成されているが、第 3 目標の固定資産への過大投資について改善が必要である。このように三目標のうち一目標が未達成の場合は、一つの目標の達成へ向けて改善が必要であることを意味する A レベルの財務状況と目標達成レベルであると総合評価を行う。

第 2 項　三資金分析による四社の財務状況の読み取り― 2021 年 3 月期決算―

　第 2 に、表 3-23 に基づき T 社と H 社が黒字決算、N 社と M 社が赤字決算であった 2021 年 3 月期決算（2021 年決算という）の財務状況の因果実数分析を行う。

表 3-23　四自動車会社の財務諸表 4 ―分析データ 2021 年 3 月期決算　単位：億円

	項　目	T 社	H 社	N 社	M 社
A	流動資産	88,192	15,206	17,408	11,644
B	投資有価証券等＊1	72,350	2,062	1,971	758
C	流投資産＊1	160,589	17,268	19,379	12,402
D	総負債	73,043	9,127	37,382	13,433
D-1	流動負債	57,022	7,037	21,413	5,132
D-2	固定負債	16,021	2,090	15,969	8,301
E	固定資産	123,791	18,628	39,647	11,449
F	固定性資産＊2	51,394	16,566	37,676	10,691
G	期末自己資本	138,940	24,707	19,673	9,660
H	損益前資本＊3	122,560	20,973	20,399	10,018
I	総収益	130,380	36,583	29,151	22,252
J	総費用	114,000	32,849	29,877	22,610
K	当期純損益＊4	16,380	3,734	▲ 726	▲ 358
L	流投資金	87,546	8,141	▲18,003	▲1,031
M	収益資金	16,380	3,734	▲ 726	▲ 358
N	自己資金	71,166	4,407	▲17,277	▲ 673

出所：各社の 2021 年 3 月期決算の有価証券報告書より筆者作成
＊ 1：流投資産 C ＝流動資産 A ＋投資有価証券等 B
＊ 2：固定性資産 F ＝固定資産 E －投資有価証券等 B ＋繰延資産
＊ 3：損益前資本 H ＝期末自己資本 G ±当期純損益 K
＊ 4：当期純損益 K ＝総収益 I －総費用 J
数字は四捨五入処理と端数調整を行っている。

1．残高点検式による金額点検― T 社、H 社、N 社、M 社の 2021 年決算―

　先ず、残高点検式に基づき、表 3-23 の原因実数の収益資金と自己資金の集計額が、結果実数の流投資金と一致するか否かを、次のように点検を行う。

　T 社：流投資金 8 兆 7,546 億円＝収益資金 1 兆 6,380 億円＋自己資金 7 兆 1,166 億円

　H 社：流投資金 8,141 億円＝収益資金 3,734 億円＋自己資金 4,407 億円

　N 社：流投資金▲ 1 兆 8,003 億円＝収益資金▲ 726 億円＋自己資金▲ 1 兆 7,277 億円

　M 社：社流投資金▲ 1,031 億円＝収益資金▲ 358 億円＋自己資金▲ 673 億円

2. 結果実数の流投資金による四社の財務状況の個別評価─ 2021 年決算─

表 3-24 は表 3-23 から作成した四社の流投資金（結果実数）である。

表 3-24　　　　四自動車会社の金額ベースに基づく流投資金状況（2021 年 3 月期決算）

項　　目	T　社	H　社	N　社	M　社
流投資金（結果実数）	8 兆 7,546 億円	8,141 億円	▲ 1 兆 8,003 億円	▲ 1,031 億円

出所：各社の 2021 年 3 月期決算の有価証券報告書より筆者作成
　　　四捨五入処理の関係で億円未満の金額を端数調整している。

　表 3-24 の流投資金（結果実数）のプラスを意味する流投資産の余裕が 8 兆 7,546 億円の T 社と、8,147 億円の H 社は「流投資産額以下に総負債額を抑える経営体の第 1 目標」が達成されており流投資産に余裕があるので、流動性は良好と個別評価する。一方、流投資金（結果実数）のマイナスを意味する流投資産の不足（負債過多）が▲ 1 兆 8,003 億円の N 社と、▲ 1,031 億円の M 社は、第 1 目標が未達成であるので、第 1 目標の流動性（負債過多）の改善が必要と個別評価する。

3. 原因実数の収益資金による四社の財務状況の個別評価─ 2021 年決算─

表 3-25 は表 3-23 から作成した四社の収益資金（原因実数）である。

表 3-25　　　　四自動車会社の金額ベースに基づく収益資金状況（2021 年 3 月期決算）

項　　目	T　社	H　社	N　社	M　社
収益資金（原因実数）	1 兆 6,380 億円	3,734 億円	▲ 726 億円	▲ 358 億円

出所：各社の 2021 年 3 月期決算の有価証券報告書より筆者作成
　　　四捨五入処理の関係で億円未満の金額を端数調整している。

　表 3-25 の収益資金（原因実数）のプラスを意味する総収益の余裕＝黒字が 1 兆 6,380 億円の T 社と、3,734 億円の H 社は、「総収益額以下に総費用額を抑える経営体の第 2 目標」を達成されている。T 社と H 社の収益性は良好と個別評価する。

　一方、収益資金（原因実数）のマイナスを意味する総収益不足＝赤字が▲ 726 億円の N 社と、赤字が▲ 358 億円の M 社は、第 2 目標が未達成であり、第 2 目標の収益性（赤字）の改善が必要であると個別評価する。

4. 原因実数の自己資金による四社の財務状況の個別評価─ 2021 年決算─

表 3-26 は表 3-23 から作成した四社の自己資金（原因実数）である。

表 3-26　　　　四自動車会社の金額ベースに基づく自己資金状況（2021 年 3 月期決算）

項　　目	T　社	H　社	N　社	M　社
自己資金（原因実数）	7 兆 1,166 億円	4,407 億円	▲ 1 兆 7,277 億円	▲ 673 億円

出所：各社の 2021 年 3 月期決算の有価証券報告書より筆者作成
　　　四捨五入処理の関係で億円未満の金額を端数調整している。

　表 3-26 の自己資金（原因実数）のプラスを意味する損益前資本＝自己資金の

余裕が 7 兆 ,166 億円の T 社と 4,407 億円の H 社は、「自己資本額以下に固定性資産額を抑える経営体の第 3 目標」を達成されているので、自己資本と固定資産の関係状況（固定資産への投資状況）は良好と個別評価する。

　一方、自己資金（原因実数）のマイナスを意味する損益前資本＝自己資本の不足が▲ 1 兆 7,277 億円の N 社と、自己資本の不足が▲ 673 億円の M 社は、第 3 目標が未達成であり、固定資産への過大投資の改善が必要であると個別評価する。

5.　三資金の因果実数分析による四社の財務状況の総合評価― 2021 年決算―

　表 3-27 を使い流投資金、収益資金、自己資金からなる因果実数分析による、四社の 2021 年決算の財務状況と目標達成レベルに関する総合評価の説明を行う。

表 3-27　　　　　　四自動車会社の金額ベースに基づく三資金状況 (2021 年 3 月期決算)

項　目	T　社	H　社	N　社	M　社
流投資金（結果実数）	8 兆 7,546 億円	8,141 億円	▲ 1 兆 8,003 億円	▲ 1,031 億円
収益資金（原因実数）	1 兆 6,380 億円	3,734 億円	▲　726 億円	▲　358 億円
自己資金（原因実数）	7 兆 1,166 億円	4,407 億円	▲ 1 兆 7,277 億円	▲　673 億円
総合評価	最上位 S レベル評価	最上位 S レベル評価	最下位 C レベル評価	最下位 C レベル評価

出所：各社の 2021 年 3 月期決算の有価証券報告書より筆者作成
　　　四捨五入処理の関係で億円未満の金額を端数調整している。

　T 社と H 社の場合、結果実数の流投資金はプラスを意味する流投資産の余裕が、T 社が 8 兆 7,546 億円、H 社は 8,141 億円である。原因実数の収益資金のプラスを意味する総収益の余裕＝黒字が、T 社は 1 兆 6,380 億円、H 社は 3,734 億円である。そして、自己資金のプラスを意味する損益前資本＝自己資本の余裕が、T 社は 7 兆 1,166 億円、H 社は 4,407 億円である。T 社と H 社は三資金のすべてに余裕があり、「流投資産額以下に総負債額を抑える経営体の第 1 目標」、「総収益額以下に総費用額を抑える経営体の第 2 目標」、「損益前資本額以下に固定性資産額を抑える経営体の第 3 目標」を達成されている。20021 年 3 月期決算も三目標のすべてを達成しているので、因果実数分析による経営全体の財務状況と目標達成レベルは最上位の S レベルと総合評価する。

　一方、N 社と M 社の場合、結果実数の流投資金はマイナスを意味する流投資産の不足が、N 社は▲ 1 兆 8,003 億円、M 社は▲ 1,031 億円である。また、収益資金はマイナスを意味する総収益の不足＝赤字が、N 社は▲ 726 億円（赤字決算）、M 社は▲ 358 億円（赤字）である。そして、原因実数の自己資金はマイナスを意味する損益前資本＝自己資本の不足が、N 社は▲ 1 兆 7,277 億円、M 社は▲ 673 億円である。よって、N 社と M 社は、第 1 目標の流動性（負債過多）、第 2 目標の収

益性（赤字）、第3目標の投資性（固定資産への過大投資）を改善する必要がある。

このように三目標が未達成の場合、因果実数分析によるN社とM社の経営全体の財務状況は、三つの目標の達成へ向けて改善が必要であることを意味する最下位Cレベルの財務状況と目標達成レベルであると総合評価する。

第3項　因果実数分析による2019年決算と2021年決算の総合評価の比較

以上が四社の2021年決算を対象にした財務状況の因果実数分析による1社ごとの個別評価と総合評価である。次に、四自動車会社の企業間比較を行う。

1. 因果実数分析による2019年決算の総合評価の四社比較

表3-28は、2019年決算の流投資金（結果実数）、収益資金（原因実数）、自己資金（原因実数）の四社比較表である。

表 3-28　　　　四自動車の金額ベースに基づく三資金の状況（2019年3月期決算）

項　目	T　社	H　社	N　社	M　社
流投資金（結果実数）	7兆9,927億円	7,279億円	▲7,635億円	87億円
収益資金（原因実数）	1兆8,968億円	3,622億円	1,686億円	393億円
自己資金（原因実数）	6兆959億円	3,657億円	▲9,321億円	▲306億円
総合評価	最上位Sレベル評価	最上位Sレベル評価	Bレベル評価	Aレベル評価

出所：各社の2019年3月期決算の有価証券報告書より筆者作成
　　　四捨五入処理の関係で億円未満の金額を端数調整している。

因果実数分析による2019年決算の経営全体の財務状況と目標達成レベルに関する総合評価は、T社とH社が最上位のSレベル、N社がBレベル（第2目標の収益性は達成されているが、第1目標の流動性と第3目標の投資性が未達成）、M社がAレベル（第1目標の流動性と第2目標の収益性は達成されているが、第3目標の投資性が未達成）となる。

2. 因果実数分析による2021年決算の総合評価の四社比較

表3-29は、2021年決算の流投資金（結果実数）、収益資金（原因実数）、自己資金（原因実数）の四社比較表である。

表 3-29　　　　四自動車会社の金額ベースに基づく三資金状況（2021年3月期決算）

項　目	T　社	H　社	N　社	M　社
流投資金（結果実数）	8兆7,546億円	8,141億円	▲1兆8,003億円	▲1,031億円
収益資金（原因実数）	1兆6,380億円	3,734億円	▲726億円	▲358億円
自己資金（原因実数）	7兆1,166億円	4,407億円	▲1兆7,277億円	673億円
総合評価	最上位Sレベル評価	最上位Sレベル評価	最下位Cレベル評価	最下位Cレベル評価

出所：各社の2021年3月期決算の有価証券報告書より筆者作成
　　　四捨五入処理の関係で億円未満の金額を端数調整している。

　因果実数分析による 2021 年決算の経営全体の財務状況と目標達成レベルに関する総合評価は、Ｔ社とＨ社が最上位のＳレベル評価、Ｎ社とＭ社は最下位のＣレベル評価となる。四社の 2019 年決算と 2021 年決算の因果実数分析による経営全体の財務状況と目標達成レベルの総合評価の一覧表が表 3-30 と表 3-31 である。

表 3-30　　　　　四自動車の金額ベースに基づく三資金の状況（2019・2021 年 3 月期決算）

項　目	流投資金（結果実数）	収益資金（原因実数）	自己資金（原因実数）	総合評価
Ｔ社　2019 年 3 月期決算	7 兆 9,927 億円	1 兆 8,968 億円	6 兆　959 億円	最上位Ｓレベル評価
Ｔ社　2021 年 3 月期決算	8 兆 7,546 億円	1 兆 6,380 億円	7 兆 1,166 億円	最上位Ｓレベル評価
Ｈ社　2019 年 3 月期決算	7,279 億円	3,622 億円	3,657 億円	最上位Ｓレベル評価
Ｈ社　2021 年 3 月期決算	8,141 億円	3,734 億円	4,407 億円	最上位Ｓレベル評価
Ｎ社　2019 年 3 月期決算	▲　7,635 億円	1,686 億円	▲　9,321 億円	Ｂレベル評価
Ｎ社　2021 年 3 月期決算	▲ 1 兆 8,003 億円	▲　726 億円	▲ 1 兆 7,277 億円	最下位Ｃレベル評価
Ｍ社　2019 年 3 月期決算	87 億円	393 億円	▲　306 億円	Ａレベル評価
Ｍ社　2021 年 3 月期決算	▲　1,031 億円	▲　358 億円	▲　673 億円	最下位Ｃレベル評価

出所：各社の 2019 年 3 月期決算と 2021 年 3 月期決算の有価証券報告書より筆者作成
　　　四捨五入処理の関係で億円未満の金額を端数調整している。

表 3-31　Ｔ社・Ｈ社・Ｎ社・Ｍ社の三資金でみた財務状況の総合評価　　筆者作成

判断　　会社	総　合　評　価	
	2019 年 3 月期決算	2021 年 3 月期決算
Ｔ社	最上位Ｓレベル	最上位Ｓレベル
Ｈ社	最上位Ｓレベル	最上位Ｓレベル
Ｎ社	Ｂレベル	最下位Ｃレベル
Ｍ社	Ａレベル	最下位Ｃレベル

　表 3-30 と表 3-31 で確認できるように、Ｔ社とＨ社は 2019 年決算と 2021 年決算のいずれも三目標が達成されている。三目標のすべてを達成しているので、因果実数分析によるＴ社とＨ社の経営全体の財務状況と目標達成レベルは最上位のＳレベルと総合評価する。他経営体がＴ社、Ｈ社と取引を行う場合は「取引拡大[3]」を軸に取引方針等の検討を行うことになると読み取る。

　一方、Ｎ社の場合、2019 年決算では第 2 目標（収益性）は達成されているが、第 1 目標（流動性）と第 3 目標（投資性）が達成されていない。三目標のうち二二つの目標の達成へ向けて改善が必要であるので、経営全体の財務状況と目標達成レベルはＢレベルと総合評価する。他経営体がＮ社と取引を行う場合は、Ｎ社の置かれている諸状況を勘案し取引方針については「取引拡大」、「現状維持」、「取引縮小」の中から選択を行うことになる。そして、Ｎ社の 2021 年決算は、第 1 目標（流動性）、第 2 目標（収益性）、第 3 目標（投資性）のすべてが未達成である。三つの目標の達成へ向けて改善が必要であるので、経営全体の財務状況と目標達成レベルは最下位のＣレベルと総合評価する。他経営体がＮ社と取引を行う場合は、Ｎ社の置かれている諸状況を勘案し取引方針については「取引縮小」、「取引撤退」の中から選択を行うことになる。

　次に、M社の2019年決算は、第３目標（投資性）は未達成であるが、第１目標（流動性）と第２目標（収益性）が達成されている。M社の経営全体の財務状況と目標達成レベルは、三目標のうち一つの目標（投資性）の達成へ向けて改善が必要であることを意味するAレベルと総合評価する。他経営体がM社と取引を行う場合は、M社の置かれている諸状況を勘案し、たとえば「取引拡大」を軸に取引方針等の検討を行うことになる。そして、M社の2021年決算では、第１目標（流動性）、第２目標（収益性）、第３目標（投資性）のすべてが未達成である。M社の2021年決算の経営全体の財務状況と目標達成レベルは、三つの目標の達成へ向けて改善が必要であることを意味する最下位のCレベルと総合評価する。他経営体が当該経営体と取引を行う場合は、財務状況を検討し取引方針については「取引縮小」、「取引撤退」の中から選択を行うことになる[4]。その取引方針の選択については、この後の因果図分析を考察後、これまでの記述中心の説明だけでなく、取引方針の選択過程を見える化した方法を第９章で示すことにする。

　以上、四社の2019年決算と2021年決算を対象に実数（金額）ベースの流投資金、収益資金、自己資金からなる因果実数分析による事例分析を行った。その結果、T社とH社は2021年決算において世界規模のCOVID-19感染症問題に直面したにもかかわらず、三目標をすべて達成しており経営全体の財務状況と目標達成レベルは健全かつ安定している。一方、N社とM社の場合は、世界規模のCOVID-19感染症問題に直面した2021年決算では三目標のすべてが未達成であり、経営全体の財務状況と目標達成レベルは後退しており、極めて厳しい経営状況に置かれていることを読み取ることができた。

第６節　因果実数分析による事例分析の要約と知見 ─結びに代えて─

　収益資金（原因実数）と自己資金（原因実数）の集計額は、流投資金（結果実数）に一致する。この残高点検式に裏付けられた因果実数分析による四自動車会社の事例分析を要約し（第１項）、事例分析から得られた知見を述べ（第２項）、第３章の結びとする。

第1項　四自動車会社の三資金による財務状況の因果実数分析の要約

　表3-32で掲げた結果実数の流投資金（アを参照）を基準にすることで、四社の財務状況の順位は①T社、②H社、③M社、④N社の順と読み取ることができる。

表3-32　　　　　　　四自動車会社の金額ベースに基づく三資金状況（2021年3月期決算）

項　目	T　社	H　社	N　社	M　社
ア：流投資金（結果実数）	8兆7,546億円	8,141億円	▲1兆8,003億円	▲1,031億円
イ：収益資金（原因実数）	1兆6,380億円	3,734億円	▲726億円	▲358億円
ウ：自己資金（原因実数）	7兆1,166億円	4,407億円	▲1兆7,277億円	▲673億円
総合評価	最上位Sレベル評価	最上位Sレベル評価	最下位Cレベル評価	最下位Cレベル評価

出所：各社の2021年3月期決算の有価証券報告書より筆者作成
　　　四捨五入処理の関係で億円未満の金額を端数調整している。

　次に因果実数分析で財務状況の良否の要因を①〜④のように読み取りができる。

①T社の場合、流投資金（結果実数）がプラスを意味する流投資産8兆7,546億円の余裕となったのは（アを参照）、総収益額以下に総費用額を抑えたことで生じた収益資金（原因実数）のプラスを意味する収益の余裕＝黒字1兆6,380億円（イを参照）と、損益前資本額以下に固定性資産額を抑えたことで生じた自己資金（原因実数）のプラスを意味する損益前資本＝自己資金の余裕7兆1,166億円（ウを参照）とが要因である。

②H社の場合、流投資金（結果実数）のプラスを意味する流投資産が8,141億円の余裕となったのは（アを参照）、総収益額以下に総費用額を抑えたことで生じた収益資金（原因実数）のプラスを意味する収益の余裕＝黒字3,734億円（イを参照）と、資本固定額以下に固定性資産額を抑えたことで生じた自己資金（原因実数）のプラスを意味する損益前資本＝自己資本の余裕4,407億円（ウを参照）とが要因である。

③M社の場合、流投資金（結果実数）のマイナスを意味する流投資産が▲1,031億円の不足となったのは（アを参照）、赤字決算のために生じた収益資金（原因実数）のマイナスを意味する収益の不足＝赤字▲358億円（イを参照）と、損益前資本を超えて固定資産投資を取得したために生じた自己資金（原因実数）のマイナスを意味する損益前資本＝自己資金の不足▲673億円（ウを参照）とが要因である。

④N社の場合、流投資金（結果実数）のマイナスを意味する流投資産が▲1兆8,003億円の不足となったのは（アを参照）、総収益額を超えた総費用額に起因する収益資金（原因実数）のマイナスを意味する収益の不足＝赤字▲726億円（イを参照）と、損益前資本額を超えて固定資産を取得したために生じた自己

　資金（原因実数）のマイナスを意味する自己資本の不足▲１兆 7,277 億円（ウ
　を参照）とが要因である。
以上の①〜④の読み取りは因果比率分析では行うことができない。それが因果実
数分析によって可能になったわけである。

第２項　三資金による財務状況の因果実数分析による知見

　結びに、財務状況の因果実数分析から得られた知見を要約する。
第１に、結果実数の流投資金を利用することで、業界における各社の財務状況の
　位置を把握することができる。
第２に、三資金を結果実数の流投資金と、原因実数の収益資金および自己資金と
　に分類することで、経営体の財務状況の良否、資金の過不足状況、資金補填
　状況の説明、把握を実数（金額）で行うことできる。また、財務状況の変化
　した要因を実数（金額）で特定することができる。
第３に、財務状況の良否を評価する流動性ベースの評価基準のア、イ、ウを得る
　ことができた。
　　ア：１期型財務分析図の第１区分の流投資金が◇付きの金額であれば短期およ
　　　び長期の財務状況は良好と評価する。
　　イ：１期型財務分析図の第１区分の流投資金が★付きの金額であっても流動負
　　　債比率が 100％以下（流動資産＞流動負債）であれば短期の財務状況は良
　　　好と評価する。
　　ウ：１期型財務分析図の第１区分の流投資金が★付きの金額で且つ流動負債比
　　　率が 100％超であれば短期および長期の財務状況は不健全状態と評価する。
第４に、第２章の因果比率分析では、たとえば原因比率の収益費用比率と資本固
　定比率がプラス値であれば、結果比率の流投負債比率もプラスになる。また、
　原因比率の収益費用比率と資本固定比率がマイナス値であれば、結果比率の
　流投負債比率もマイナスになると説明を行うことはできた。しかし、三比率
　数値の加減算による点検（証明）は行えない。一方、この第３章の因果実数
　分析では、収益資金（原因実数）と自己資金（原因実数）の集計額が、流投
　資金（結果実数）に一致することを、実数（金額）による加減算で証明でき
　る。これによって、因果実数分析の場合には財務状況の良否を原因と結果の

関係で且つ実数（金額）による点検とセットで行えるのである[4]。

　以上が実数（金額）ベースの財務状況の因果実数分析から得られた主な知見である。ここまでは記述中心の因果比率分析と因果実数分析を行ってきたので、次の第4章と第5章では可視化図に基づく財務諸表分析の先駆的研究の「資金流図」を取り上げることにする。

注

1) トヨタ株式会社『有価証券報告書 2019 年 3 月期決算』
https://global.toyota/pages/global_toyota/ir/library/securities-report/archives /archives_2019_03.pdf,160−162 頁。
本田技研工業株式会社『有価証券報告書 2019 年 3 月期決算』
https://www.honda.co.jp/content/dam/site/www/investors/cq_img/library/report/FY201903_yuho_j.pdf,150−152 頁。
日産自動車株式会社『有価証券報告書 2019 年 3 月期決算』
https://www.nissan-global.com/JP/IR/LIBRARY/FR/2018/ASSETS/PDF/fr2018.pdf,111− 114 頁。
マツダ株式会社『有価証券報告書 2019 年 3 月期決算』
https://www.mazda.com/globalassets/ja/assets/investors/library/s-report/files/f_repo190627.pdf,87−89 頁。

2) トヨタ株式会社『有価証券報告書 2021 年 3 月期決算』
https://global.toyota/pages/global_toyota/ir/library/securities-report/archives /archives_2021_03.pdf,193−195 頁。
本田技研工業株式会社『有価証券報告書 2021 年 3 月期決算』
https://www.honda.co.jp/content/dam/site/www/investors/cq_img/library/report/FY202103_yuho_j.pdf,157−159 頁。
日産自動車株式会社『有価証券報告書 2021 年 3 月期決算』
https://www.nissan-global.com/JP/IR/LIBRARY/FR/2020/ASSETS/PDF/fr2020.pdf, 119−122 頁。
マツダ株式会社『有価証券報告書 2021 年 3 月期決算』
https://www.mazda.com/globalassets/ja/assets/investors/library/s-report/files/f_repo210625.pdf,91−93 頁。

3) 現代会計カンファランス［1997］114−115 頁で提示されている取引拡大、取引維持、取引縮小、取引撤退の概念を参考にした。

4) 石内孔治［2022b］1−18 ページで実数分析について詳述している。

第 4 章　先行研究の資金運用表と資金流図による財務諸表分析

　ここまで記述中心の因果比率分析、因果実数分析を取り上げてきた。この第 4 章では先行研究の可視化図の資金流図による財務諸表分析を取り上げる。

第 1 節　Cole［1908］と［1921］の比較貸借対照表と萌芽的資金運用表

　本節では、最初に三苫夏雄［1973］で提示されている「資金運用表（72 頁）」と、これから作成される「資金の流れ（74 頁）」図（以下、資金流図）を取り上げる[1]。なお、三苫夏雄［1986］でも「資金運用表（60 頁）」と「資金流図（55 頁）」が取り上げられている[2]。このうちの資金運用表に関して、三苫夏雄［1986］は「コールは、1906 年 "Where-got, Where-gone Statement" を考え出したのである。これが今日の資金運用表のはじまりである」と述べ（160 頁）、この Where-got, Where-gone 表が、次の表 4-1 の比較貸借対照表から作成されることを明らかにしている[3]。そこで、三苫夏雄［1973・1986］の資金運用表の淵源である Cole［1908］の Where-got, Where-gone 表を次の第 1 項で取り上げる[4]。

第 1 項　Cole［1908］の比較貸借対照表と Where-got, Where-gone 表

　表 4-1 は、Cole［1908］で示されている比較貸借対照表である（86 頁）。

表 4-1

ComparativeBalanceSheets, Dec.31

Assets	1905	1906	1907	Liabilities	1905	1906	1907
RealEstateandPlant	275,000	420,000	400,000	CapitalStock	500,000	500,000	600,000
BillsReceivable	8,000	60,000	55,000	BillsPayable	100,000	100,000	
AccountsReceivable	2,000	10,000	5,000	AccountsPayable		20,000	10,000
Supplies	15,000	5,000	5,000	Reserve			20,000
Cash	300,000	40,000	20,000	ProfitandLoss		20,000	20,000
Merchandise		105,000	125,000				
DepreciationFund			20,000				
ReserveFund			20,000				
	600,00	640,000	650,000		600,000	640,000	650,000

出所：W.M.Cole（1908）86 頁

　表 4-1 を、染谷恭次郎［1983］では、表 4-2 のように Cole 著と同一形式で和訳されている[5]。なお、三苫夏雄［1986］では後掲する表 4-8 において勘定形式で和訳されている。

表4-2　　　　　　　　　　　　　比　較　貸　借　対　照　表

資　産	1905	1906	1907	負　債	1905	1906	1907
不動産及び設備	275,000	420,000	400,000	資本金	500,000	500,000	600,000
受取手形	8,000	60,000	55,000	支払手形	100,000	100,000	
受取勘定	2,000	10,000	5,000	支払勘定		20,000	10,000
貯蔵品	15,000	5,000	5,000	積立金			20,000
現金預金	300,000	40,000	20,000	損　益		20,000	20,000
商　品		105,000	125,000				
減価償却基金			20,000				
積立金引当基金			20,000				
	600,00	640,000	650,000		600,000	640,000	650,000

出所：染谷恭次郎［1956］39頁。染谷恭次郎［1983］130頁

　Cole［1908］は、表4-1の比較貸借対照表から次の表4-3と表4-5の where got、where gone（以下、Where-got, Where-gone 表、または、Cole の源泉、使途表ともいう）を作成している。原文の表4-3および表4-5と、染谷恭次郎［1983］和訳の表4-4および4-6とを以下に掲げる。

表4-3　　　　Summary of transactions as shown from the Balance Sheets or Psge 86

Where got (or Receiptsor Credits)	1906	Where gone (or Expenditures or Debits)	
① Suppliers	(−) 10,000	Real Estate and Plant	(+) 145,000 ⑤
② Cash	(−) 260,000	Bills Receivable	(+) 52,000 ⑥
③ Accounts Payable	(+) 20,000	Accounts Receivable	(+) 8,000 ⑦
④ Profit and Loss	(+) 20,000	Merchandise	(+) 105,000 ⑧
	310,000		310,000

　　　　　左右の①～⑧の丸数字は石内挿入。　　　　　　　　　　出所：W. M. Cole (1908) P.101.

Summary of Transaction as shown from the Balace Sheets in Page 86
比較貸借対照表から知られる取引の概要

表 4-4

where got	1906	wheregone	
貯蔵品	− 10,000	不動産及び設備	+ 145,000
現金預金	− 260,000	受取手形	+ 52,000
支払勘定	+ 20,000	受取勘定	+ 8,000
損益	+ 20,000	商　品	+ 105,000
	310,000		310,000

出所：染谷恭次郎［1956］39頁、［1983］129頁

表 4-5

Where got (or Receiptsor Credits)	1907	Where gone (or Expenditures or Debits)	
① Real Estate and Plant	(−) 20,000	Merchandise	(+) 20,000 ⑦
② Bills Receivable	(−) 5,000	Depreciatin Fund	(+) 20,000 ⑧
③ Accounts Receivable	(−) 5,000	Reserve Fund	(+) 20,000 ⑨
④ Cash	− 20,000	Bills Payable	(−) 100,000 ⑩
⑤ Capital Stock	(+) 100,000	Accounts Payable	(−) 10,000 ⑪
⑥ Reserve Fund	(+) 20,000		
	170,000		170,000

　　左右の①～⑪の丸数字は石内挿入。　　　　　　　　　　　出所：W. M. Cole (1908) P.101.
Cole は⑥を Reserve Fund（+）20,000 としているが、原書86頁の貸借対照表で利益剰余金としての Reserve 20,000 を1907年の金額として貸方に計上している。そして、借方に固定資産の一つである減価等返還準備預金を Reserve Fund（+）20,000 として計上している。よって、⑥は Reserve（+）20,000 が正しい。
なお、⑨の Reserve Fund（+）20,000 は正しい（⑥と⑨がいずれも Reserve Fund と表示されてので付言）。
Cole 原文の貸借対照表を本章の表4-1で掲げているので、⑥と⑨の正否は確認が可能である（筆者）。

表 4-6

where got	1907	wheregone	
不動産及び設備	− 20,000	商　品	+ 20,000
受取手形	− 5,000	減価償却基金	+ 20,000
受取勘定	− 5,000	積立金引当基金	+ 20,000
現金預金	− 20,000	支払手形	− 100,000
資本金	+ 100,000	支払勘定	− 10,000
積立金	+ 20,000		
	170,000		170,000

出所：染谷恭次郎［1956］39頁、［1983］130頁

　　注　原書のとおり各数字の前に＋－の記号を附しておいたが、比較貸借対照表における増減を示すのみで、この表
　　においては何ら特別な意味はない。（出所：染谷恭次郎［1956］39頁）

　Cole の上掲表4-3と表4-5（和訳は表4-4と表4-6）では、増減項目が運転資金と固定資金に区別されていないために、資金全体の果たした役割を読み取る

ことができない。これに対応したのが、次の三苫夏雄 [1986] による和訳の 2 区
分型資金運用表（表 4-8）である。

第 2 項　三苫夏雄 [1973・1986] の資金原理と三苫訳の 2 区分型資金運用表

　三苫夏雄 [1986] は、下掲の表 4-3 の Cole の Where-got, Where-gone 表を和
訳するに際して、表 4-8 で確認できるように、1 本の横ライン（−−−）を挿入
し諸項目を運転資金と固定資金とに区分しているのである。

表 4-3　　　　　Summary of transactions as shown from the Balance Sheets or Psge 86

	Where got (or Receiptsor Credits)	1906	Where gone (or Expenditures or Debits)		
①	Suppliers	(−) 10,000	Real Estate and Plant	(+) 145,000	⑤
②	Cash	(−) 260,000	Bills Receivable	(+) 52,000	⑥
③	Accounts Payable	(+) 20,000	Accounts Receivable	(+) 8,000	⑦
④	Profit and Loss	(+) 20,000	Merchandise	(+) 105,000	⑧
		310,000		310,000	

左右の①～⑧の丸数字は筆者挿入。　　　　　　　　　　　　　　出所：W. M. Cole (1908) P.101.

表 4-8　　　　　　　　　　　　　　三苫訳の Cole の 資金運用表

		（調 達）	（1905 ～ 1906）		（運 用）		
③		買掛金	(+) 20,000	売掛金	(+) 8,000		⑦
②	A　運転資金	現 金	(−) 260,000	受取手形	(+) 52,000	運転資金　B	⑥
①		貯蔵品	(−) 10,000	商 品	(+) 105,000		⑧
		＊ア	(290,000)		(165,000)		
④	C　固定資金	利 益 ＊ウ	(+) 20,000	不動産及び設備＊エ	(+) 145,000	固定資金　D	⑤
			310,000		310,000		

出所：三苫夏雄 (1986) 162 頁

資金運用表の左側と右側の運転資金、固定資金の漢字、①～⑪の番号、A～Dおよびア～＊エのカタカナは、筆者挿入

　この表 4-8 の三苫夏雄 [1986] 162 頁の和訳による 2 区分型資金運用表を説明
し、表 4-3 の Cole の Where-got, Where-gone 表との違いを詳述する[6]。

1.　三苫訳の 2 区分型資金運用表と Cole の比較貸借対照表との比較―運転資金―

　第 1 に表 4-8 のＡとＢの「運転資金」について説明する。Cole によって、表
4-1 の比較貸借対照表から作成された表 4-3 の Where-got, Where-gone 表の、
借方（左側）の①②③と貸方（右側）の⑥⑦⑧が、三苫訳による表 4-8 の運転
資金に該当する項目である。先ず、借方（左側）の運転資金の③②①を説明する。
下掲の表 4-9 の三苫式の資金原理では「貸方勘定の増加」と「借方勘定の減少」
は、資金の増加として借方処理を行うことになっている。よって、貸方勘定の増
加である③の買掛金 + 20,000 と、借方勘定の減少である②の現金 − 260,000 と、
①の貯蔵品の減少額 − 10,000 とが、表 4-8 の三苫訳の 2 区分型資金運用表の借
方（左側）の調達欄に移記されることになる。＊アのカッコ書きの (290,000)
が運転資金調達の合計である。以下では表 4-9 の三苫式の資金原理による分類
を非複式簿記タイプということにする。

表 4-9　資金原理（三苫式の資金分類原理）

（借方＝調達）	（貸方＝運用）
貸方勘定の増（＋）	借方勘定の増（＋）
借方勘定の減（－）	貸方勘定の減（－）

出所：三苫夏雄［1973］68頁、［1986］58頁

　続いて、Cole の表4-3の貸方（右側）の運転資金の⑥⑦⑧を説明する。三苫式資金原理の非複式簿記タイプでは「借方勘定の増加」は、資金の減少として貸方処理を行うことになっている。よって、借方勘定の増加に該当する⑥の受取手形＋52,000と、⑦の売掛金＋8,000と、⑧商品＋105,000とは、表4-8の三苫訳の2区分型資金運用表の貸方（右側）の運用＝使途欄に移記されることになる。＊イのカッコ書きの（165,000）が運転資金運用の合計である。

　この結果、「運転資金調達合計290,000 ＞ 運転資金運用合計165,000」であるので、運転資金の調達超過額125,000（＝ 290,000 － 165,000）と読み取る。

2.　三苫訳の2区分型資金運用表と Cole の比較貸借対照表との比較―固定資金―

　第2に、三苫訳の表4-8のCとDの「固定資金」について説明する。Cole によって、表4-1の比較貸借対照表から作成された表4-3の Where-got, Where-gone 表の、借方（左側）の④と貸方（右側）の⑤が三苫訳による表4-8の固定資金に該当する項目である。先ず、借方（左側）の④の固定資金を説明する。表4-9の三苫式資金原理の非複式簿記タイプでは「貸方勘定の増加」は、資金の増加として借方処理を行うことになっている。

　よって三苫訳では、貸方勘定の増加である④の利益（未処分利益）＋20,000を、表4-8の三苫訳の2区分型資金運用表の借方（左側）の調達欄に移記する。＊ウの（＋）20,000が固定資金調達の合計である。

　続いて、表4-3の貸方（右側）の⑤の固定資金を説明する。表4-9の三苫式資金原理の非複式簿記タイプでは「借方勘定の増加」は、資金の減少として貸方処理を行うことになっている。よって三苫訳では、借方勘定の増加である⑤不動産及び設備＋145,000が、表4-8の三苫式の2区分型資金運用表の貸方（右側）の運用＝使途欄に移記されることになる。＊エの（＋）145,000が固定資金調達の合計である。

　この結果、「固定資金調達合計20,000 ＞ 固定資金運用合計145,000」であるので、固定資金の運用（使途）超過額－125,000（＝ 20,000 － 145,000）と読み取る。

3.　2区分型資金運用表による資金状況の読み取りの要約

　表4-3と表4-5（和訳は表4-4と表4-6）のColeの場合は1905年と1906年とを比較しているが、運転資金状況と固定資金状況を把握することができない。一方、表4-8の三苫訳の2区分型資金運用表では、横ラインの上に運転資金状況（運転資金の調達超過125,000）が示され、横ラインの下に固定資金状況（固定資金の運用超過125,000）が示されている。これによって、長期資金で取得すべき固定資産へ短期資金である運転資金125,000が充てられていること、よって不健全な資金の利用状況であると読み取ることが可能になる。三苫夏雄［1986］では、運転資金として調達した資金が固定資金へ流れるのは正常ではないと述べている（53頁）。

　このように三苫訳では、Cole［1908］101頁のWhere-got, Where-gone表（前掲の表4-3）の和訳に際して、表4-8において、1本のラインを挿入し諸項目を運転資金と固定資金とに区分し、前者の運転資金区分で計算した調達額と運用額の差額を「運転資金」として把握できる。そして、後者の固定資金区分で計算した調達額と運用額の差額を「固定資金」としている。表4-8の三苫訳の2区分型資金運用表によって、運転資金と固定資金の読み取りが可能になったのである。

　第1節では、資金運用表の萌芽と言われる[7]、Cole［1908］の比較貸借対照表に基づくWhere-got, Where-gone表を淵源とする、三苫訳の2区分型の資金運用表を取り上げた。三苫夏雄［1973、1986］で運転資金と固定資金の区分がなされたことによって、比率による「記述中心の財務諸表分析」が、2区分型資金運用表という「表による財務諸表分析」へ前進したことが明らかになったと言える。

　なお、三苫夏雄［1986］では、Coleの1906年〜1907年の"Where-got, Where-gone"についても和訳し2区分型資金運用表を紹介しているが、ポイントは同一であるので、紙幅の都合で説明は省略する[8]。

第2節　三苫訳第2区分型資金運用表による
三苫式第2区分型資金流図の作成

　上述した三苫訳の2区分型資金運用表に基づいて、2区分型資金流図が提示されているので、これを第2節で取り上げる。表による説明に比べ、視覚的に表現される図の場合は、一目で運転資金と固定資金に関する状況判断が可能であるこ

とを明らかにする。

第１項　資金運用表の運転資金欄から資金流図への移記—1905～1906年の比較—

　三苫訳の２区分型資金運用表からどのようにして運転資金の区分と固定資金の区分からなる２区分型資金流図を作成するのかと、それの読み取り方について説明を行う。

表 4-8　　　　　　　　　　　　三苫訳の Cole の 資金運用表

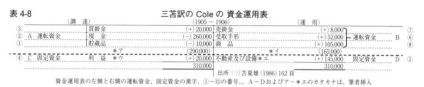

資金運用表の左側と右側の運転資金、固定資金の漢字、①～⑪の番号、A～Dおよびア～エのカタカナは、筆者挿入

　第１に、運転資金について説明する。再掲の表４-８の左側＝借方に表示されている＊アの運転資金調達の合計額290,000を、図４-１の２区分型資金流図の調達欄＝ボックスの左に移記する（Ａの290,000参照）。各内訳項目はＡの左を参照のこと。

　次いで、表４-８の貸方＝右側に表示されている＊イの運転資金運用の合計額165,000を、図４-１の資金流図の運用欄＝ボックスの右に移記する（Ｂの165,000参照）。各内訳項目は＊Ｂの右を参照のこと。そして、運転資金の調達増加額290,000（Ａ）と運転資金の運用減少額165,000（Ｂ）との差額125,000を、ボックス内に運転資金125,000（Ｃ参照）と記入する。図４-１のボックス左の「運転資金調達合計290,000（Ａ）」と右の「運転資金運用合計165,000（Ｂ）」の差である125,000（＝ 290,000 － 165,000）は、運転資金の調達余裕額であると読み取る（ボックス内のＣ参照）。

第２項　資金運用表の固定資金欄から資金流図への移記—1905～1906年の比較—

　第２に、固定資金について説明する。表４-８の借方（左側）に表示されている＊ウの固定資金調達の合計額20,000（利益）を、図４-２の２区分型資金流図の調達欄＝ボックスの左に移記する（Ｄの20,000参照）。各内訳項目はＤの左を参照のこと。

　次いで、表４−８の貸方（右側に表示されている＊エの固定資金運用の合計額145,000（不動産及び設備）を、図４−２の資金流図の運用欄＝ボックスの右に移記する（Ｅの145,000参照）。各内訳項目はＥの右側を参照のこと。そして、ボックス左の固定資金の調達増加額20,000（Ｄ）と、右の運転資金の運用減少額145,000（Ｅ）との差額125,000を、ボックス内に固定資金125,000（Ｆを参照）と記入する。図４−２のボックス左の「固定資金調達合計20,000（Ｄ）」と、右の「固定資金運用合計145,000（Ｅ）」の差である125,000（＝20,000−145,000）は、固定資金の運用超過額（余裕額）と読み取る（ボックス内のＦ参照）。

第３項　資金流図の運転資金と固定資金の読み取りの要約─1905〜1906年比較─

　以上の1905〜1906年の比較による運転資金と固定資金の一覧化による可視化図が、図４−３である。

上掲図４−３は上段の運転資金ボックスと下段の固定資金ボックスとで成り立っているので、この２区分型資金流図の考案者名を冠して、三苫式の２区分型資金流図ということにする。図４−３の上段ボックス内の運転資金125,000（Ｃ）と下段ボックス内の固定資金125,000（Ｆ）との関係を、資金運用表では「長期資金で取得すべき固定資産へ短期資金の運転資金125,000が充てられているので、資金状況は不健全である」と読み取った。この表による読み取りに加えて、図４−３の三苫式の２区分型資金流図の提示によって、矢印が上段ボック内のＣ：運転資金の調達125,000が、下段ボックス内のＦ：固定資金の運用超額（使途超過）125,000をカバーするために下向きに流れている状況を視覚的に表現することが可能になったのである。三苫式では上向きの矢印は健全な資金の流れ、下向きの矢印は不健全な資金の流れとされている（［1973］74頁、［1986］55頁）。

　以上のCole［1908］のWhere-got, Where-gone表は、２期間比較による貸借

対照表項目の増減額に着目した「純額財政状態変動表の典型」といわれる[9]。その財政状態変動表の先駆けと言える三苫式の2区分型資金運用表において運転資金と固定資金とに区分され、これが三苫式の2区分型資金流図によって見える化が行われたのである。表による読み取りに加えて図による読み取りへと前進したわけである。なお、三苫夏雄［1986］では、Cole の 1906 年〜1907 年の"Where-got, Where-gone" についても2区分型資金運用表に基づいて2区分型資金流図を紹介しているが、ポイントは同一であるので、その説明は紙幅の都合で省略する。

第3節　Cole ［1908］と ［1921］の萌芽的資金運用表の作成方法の異同点

　第2節で取り上げた Cole ［1908］の Where-got, Where-gone 表の正式名称は、Summary of transactions as shown from the Balance Sheets（比較貸借対照表から知り得る取引の概要）である[10]。その作成方法が、Cole ［1921］では Summary of Balance Sheet Changes（貸借対照表項目の増減額要約表）という名称のもと、複式簿記タイプの分類原理による萌芽的資金運用表（以下、資金運用表）の作成へ変更されているので、これを以下において取り上げ、Cole ［1908］と Cole ［1921］の異同点を説明する。以下の第1項では、Cole ［1908］の資金運用表を作成するための基礎概念と分類原理と取り上げ、第2項で Cole ［1921］の）の資金運用表を作成するための基礎概念と分類原理を取り上げ、第3項で Cole ［1908］と Cole ［1921］の相違点の要約を行い、第4項で ［1908］の基礎概念と分類原理に基づく資金運用表と、［1921］の基礎概念と分類原理に基づく資金運用表とを比較する。

第1項　Cole ［1908］の資金運用表における基礎概念と分類原理

　Cole ［1908］では、比較貸借対照表から資金運用表の Where got, Where gone 表を作成するための基礎概念と分類原理は、次のとおりである[11]。

①資産勘定の増加（an increase in a resource account）は、増加した資産（increased resource）を取得するために何か（something）が使われたことを示す。同様に、負債勘定の減少は、負債が決裁されたにちがいなく、決済のために同種の物（thing）が使われたことを示すとしている。

②逆に、資産勘定の減少（a decrease in a resource account）は、何か（something）

がその当該年度中に資産勘定から引き出されて他に使用されたことを示すか、あるいは、同額の資産との交換のための資産が減少したことを示すとしている。同様に、負債勘定の増加（an increase in a liability）は、会社がある種の資産（some sort property）を借り入れることで、使い得る同種のある財が手に入ったことを示すとしている。

上記の①②の取引の変動増減に伴って移動する「何か（something）」とは、文脈から資源（resources）であると読み取ることができる。この Resources（資源＝資産）と負債が基礎概念として使用されている。なお、負債（liability）という基礎概念に持分（資本）が含められている。

③これら3期の貸借対照表（Cole 著の86頁に掲載の1905年、1906年、1907年の比較貸借対照表—筆者挿入）を比較し、その資産（resources）と負債の増減額一覧表（Where got, Where gone 表＝「源泉、運用表」—筆者挿入）を作成することよって、われわれは全収入の変動増減がどのような源泉から生じ、全支出の変動増減がどのような用途に向けられたのかを知ることができる。

④この一覧表（Where got, Where gone 表＝「源泉、運用表」—筆者挿入）の作成にあたり、収入欄と支出欄の各々に次の3項目のいずれかを記入する。最初の収入欄には、貸方残高（勘定の貸方残高—筆者挿入）、収入（収入の科目・金額—筆者挿入）もしくは where got（得られたもの、その科目・金額—筆者挿入）を記入し、次いで、支出欄には、借方残高（勘定の借方残高—筆者挿入）、支出（支出の科目・金額—筆者挿入）もしくは where gone（出ていったもの、その科目・金額—筆者挿入）を記入する。

Cole は上記の説明の③と④の、「資産の減少」および「負債と資本の増加（これを Cole は"負債の増加"と表現）」は、「where got ＝（得られたもの＝資源の増加—筆者挿入）」であるとして、これを借方（源泉＝資源の増加—筆者挿入）欄に記入する。そして、「資産の増加」および「負債と資本の減少（これを Cole は"負債の減少"と表現）」は、「where gone（出ていったもの＝資源の減少—筆者挿入）」であるとして、これを貸方（運用＝資源の減少—筆者挿入）欄に記入する。これが、Cole［1908］の資金運用表を作成するための分類原理である。

こうした基礎概念と分類原理に基づく「Where got, Where gone"＝源泉、運用表」を、Cole［1908］で掲げているのである（101頁）。このように1908年著

では、Resources（資源）、liability（負債）、where got（得られたもの＝増加＝資源の源泉）、Where-gone（出ていったもの＝減少＝資源の運用）という基礎概念で説明している。ただし、負債（liability）という基礎概念に持分（資本）が含められている。借方勘定の費用と貸方勘定の収益への言及はない。

　なお、Cole の借方の「Where got＝源泉」が三苫訳では「調達」となっている。Cole の貸方の「Where gone＝運用」は三苫訳でも「運用」となっている。

第2項　Cole［1921］の資金運用表における基礎概念と分類原理

　その Cole は1921年著において、Cole［1908］の基礎概念を、次のように変更している。すなわち、1921年著において、1908年著の resources（資源）は values（価値）へ変更し、liability（負債）は ownership-claims（持分）へ変更し、where got（得られたもの＝資源の源泉）は source of values（価値の源泉）へ変更し、where gone（出ていったもの＝資源の運用）は application of values（価値の運用）へ変更している。

　加えて、1908年著の分類原理では「資産の増加」および「負債と資本の減少（Cole は"負債の減少"と表現）」は、貸方記入であった。そして、「資産の減少」および「負債と資本の増加（Cole は"負債の増加"と表現）」は、借方記入であった。これが1908年著の萌芽的資金運用表の Where got, Where gone 表への分類原理であった。それが、1921年著では「資産の増加」および「負債と資本の減少（Cole は"持分の減少"と表現を変更）」が借方記入に変更された。そして「資産の減少」および「負債と資本の増加（Cole は"持分の増加"と表現を変更）」が貸方記入に変更された[12]。これが1921年著の資金運用表（Summary of Balance Sheet Changes 表）の分類原理である。

第3項　Cole［1908］と［1921］の資金運用表の基礎概念と分類原理の要約

　何故、上述のように基礎概念と分類原理を変更したのかについて、Cole は明確に説明していないが、1908年著の文脈と1921年著の文脈との比較から変更した意図を次のように理解することができる。

　最初に、Cole［1908］の分類原理の借方欄を取り上げる。1908年著では、2期間比較で増減する「something：何か」とは「resources: 資源」を指し、Where got（得られた）ということは「増加＝流入」したことを意味する。よって、増加つまり流入した資源額を記帳する欄である借方欄に、Where got：得られた資源の「源泉」の状況を記入する。この資源の「源泉」に該当するのが、「資産の減少」と「負債（含む資本）の増加」であると説明したのである。しかし、このうちの前者の「資産の減少」を、資源の増加とか資源の源泉として説明するのは苦しいと思われる。何故ならば、「資産の減少」には価値の流出や支出のイメージがあるからである。それで、1921年著では2期間比較の結果、増減するのは「values＝価値」であると変更し、同時に貸方欄を「資産の運用 where gone」から「価値の源泉 source of values」に変更し、複式簿記の仕訳原理（分類原理）と同じく、貸方欄に「資産の減少＝支出」や「負債（含む資本）の増加」を記入することに変更したと筆者は理解する。

　次いで、Cole［1908］の分類原理の貸方欄を取り上げる。1908年著で貸方欄に記入される Where gone（出て行った）とは、これも「resources：資源」を指し、Where gone（出て行った）ということは「減少＝流出」したことを意味する、よって、減少つまり流出した資源額を記帳する欄である貸方欄に、Where gone：出て行った資源の「運用＝使途」の状況を記入する。この資源の「運用＝使途」に該当するのが、「資産の増加」と「負債（含む資本）の減少」であると説明したのである。しかし、このうちの前者の「資産の増加」には価値の保有や流入のイメージがあるので、「資産の増加」を資源の減少・流出・運用として説明するのは苦しいと思われる。それで、1921年著では2期間比較の結果、増減するのは「values＝価値」であると変更し、同時に複式簿記の仕訳原理（分類原理）と同じく、借方欄を「資源の源泉 Where got」から「価値の運用 application of values」に変更し、この借方欄に「資産の増加」と「負債（含む資本）の減少」を記入することに変更したと筆者は理解する。

　この変更にあわせて、1908年著の Where got＝資源の源泉が1921年著では application of values＝価値の運用へ、1908年著の where gone＝資源の運用が1921年著では source of values＝価値の源泉へ、1908年著の負債概念（含む資本）が1921年著では持分概念＝資本 ownership-claims 概念（含む負債）へ、1908年著の借方欄の源泉が1921年著では運用へ、1908年著の貸方欄の運用が1921年著では源泉へ真逆に変更、また基礎概念も変更されたのである。そこで

以下では1921年著の分類原理を複式簿記タイプと呼称する。ただし、1921年著でも貸借対照表項目だけが対象で、損益計算書項目の収益と費用は対象外である。

第4項　Cole 1908年の萌芽的資金運用表と1921年の萌芽的資金運用表の比較

　第4項では、Cole の基礎概念と分類原理に関する以上の変更点を念頭に置き、1908年著の基礎概念と非複式簿記タイプの分類原理に基づいて比較貸借対照表（Comparative Balance Sheet）から作成した Where got, Where gone 表（Cole [1908] 源泉、運用表）と、1921年著の基礎概念と複式簿記タイプの分類原理に基づいて作成した Summary of Balance Sheet Changes 表（Cole [1921] B/S 増減額要約表）を比較し、その相違点を明らかにする。

1.　Cole [1908] Where got, Where gone 表（源泉、運用表）

表4-10　　　*Comparative Balance Sheets*

	Jan1,1922	Jan 1,1923
Cash	$ 12,400	$ 5,900
Merchandaise	64,000	93,000
Accounts　Receivable	86,000	128,000
Raw Material	20,000	30,000
Goods-in-Process	40,000	50,000
Allowance for Discounts Available	2,600	2,100
Fixtures	3,000	2,000
Machinery	87,000	87,000
Real Estate	40,000	50,000
	$355,000	$ 448,000
Accounts Payable	$ 69,000	$ 53,000
Notes Payable	35,000	19,000
Accrued Liabilities	8,000	2,000
Allowance for Bad Debts	2,000	3,000
Allowance for Discounts Offered	3,000	4,000
Allowance for Depreciation	14,000	19,000
Provision for Fire Hazard	15,000	20,000
Capital Stock	200,000	250,000
Surplus	9,000	78,000
	$355,000	$ 448,000

出所：W. M. Cole [1921]
Company,　1921（Reprint Edition 1978 by Arno Press Inc.）, P.349.

　1908年著と1921年著の相違点を理解しやすくする意図により、Cole [1921] で使用されている表4-10の数字を[13]1908年の資金運用表にも用いて両年を比較する。Where got, Where gone 表（Cole [1908] 源泉、運用表）の作成にあたって Cole は、表4-10の比較貸借対照表の勘定科目・金額を2期間比較し、「資産の増加」と「負債（含む資本）の減少」は Where got, Where gone 表の貸方欄＝運用欄に記入し、「資産の減少」と「負債（含む資本）の増加」は借方欄＝源

泉欄に記入している。この基礎概念と非複式簿記タイプの分類原理に基づいて、表4-10のデータをCole［1908］Where got, Where gone表（源泉、運用表）に落とし込んだのが、次の表4-11である。

表4-11　　Cole［1908］"where got, where gone"表

資源の源泉（where got）		1908年著	資源の運用（where gone）		
現　　金	（－）	$6,500	商　　品	（＋）	$29,000
仕入割引可能額	（－）	500	受取手形	（＋）	42,000
備　　品	（－）	1,000	原材料	（＋）	10,000
貸倒引当金	（＋）	1,000	仕掛品	（＋）	10,000
売上割引引当金	（＋）	1,000	不動産	（＋）	10,000
減価償却引当金	（＋）	5,000	買掛金	（－）	16,000
火災等災害準備金	（＋）	5,000	支払手形	（－）	16,000
資本金	（＋）	50,000	未払負債	（－）	6,000
剰余金	（＋）	69,000			
		139,000			139,000

1921年版の数字を1908年版の分類方法で筆者作成

表4-11のWhere got, Where gone表（Cole［1908］源泉、運用表）は、非複式簿記タイプの分類原理で作成されている。たとえば、表の1行目の借方欄に「資産の減少」を意味する現金（－）6,500、貸方欄に「資産の増加」を意味する商品（＋）29,000、また、最終行の借方欄に「資本の増加」を意味する剰余金（＋）69,000、貸方欄に「負債の減少」を意味する未払負債（－）6,000が計上されていることを確認できる。このように、比較貸借対照表の勘定科目・金額を2期間比較した金額が、増加か減少かを示すために、勘定科目の金額にプラス（＋）記号またはマイナス（－）記号を付したことで、Where got, Where gone表の正否を点検できる。この点検機能は、Cole［1908］Where got, Where gone表の貢献であると筆者は認識する。

なお、Where got, Where gone表の各数字の前に＋－の記号に関して「比較貸借対照表における増減を示すのみで、この表においては何ら特別な意味はない。」との指摘がある[14]。これは、「Cole［1908］源泉、運用表」が運転資金と固定資金とに区分されていないために、支払能力や財務安全性を読み取る上で課題が内在するとの指摘と思われる。

2. Cole［1921］Summary of Balance Sheet Changes表（B/S増減額要約表）

次いで、Summary of Balance Sheet Changes表（Cole［1921］B/S増減額要約表）の作成にあたって、Cole［1921］では、表4-10の比較貸借対照表の勘定科目・金額を2期間比較し、「資産の減少」と「負債（含む資本）の増加」は

Summary of Balance Sheet Changes 表の貸方欄に記入し、「資産の増加」と
「負債（含む資本）の減少」は借方欄に記入する。この Cole［1921］の基礎概念
と複式簿記タイプの分類原理に基づいて、表４-10 のデータから作成した
Summary of Balance Sheet Changes 表（Cole［1921］増減額要約表）が、次掲
の表４-12 である[15]。

表4-12　貸借対照表項目の増減額要約表(*Summary of Balance-Sheet Changes*)

価値の運用(*Application of values*)			1921 年著　価値の源泉(*Source of values*)		
商　　　品	(＋)	$ 29,000	現　　　金	(－)	$ 6,500
受取手形	(＋)	42,000	仕入割引可能額	(－)	500
原 材 料	(＋)	10,000	備　　　品	(－)	1,000
仕 掛 品	(＋)	10,000	貸倒引当金	(＋)	1,000
不 動 産	(＋)	10,000	売上割引引当金	(＋)	1,000
買 掛 金	(－)	16,000	減価償却引当金	(＋)	5,000
支払手形	(－)	16,000	火災等災害準備金	(＋)	5,000
未払負債	(－)	6,000	資 本 金	(＋)	50,000
			剰 余 金	(＋)	69,000
		139,000			139,000

出所：W. M. Cole［1921］The Fundamentals of Accounting, Boston: Houghton Mifflin
　　　Company, 1921（Reprint Edition 1978 by Arno Press Inc.）, P.349. 筆者訳

　表４-12 の Summary of Balance Sheet Changes 表（Cole［1921］増減額要約
表）は、複式簿記タイプの分類原理で作成されている。たとえば１行目の借方欄
に「資産の増加」を意味する商品（＋）29,000、貸方欄に「資産の減少」を意味
する現金（－）6,500、また、最終行の借方欄に「負債の減少」を意味する未払負
債（－）6,000、貸方欄に「資本の増加」を意味する剰余金（＋）69,000 が計上さ
れていることで確認できる。この「Cole［1921］貸借対照表の増減額要約表」は、
複式簿記に馴染みがあるほど、複式簿記の目線で数字の増減を読み取ることがで
きるので便利であると思われる。よって、非複式簿記タイプの分類原理で作成さ
れた表４-11 の「Cole［1908］源泉、運用表（Where got, Where gone 表）」に
比べると、複式簿記タイプの分類原理で作成された表４-12 の「Cole［1921］貸
借対照表の増減額要約表」は、読み取りやすさの点で改善がなされたと言える。

第４節　Cole［1921］の資金運用表に基づく２区分型資金運用表の作成

　上述した Cole［1908］の源泉、運用表（Where got, Where gone 表）と Cole
［1921］の B/S 増減額要約表（Summary of Balance Sheet Changes 表）に内在
する課題を克服するために、勘定科目・金額を運転資金と固定資金に区分したの
が、三苫式の２区分型資金運用表である[16]。

　そこで、この第4節の第1項では、Cole［1908］の資金運用表を作成するための非複式簿記タイプの分類原理と、三苫［1973・1986］の2区分型資金運用表を作成するための非複式簿記タイプの分類原理との異同点を明らかにする。第2項では、三苫式の非複式簿記タイプの2区分型資金運用表の作成方法を援用して、Cole［1921］で使用されている数字を用いて、筆者の手で非複式簿記タイプの2区分型資金運用表を作成し、これに内在する問題点を指摘する。第3項では、Cole［1921］で使用されている数字を用いて、筆者の手で複式簿記タイプの2区分型資金運用表を作成し、非複式簿記タイプと複式簿記タイプの2区分型資金運用表の相違点を明らかにする。第4項では、Cole［1921］の数字を用い、筆者の手で非複式簿記タイプと複式簿記タイプの2区分型資金流図を作成し、両図の相違点を明らかにする。

第1項　Cole[1908・1921]の分類原理と三苫[1973・1986]の分類原理の異同点

　Cole［1908］では、「資産の増加と負債（含む資本）の減少」は萌芽的資金運用表の貸方欄に記入し、「資産の減少と負債（含む資本）の増加」は資金運用表の借方欄に記入する。Cole［1908］では、借方勘定の費用が含まれていないし、貸方勘定の収益が含まれていないことがわかる。

　これに対して、三苫［1973・1986］では、「借方勘定（資産と費用）の増加と貸方勘定（負債、資本および収益）の減少」は資金運用表の貸方欄に記入し、「借方勘定（資産と費用）の減少と貸方勘定（負債、資本および収益）の増加」は資金運用表の借方欄に記入する。三苫［1973・1986］では、借方勘定の費用の増減が含まれているし、貸方勘定の収益の増減が含まれていることがわかる。

　Cole［1908］と三苫［1973・1986］はいずれも、「資産の増加と負債（含む資本）の減少」は貸方欄に記入し、「資産の減少と負債（含む資本）の増加」は借方欄に記入するので、この点で両先行研究は同じである。しかし、Cole［1908］の分類原理には費用と収益が包摂されておらず、三苫［1973・1986］では包摂されているので、この点で両先行研究は異なる。

　この結果、Cole［1908］の分類原理では、損益計算書を取り込んだ3区分型の資金運用表を作成できない。一方、三苫［1973・1986］の分類原理であれば、損益計算書を取り込んだ3区分型の資金運用表を作成できる。これがCole［1908］

の分類原理と三苫［1973・1986］の分類原理の決定的な相違点である。

　Cole はその後の 1921 年著で、1908 年著の非複式簿記タイプの分類原理と真逆の「資産の増加」および「負債と資本の減少」は資金運用表の借方欄＝運用欄に記入し、「資産の減少」および「負債と資本の増加」は資金運用表の貸方欄＝源泉欄に記入することに変更した[17]。しかし、この Cole［1921］の複式簿記タイプの分類原理には費用と収益が包摂されていないので、損益計算書を取り込んだ３区分型の資金運用表を作成できないという課題は未解消である。

　以上の Cole［1908・1921］の分類原理と三苫［1973・1986］の分類原理の異同点を念頭に置いた上で、次の第２項では三苫式の非複式簿記タイプの２区分型資金運用表の作成方法に基づいて、表 4-12 の「Cole［1921］B/S 増減額要約表」の数字を用いて[18]、非複式簿記タイプの２区分型資金運用表を作成する。

第２項　Cole［1921］の数字による非複式簿記タイプの２区分型資金運用表の作成

表 4-11　　　　Cole［1908］" where got, where gone" 表

資源の源泉 (where got)		1908 年著	資源の運用 (where gone)		
現　　　金	(−)	$ 6,500	商　　　品	(＋)	$ 29,000
仕入割引引可能額	(−)	500	受取手形	(＋)	42,000
備　　　品	(−)	1,000	原材料	(＋)	10,000
貸倒引当金	(＋)	1,000	仕掛品	(＋)	10,000
売上割引引当金	(＋)	1,000	不動産	(＋)	10,000
減価償却引当金	(＋)	5,000	買掛金	(−)	16,000
火災等災害準備金	(＋)	5,000	支払手形	(−)	16,000
資本金	(＋)	50,000	未払負債	(−)	6,000
剰余金	(＋)	69,000			
		139,000			139,000

1921 年版の数字を 1908 年版の分類方法で筆者作成

　第１に、上掲の表 4-11 は、前掲の表 4-12 の複式簿記タイプの比較 B/S を、非複式簿記タイプの比較 B/S に書き替えたものである。２期間比較の結果、「資産の増加」および「負債と資本の減少」は貸方記入、「資産の減少」および「負債と資本の増加」は借方記入とする非複式簿記タイプの Cole［1908］の分類原理で、かつ、三苫式の２区分型資金運用表の作成方法を援用して、上掲の表 4-11 の Cole［1908］where got, where gone 表を、運転資金と固定資金とに区分し、非複式簿記タイプの２区分型資金運用表を作成すると次の表 4-13 のようになる[19]。

　表 4-13 の見方の概要は次のとおりである。左側の運転資金欄８行目の、借方

の運転資金源泉＝資金増加は 9,000（Aの運転資金源泉 9,000 を参照）で、貸方の運転資金運用＝資金減少は 129,000（Bの運転資金運用 129,000 を参照）であるので、運転資金の不足が 120,000 となった。一方、固定資金欄下から 2 行目の、借方の固定資金源泉＝資金増加は 130,000（Dの固定資金源泉 130,000 を参照）で、固定資金運用＝資金減少は 30,000（Eの固定資金源泉 30,000 を参照）に収まった。この結果、固定資金余裕が 120,000 となり、この 120,000 が運転資金の調達不足 120,000 をカバーしたと読み取る。

表 4-13　　　　　Cole［1908 年の分類方法］による 2 区分型資金運用表

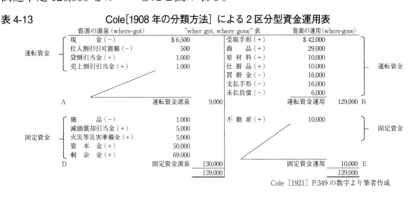

Cole［1921］P.349 の数字より筆者作成

　しかし、この非複式簿記タイプの分類原理に基づく 2 区分型資金運用表は、たとえば表＝借方の 1 行目の現金はマイナス（−）9,000 であり、資産は減少しているのである。これは、換金性資産や財務資源の裏付けがない項目を、資金の増加＝源泉として借方に計上する勘定分類になっている。一方、右側＝貸方の 1 行目の受取手形はプラス（＋）42,000 であり、資産は増加しているのに、これを資金の減少＝運用（使途）とみなす。非複式簿記タイプの勘定分類にはこうした疑問が残るのであり、課題であると言える。

第 3 項　Cole［1921］の数字を用いた複式簿記タイプの 2 区分型資金運用表の作成

　第 2 に、2 期間比較の結果、「資産の増加と持分（含む負債）勘定の減少」は借方記入、「資産勘定の減少と持分（含む負債）勘定の増加」は貸方記入とする Cole［1921］の分類原理に基づいて、次掲の表 4-12 の複式簿記タイプの Cole［1921］の B/S 増減額要約表を、運転資金と固定資金とに区分し複式簿記タイプの 2 区分型資金運用表を作成すると次の表 4-14 のようになる。

　左側の運転資金欄８行目の、借方の運転資金運用 129,000 は、資産増加と負債
減少の合計が 129,000（アの運転資金運用を参照）であると読み取る。そして、
貸方の運転資金源泉 9,000 は、資産減少と負債増加の合計が 9,000（イの運転資
金源泉を参照）であると読み取る。この結果、運転資金の余裕が 120,000 となっ
た。一方、固定資金欄の下から２行目の、固定資金運用 10,000 は、借方の固定
資産の運用増加＝取得増加の合計が 10,000（エの固定資金運用を参照）であると
読み取る。そして、貸方の固定資金源泉 130,000 は、資本増加と固定資産減少の
合計が 130,000（オの固定資金源泉を参照）であると読み取る。この結果、自己
資金の余裕が 120,000 となり、この 120,000 が運転資金 120,000 の余裕を支えて
いると読み取る。

表 4-12　貸借対照表項目の増減額要約表（Summary of Balance-Sheet Changes）

価値の運用 (Application of values)		1921 年著	価値の源泉 (Source of values)		
商　　品	(＋)	$ 29,000	現　　金	(－)	$ 6,500
受取手形	(＋)	42,000	仕入割引引可能額	(－)	500
原 材 料	(＋)	10,000	備　　品	(－)	1,000
仕 掛 品	(＋)	10,000	貸倒引当金	(＋)	1,000
不 動 産	(＋)	10,000	売上割引引当金	(＋)	1,000
買 掛 金	(－)	16,000	減価償却引当金	(＋)	5,000
支払手形	(－)	16,000	火災等災害準備金	(＋)	5,000
未払負債	(－)	6,000	資 本 金	(＋)	50,000
			剰 余 金	(＋)	69,000
		139,000			139,000

出所：W. M. Cole［1921］The Fundamentals of Accounting, Boston: Houghton Mifflin
Company, 1921（Reprint Edition 1978 by Arno Press Inc.）, P.349. 筆者訳

表 4-14　　　Cole［1921 年の分類方法］による２区分型資金運用表

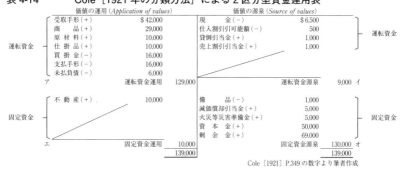

Cole［1921］P.349 の数字より筆者作成

　この複式簿記タイプの２区分型資金運用表の場合、たとえば表の左側１行目の
受取手形はプラス（＋）42,000 と表示されており、資産の増加をイメージするこ
とができるので、これを資金の増加とみなすことに読者の違和感はないと思われ
る。同じく、右側１行目の現金はマイナス（－）6,500 と表示されており、資産

の減少をイメージすることができるので、これを資金の減少とみなすことに読者の違和感はないと思われる。したがって、複式簿記タイプの分類に関する考え方に問題はないと言える。

　以上、Cole［1921］で使用されている数字を用いて、非複式簿記タイプの2区分型資金運用表と、複式簿記タイプの2区分型資金運用表とを比較した。その結果、次の二点を指摘することができる。一つは、両型とも流動資産と流動負債を運転資金として捉え、固定資産、固定負債および資本を固定資金として捉え、これを区分表示している。これによって、染谷恭次郎［1956］と［1983］による「原書通り各数字の前に＋－の記号を附しておいたが、比較貸借対照表における増減を示すのみで、この表（Where got, Where gone 表―筆者挿入）においては何ら特別な意味はない[20]」との Cole の Where got, Where gone 表に対する指摘を克服することができたと言える。もう一つは、複式簿記に慣れているほど、非複式簿記タイプの2区分型資金運用表よりも、複式簿記タイプの2区分型資金運用表の方が無理なく勘定科目・金額を理解することができると言える。

第4項　Cole［1921］の数字を用いた2区分型資金流図の作成

　ここまでは2区分型資金運用表による、「表」による説明であったが、これを「図」によって説明できるように改善したのが、三苫式の2区分型資金流図である。そこで、この第4項では、三苫式の非複式簿記タイプの2区分型資金流図の作成方法を援用して、前掲表4-12の Cole［1921］の数字を用いて、筆者の手で運転資金と固定資金とに区分し、非複式簿記タイプと複式簿記タイプの2区分型資金流図を作成し、これを比較することで両図の相違点を明らかにする。

1. Cole［1921］の数字を用いた非複式簿記タイプの2区分型資金流図

　第1に、「資産の減少」および「負債と資本の増加」を借方欄に「資源の源泉」として分類し、「資産の増加」および「負債と資本の減少」を貸方欄に「資源の運用」として分類する Cole の非複式簿記タイプの分類原理で、かつ、三苫式の2区分型資金流図の作成方法を援用して、表4-13の非複式簿記タイプの2区分型資金運用表から作成した図4-4の非複式簿記タイプの2区分型資金流図を掲げる。

図4-4の非複式簿記タイプの２区分型資金流図の読み取り方は次のとおりである。上段ボックスの源泉欄の、借方のＡの運転資金の源泉＝調達増加は9,000である。一方、貸方のＢの運転資金の運用＝使途増加129,000であるので、運転資金の不足が120,000となった。この運転資金不足をカバーしたのが下段ボックスの固定資金である。すなわち、源泉欄の、借方のＤの資本金などの固定資金の源泉＝調達増加は130,000（Ｅの130,000を参照）である。これに対して、貸方のＥの固定資産の運用＝使途増加は10,000（Ｅの10,000を参照）である。この結果、固定資金の余裕が120,000（Ｆの固定資金120,000を参照）となり、このＦの120,000が上段ボックスの運転資金のＣの120,000に流れ、運転資金の余裕120,000を支えていると読み取る。

なお、非複式簿記タイプの２区分型資金運用表と非複式簿記タイプの２区分型資金流図は、勘定科目と金額の配置が完全に同一である。よって、非複式簿記タイプの２区分型資金運用表に内在する課題は、そのまま上記の非複式簿記タイプの２区分型資金流図に内在する課題でもある。ただし、２区分型資金流図の場合は図の矢印の向きを見ただけで、すなわち下段ボックスのカの120,000から上段ボックスのウの120,000へ上昇している矢印を見ただけで、資金の流れは健全であると瞬時に読み取ることができる。したがって、２区分型資金運用表がなくても、視覚的に瞬時に認識のできる２区分型資金流図だけでこと足りると言える。

2. Cole［1921］の数字を用いた複式簿記タイプの２区分型資金流図

第２に、「資産の増加」および「負債と資本の減少」を借方欄に「価値の運用」として分類し、「資産の減少」および「負債と資本の増加」を貸方欄に「価値の源泉」として分類する複式簿記タイプのCole［1921］の分類原理で、前掲表4-14の複式簿記タイプの２区分型資金運用表から作成した図4-5の複式簿記タイプの２区分型資金流図を掲げる。

　次の図 4-5 の複式簿記タイプの 2 区分型資金流図の読み取り方は次のとおりである。上段ボックスの源泉欄の、借方のアの運転資金の運用増加は 129,000 である。これに対して、貸方のイの運転資金の源泉増加は 9,000 であるので、運転資金の余裕が 120,000（ウの 120,000 を参照）となった。この運転資金の余裕をもたらしたのが下段ボックスの固定資金である。すなわち、下段ボックスの、貸方のオの資本金などの固定資金の源泉増加は 130,000 である。これに対して、固定資産の運用増加は 10,000（エの 10,000 を参照）である。この結果、固定資金の余裕は 120,000（カの 120,000 を参照）となった。このカの 120,000 が、上段ボックスの運転資金のウの 120,000 に流れ、運転資金の余裕 120,000 を支えていると読み取る。この資金流図の見方に慣れると、矢印の向きを見て、下段ボックスのカの 120,000 から上段ボックスのウの 120,000 へ上昇しているので、資金の流れは健全と一目で瞬時に読み取ることができるので便利である。

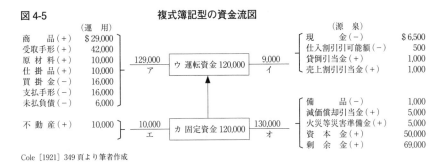

図 4-5　　　　　　　　　　　複式簿記型の資金流図

Cole［1921］349 頁より筆者作成

第 4 章の結びに代えて

　以上、この第 4 章では①三苫式の非複式簿記タイプの 2 区分型資金運用表は、Cole［1908］の非複式簿記タイプの分類原理に基づく萌芽的資金運用表に淵源があることを明らかにした。②その Cole は 1921 年著において、複式簿記タイプの萌芽的な 2 区分型資金運用表を提示しているので、両タイプの資金運用表を比較検討した。その結果、貸借対照表と同一の配列様式の複式簿記タイプの 2 区分型資金運用表の方が理解しやすいことを指摘した。また、非複式簿記タイプの資金運用表では資産の減少を借方に、資産の増加を貸方に計上する点は疑問とした。③その資金運用表を資金流図と比較し、視覚認識のできる 2 区分型資金流図があ

れば、資金運用表は無くてもこと足りることを指摘した。ただし、この2区分型の資金運用表と資金流図には、損益計算書項目の収益と費用が含まれていない。このため経営全体の財政状態と経営成績の変動状況を把握できないことが課題である。この課題を解決したのが非複式簿記タイプの三苫式の3区分型の資金運用表と資金流図であり、これを次の第5章で取り上げる。ただし、三苫式の先行研究にも課題が内在している。そこで、先行研究の課題克服を目指し複式簿記タイプの3区分型資金流図についても取り上げる。

注

1) 三苫夏雄［1973］68頁の資金原理に基づいて先ず資金運用表を作成し、次いで「資金流図」が作成されている。

2) 三苫夏雄［1986］58頁以下でも資金原理に基づいて資金運用表を作成し、次いで「資金流図」を作成するための説明がなされている。

3) Cole［1908］では、97-102頁において説明されており、三苫夏雄［1986］では160-164頁において紹介されている。

4) William Morse Cole（1908）p. 86, p.101.
三苫夏雄［1986］160頁で、「コールは、1906年"Where-got, Where-gone Statement"を考え出した」とあるのは、上記のW. M. Cole（1908）の101頁で表示されている年号の1906年を指していると思われる。W. M. Cole著のAccountsの初版年は1908年である。このColeの"Where-got, Where-gone"を三苫夏雄［1986］160頁において"Where-got, Where-gone Statement"と紹介し、これを162頁において「資金運用表」と和訳し紹介されている。

5) 染谷恭次郎［1956］、39頁。
染谷恭次郎［1983］、129-130頁。

6) Cole［1908］P.86,P.101.三苫夏雄［1986］162頁。
なお、Cole［1908］101頁のWhere-got, Where-gone表を、和訳した三苫夏雄［1986］162頁の資金運用表のことを「三苫訳の2区分型資金運用表」とも表現する。

7) 染谷恭次郎［1956］40頁。
なお、倉田三郎［1977］75頁において、Cole［1908］以前にThomas L. Greene［1897］の会社状態変動表（summary of changes in the position of the company）を掲げ、これをもって「資金という用語はみられないけれども、内容的に資金概念に相当する"資源（resources）用語が使用されていて、今日の資金計算書の原型をなすものと言っても過言ではあるまい（倉田三郎［1977］78頁）」とし、ColeのWhere-got, Where-gone表をもって資金計算書の嚆矢とする評価に疑問を呈している。
Thomas L. Greene［1897］*Corporation Finance*, New York, 1897.
上記の倉田三郎（1977）の主張については、次の文献において紹介されている。

佐藤倫正［1981］66 頁。

8）石内孔治［2022a］5-6 頁において、1906-1907 年については説明しているので、参照されたい。

9）佐藤倫正［1986］97 頁。

10）William Morse Cole［1908］P.101.

染谷恭次郎［1956］39 頁では「比較貸借対照表から知られる取引の概要」と和訳されている。

11）W. M. Cole［1908］pp.97-98, P.101.

この説明箇所については、染谷恭次郎［1956］38 頁と染谷恭次郎［1983］133-134 頁においても和訳がなされている。

12）William Morse Cole［1921］, 1921（Reprint Edition 1978 by Arno Press Inc.）, pp.348-349.

なお、348 頁の説明では、liability に代えて持分（ownership-claims）を使用し、この「持分」に「負債（liability）」が含まれている。

1921 版は次の Hathi Trust Digital Library よりダウンロード参照。

www.hathitrust.org：Hathi Trust Digital Library ¦ Millions of books online で参照（2021 年 11 月 8 日、2022 年 2 月 12 日参照）。W. M. Cole の 1978 年復刻版は、久留米大学御井図書館所蔵で閲覧し内容を確認。

13）W. M. Cole［1921］P.349.

14）染谷恭次郎［1956］39 頁、染谷恭次郎［1983］130 頁。

15）W. M. Cole［1921］の 349 頁に掲載されている"Summary of Balance Sheet Changes"の筆者訳である。

16）W. M. Cole［1908］101 頁に掲載されている where got, where gone を和訳した三苫式の 2 区分型資金運用表は、三苫夏雄［1986］162 頁を参照のこと。

17）W. M. Cole［1921］の 348-349 頁を参照のこと。

18）原文の Comparative Balance Sheet の数字は、W. M. Cole［1921］の 349 頁を使用している。

19）この「貸借対照表項目の増減額要約表」は、W. M. Cole［1921］の 349 頁の Comparative Balance Sheet からコール自身が作成した"Summary of Balance Sheet Changes"を、筆者が和訳したものである。

20）染谷恭次郎［1956］39 頁、染谷恭次郎［1983］130 頁。

第5章　非複式簿記タイプの資金流図と複式簿記タイプの財務状況変動図の比較

　第4章で2区分型の資金運用表と資金流図を取り上げたので、この第5章では非複式簿記タイプと複式簿記タイプの3区分型の資金運用表と資金流図を取り上げる。両タイプを比較し、3区分型の資金運用表は無くても資金流図があれば足りること、複式簿記タイプの3区分型資金流図がより有用であることを明らかにする。最初に、非複式簿記タイプの3区分型の資金運用表と資金流図を取り上げる。

　Cole をはじめとする先行研究の多くの資金運用表に共通しているのは、貸借対照表科目だけを分析素材にしていることである。また、Cole の資金運用表を作成するための分類原理には、収益概念と費用概念が含まれていない。このため、Cole の場合は3区分型の資金運用表と資金流図を作成することができない。これに関して、三苫夏雄［1973］51頁では「資金運用表を、貸借対照表の運転資金と固定資金だけで作成したのでは、利益がいくら増えた、いくら減ったということしかわからない。利益がなぜ増減したかを知るためには、損益計算書すなわち損益資金を資金運用表に導入する必要がある[1]」と述べている。この考え方に基づく運転資金、固定資金、損益資金からなる非複式簿記タイプの3区分型の資金運用表と資金流図を第1節で取り上げる[2]。

第1節　非複式簿記タイプの3区分型資金運用表と3区分型資金流図

　次の表5-1は3区分型の資金運用表と資金流図を作成するための非複式簿記タイプの増減ワークシートである。非複式簿記タイプと複式簿記タイプの3区分型の資金運用表と資金流図の比較を行う関係で、理解を容易にするとの意図に基づき、三苫夏雄［1986］122-123頁で使用された数字を、この第1節の非複式簿記タイプの増減ワークシートと、次の第2節の複式簿記タイプの増減ワークシートに用いることにする。なお、三苫夏雄［1973・1986］では流動資産と流動負債の差を「運転資金」、固定資産と固定負債・資本の差を「固定資金」、収益と費用の差を「損益資金」としている。

表5-1　　　　　非複式簿記型の増減ワークシート　　　　筆者作成

表5-1A	非複式簿記型の比較貸借対照表		運転資金増減欄	
1959.2	1960.2	勘定科目	借方（調達）	貸方（運用）
384,561	389,816	流動資産		
124,164	116,735	現金預金	(−) 7,429	
54,412	55,182	受取手形		(+) 770
55,400	69,453	売掛金		(+) 14,053
30,848	26,428	棚卸資産	(−) 4,420	
83,054	89,346	仮払金		(+) 6,292
36,683	32,672	立替金他	(−) 4,011	
304,498	308,684	流動負債		
145,593	164,124	支払手形	(+) 18,531	
33,138	39,169	買掛金	(+) 6,031	
91,865	75,335	短期借入金		(−) 16,530
12,350	7,600	前受金		(−) 4,750
4,938	5,426	未払金	(+) 488	
12,860	13,055	仮受金	(+) 195	
3,754	3,975	預り金	(+) 221	
		運転資金の調達計と運用計	41,326 *ア	42,395 *イ
		運転資金の調達不足	(−) 1,069 *ウ	

表5-1B	非複式簿記型の比較貸借対照表		固定資金増減欄	
297,074	283,231	固定資産	借方（調達）	貸方（運用）
11,684	11,684	土　　地		
15,146	14,158	建　　物	(−) 988	
156,674	130,543	機械設備	(−) 26,131	
49,564	55,483	活字他		(+) 5,919
64,006	71,363	投　　資		(+) 7,357
377,137	364,363	固定負債・資本		
349,618	342,292	長期借入金		(−) 7,326
15,000	15,000	資　本　金		
1,460	1,460	利益準備金		
11,059 *A	5,611 *B	その他剰余金		
1,433 *C	2,792 *D	前期繰越利益*①	(+) 1,359	
3,897 *E	98 *F	任意積立金*②		(−) 3,799
		固定資金調達計と運用計	28,478 *エ	24,401 *オ
		固定資金の調達余裕	(+) 4,077 *カ	

表5-1C	非複式簿記型の比較損益計算書		損益資金増減欄	
1959.2	1960.2	勘定科目	借方（調達）	貸方（運用）
813,046	875,014	収益（貸方勘定）		
801,272	863,461	売　上　高	(+) 62,189	
7,403	7,467	受取利息・配当金	(+) 64	
4,329	4,010	その他営業外収益		(−) 319
42	76	特　別　利　益	(+) 34	
807,317	872,293	費用（借方勘定）		
597,555	664,149	売　上　原　価		(+) 66,594
150,362	146,041	販売費・一般管理費	(−) 4,321	
55,386	61,798	支払利息・割引料		(+) 6,412
214	305	特　別　損　失		(+) 91
3,800	0	法人税等充当額	(−) 3,800	
5,729 *G	2,721 *H	当期純利益*③		
		損益資金調達計と運用計	70,408 *キ	73,416 *ク
		損益資金の調達不足	(−) 3,008 *ケ	

＊③の当期純利益の減少額 3,008 は＊ケで（−）3,008 と表示する。
　前期繰越利益（+）1,359 は貸借対照表項目であるので、P/L の増減欄に集計しない。
　三苫夏雄［1986］122-123 頁の数字を用いて筆者作成

第１項　非複式簿記タイプの増減 B/S、資金運用表、資金流図の作成
―運転資金―

　以下では、表5-1 の表5-1A（流動資産と流動負債）、表5-1B（固定資産と固定負債・資本）、表5-1C（収益と費用）の順に資金運用表と資金流図へ移記する過程を説明する。

　第１に、5-1A の比較貸借対照表欄において、２期間の流動資産と流動負債の各科目・金額を表示する。第２に、各科目・金額を２期間比較しその増減額を、

第４章第１節第２項１で掲げた「非複式簿記タイプの分類原理（資金原理）」に基づき、表5-1Aの右側の太線で囲った四角枠の運転資金増減欄に記入する。

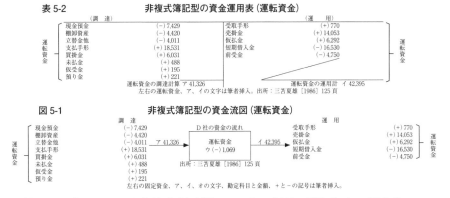

第３に、表5-1Aの運転資金増減欄の調達額と科目を資金運用表と資金流図の左側（以下、借方）へ、運用額と科目を資金運用表と資金流図の右側（以下、貸方）へ移記すれば、表5-2の資金運用表と図5-1の資金流図の借方と貸方が完成する。

第４に、表5-1Aの運転資金増減欄の下から２行目の運転資金の調達計41,326（＊アを参照）を、図5-1の資金流図の運転資金ボックスの左へ移記（──→のアを参照）し、運転資金の運用計42,395（＊イを参照）をボックスの右へ移記する（──→のイを参照）。第５に、表5-1Aの運転資金増減欄の最下行に表示の運転資金の調達不足（−）1,069（ウを参照）を、資金流図のボックス内へ運転資金（−）1,069と移記すれば（ウを参照）、図5-1のように「運転資金」の資金流図が完成する。なお、表5-2の資金運用表と図5-1の資金流図の科目と金額は借方と貸方のいずれも同一であり、異なる点は運転資金ボックスの有無のみである。

第2項　非複式簿記タイプの増減 B/S、資金運用表、資金流図の作成—固定資金—

　表5-1B の固定資産、固定負債、資本を非複式簿記タイプの資金運用表、資金流図へ移記する過程を説明する。　第1に、5-1B の比較貸借対照表欄において、2期間の固定資産、固定負債、資本の各科目・金額を表示する。第2に、各科目・金額を2期間比較しその増減額を、「非複式簿記タイプの分類原理（資金原理）」に基づき、表5-1B の右側の太線で囲った四角枠の固定資金増減欄に記入する。

表5-1B	非複式簿記型の比較貸借対照表		固定資金増減欄	
297,074	283,231	固定資産	借方(調達)	貸方(運用)
11,684	11,684	土　　　地		
15,146	14,158	建　　　物	(-) 988	
156,674	130,543	機械設備	(-) 26,131	
49,564	55,483	活字他		(+) 5,919
64,006	71,363	投　　　資		(+) 7,357
377,137	364,363	固定負債・資本		
349,618	342,292	長期借入金		(-) 7,326
15,000	15,000	資　本　金		
1,460	1,460	利益準備金		
11,059 *A	5,611 *B	その他剰余金		
1,433 *C	2,792 *D	前期繰越利益 (1)	(+) 1,359	
3,897 *E	98 *F	任意積立金 (2)		(-) 3,799
		固定資金調達と運用計	28,478 *エ	24,401 *オ
		固定資金の調達余裕		(+) 4,077 *カ

左側行ラベル：借方勘定／貸方勘定（貸借対照表欄）、借方勘定／貸方勘定（固定資金増減欄）

　第3に、表5-1B の固定資金増減欄の調達額と科目を資金運用表と資金流図の借方へ、運用額と科目を資金運用表と資金流図の貸方へ移記すれば、表5-3 の資金運用表と図5-2 の資金流図の借方と貸方が完成する。

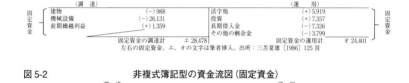

表5-3　非複式簿記型の資金運用表（固定資金）
左右の固定資金、エ、オの文字は筆者挿入。出所：三苫夏雄［1986］125 頁

図5-2　非複式簿記型の資金流図（固定資金）
出所：三苫夏雄［1986］125 頁
左右の固定資金、エ、オ、カの文字、勘定科目と金額、＋と－の記号は筆者挿入。筆者作成

　第4に、表5-1B の固定資金増減欄の下から2行目の固定資金の調達計28,478（＊エを参照）を、図5-2 の資金流図のボックスの借方へ移記し（──→のエを参照）、固定資金の運用計24,401（＊オを参照）を資金流図のボックスの貸方へ移記する（──→のオを参照）。第5に、表5-1B の固定資金増減欄の最下行に表示の固定資金の調達余裕＊　カの（＋）4,077 を、資金流図のボックス内へ固定資金（＋）4,077 と移記すれば（カを参照）、図5-2 の「固定資金」の資金流図が完成する。なお、表5-3 の資金運用表と図5-2 の資金流図の科目と金額は貸借同一

で、異なる点は固定資金ボックスの有無のみである。

第３項　非複式簿記タイプの増減 P/L、資金運用表、資金流図の作成─損益資金─

　収益と費用を非複式簿記タイプの資金運用表、資金流図へ移記する過程を説明する。第１に、5-1C の比較損益計算書欄において、２期間の収益と費用の各科目・金額を表示する。第２に、各科目・金額を２期間比較しその増減額を、「非複式簿記タイプの分類原理（資金原理）」に基づき、表 5-1C の右側の太線で囲った四角枠の損益資金増減欄に記入する。

表 5-1C		非複式簿記型の比較損益計算書		損益資金増減欄	
1959.2	1960.2	勘定科目	借方（調達）	貸方（運用）	
		収益（貸方勘定）			
813,046	875,014				
801,272	863,461	売　上　高	(+) 62,189		
7,403	7,467	受取利息・配当金	(+) 64		
4,329	4,010	その他営業外収益		(−) 319	
42	76	特　別　利　益	(+) 34		
807,317	872,293	費用（借方勘定）			
597,555	664,149	売　上　原　価		(+) 66,594	
150,362	146,041	販売費・一般管理費	(−) 4,321		
55,386	61,798	支払利息・割引料		(+) 6,412	
214	305	特　別　損　失		(+) 91	
3,800	0	法人税等充当額	(−) 3,800		
5,729 ＊G	2,721 ＊H	当期純利益（3）			
		損益資金調達計と運用計	70,408 ＊キ	73,416 ＊ク	
		損益資金の調達不足		(−) 3,008 ＊ケ	

　第３に、表 5-1C の損益資金増減欄の調達額と科目を資金運用表と資金流図の借方へ、運用額と科目を資金運用表と資金流図の貸方へ移記すれば、表 5-4 の資金運用表と図 5-3 の資金流図の借方と貸方が完成する。

表 5-4　　　　　　　非複式簿記型の資金運用表（損益資金）

図 5-3　　　　　　　非複式簿記型の資金流図（損益資金）

　第４に、表 5-1C の損益資金増減欄の下から４行目の損益資金の調達計 70,408（＊キを参照）を、図 5-3 の資金流図のボックスの借方へ移記し（──▶のキを参照）、損益資金の運用計 73,416（＊クを参照）をボックスの貸方へ移記する（──▶のクを参照）。

　第５に、表 5-1C の損益資金増減欄の下から３行目に表示の損益資金の調達不

足 ＊ケの（−）3,008 をボックス内へ損益資金（−）3,008 と移記する。これで収益と費用からなる損益資金の図 5-3 の資金流図が完成する。なお、表 5-4 の資金運用表と図 5-3 の資金流図の科目と金額は貸借同一で、異なる点は損益資金ボックスの有無のみである。

　よって、3 区分型資金運用表はなくても、三資金の過不足額が各ボックスで明示される 3 区分型資金流図があれば足りると言える。

第4項　三苫著の非複式簿記タイプの3区分型資金運用表の読み取り方

　以上の運転資金の表 5-2、固定資金の表 5-3、損益資金の表 5-4 を集約した一覧表が次の表 5-5 の非複式簿記タイプの 3 区分型資金運用表である。

表 5-5　　　　　　　　　　非複式簿記型の3区分型資金運用表

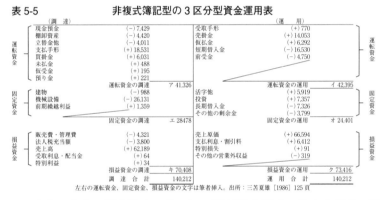

左右の運転資金、固定資金、損益資金の文字は筆者挿入。出所：三苫夏雄 [1986] 125 頁

　表 5-5 は次のように読み取る。第 1 に、運転資金欄は、借方 9 行目の調達計 41,326（アを参照）に対して、貸方の運転資金の運用計は 42,395（イを参照）であるので、運転資金は運用過多＝運転資金不足 1,069 と読み取る。なお、運転資金の調達の明細は借方と貸方に表示の科目と金額から把握することとなる。以下、固定資金と損益資金も同じ。

　第 2 に、固定資金欄は、借方 14 行目の固定資金の調達計 28,478（エを参照）に対して、貸方の固定資金の運用計は 24,401（オを参照）であるので、固定資金は調達余裕 4,077 と読み取る。第 3 に、損益資金欄は、借方の下から 2 行目の損益資金の調達計 70,408（キを参照）に対して、貸方の損益資金の運用計は 73,416（クを参照）であるので、損益資金は調達不足 3,008 と読み取る。第 4 に、経営全体としては、固定資金欄の固定資金余裕額 4,077 が、運転資金欄の運転資金不

足額 300 と損益資金欄の損益資金不足（赤字）3,008 をカバーしたと読み取る。

第５項　三苫著の非複式簿記タイプの３区分型資金流図の読み取り方と課題

　以上の図 5-1 の運転資金、図 5-2 の固定資金、図 5-3 損益資金を集約した一覧図が、次の図 5-4 の非複式簿記タイプの３区分型資金流図である。

図 5-4　　　　　　　　　**非複式簿記型の３区分型資金流図**

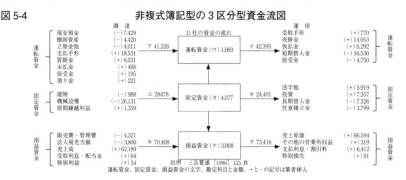

運転資金、固定資金、損益資金の文字、勘定科目と金額、＋と－の記号は筆者挿入
出所：三苫夏雄［1986］125 頁

　次に、上掲の図 5-4 の非複式簿記タイプの３区分型資金流図に内在する課題を説明する。加えて、非複式簿記タイプの３区分型資金流図があれば３区分型資金運用表は不要であることについても説明する。

　第１に、図 5-4 の上段の運転資金ボックスの調達欄（借方）の、運転資金調達計は 41,326（アを参照）であったが、運用欄（貸方）の、運転資金運用計が 42,395（イを参照）に達している。この差 1,069（上段ボックス内のウを参照）は、運転資金の運用過多（運転資金不足）を意味する。このように非複式簿記タイプでは、上段図の借方に「調達」と称して資産の減少（たとえば現金預金 −7,429）を計上している。しかし、「調達」と称するのであれば、換金性資産や財務資源の取得や保有でなければ「調達」の意味をなさない。

　第２に、図 5-4 の中段図の固定資金ボックスの調達欄（借方）の固定資金調達計は 28,478（エを参照）である。これに対して、運用欄（貸方）の固定資金運用計は 24,401（オを参照）で収まっている。この差 4,077（カを参照）は固定資金の余裕額を意味する。このように非複式簿記タイプでは、中段図の借方に「調達」と称して資産の減少（たとえば機械設備 − 26,131）を計上しているが、「調達」と称するのであれば、財務資源の取得や保有でなければ「調達」の意味をなさない。

　第３に、図 5-4 の下段図の損益資金ボックスの調達欄（借方）の損益資金調

達額は70,408（キを参照）である。これに対して、運用欄（貸方）の損益資金運用計は73,416（クを参照）に達している。この差3,008（ケを参照）は損益資金の不足額（赤字）を意味する。これを図5-4の下段ボックス内の「損益資金3,008」が表している。このように非複式簿記タイプでは、下段の借方に「調達」と称して費用の減少（たとえば販売費・管理費 − 4,321）を計上しているが、「調達」と称するのであれば、財務資源の取得や保有でなければ「調達」の意味をなさない。

　第4に、非複式簿記タイプの資金流図全体の課題について説明を行う。図5-4の中段ボックスの長期資金である固定資金の余裕を意味する4,077が（カを参照）、上段ボックスの運転資金不足＝運用過多1069（ウを参照）と、下段ボックスの損益資金不足＝赤字3,008（ケを参照）へ矢印が向かっている。長期資金である固定資金の余裕額4,077で、運転資金不足1,069と赤字資金3,008をカバーしているように映る。しかし、非複式簿記タイプの資金流図の固定資金カ4,077には換金性資産や財務資源の裏付けがないのである。よって、財務資源等の裏付けがないので、調達余剰の資金＋4,077で運転資金不足1,069と赤字資金3,008をカバーしているとの読み取り方に説得力が乏しいのである。このように財務資源の裏付けのない「調達」であることが、非複式簿記タイプの資金運用表や資金流図に内在する疑問であり課題である。さらに、公表財務諸表の場合、「資産と費用」の増加は借方記帳、減少は貸方記帳で、「負債、資本、収益」の増加は貸方記帳、減少は借方記帳で作成される。この公表財務諸表に慣れている複式簿記目線の観察者（読者）にとって、借方と貸方が逆である非複式簿記タイプの資金運用表の数字や資金流図の数字は馴染みにくいという難点もある。

　加えて、資金ボックスを有する図5-4の3区分型資金流図では、運転資金の過不足の差額が上段ボックス内で、固定資金の過不足の差額が中段ブックス内で、損益資金の過不足の差額が下段ボックス内でそれぞれ明示される。一方、資金運表ではそれぞれの差額が明示されない。これらを根拠に、3区分型資金運用表はなくても3区分型資金流図があれば足りることも明らかにした。

　そこで次の第2節では、非複式簿記タイプの3区分型資金運用表と3区分型資金流図に内在している課題を克服するとの意図に基づき、複式簿記タイプの3区分型資金流図について説明を行う。なお、上述したように3区分型資金運用表と3区分型資金流図の実質はほぼ同一であるので重複を避け、以下では3区分型資

金流図で説明を行う。

第2節　複式簿記タイプの3区分型財務状況変動図の資金概念と勘定分類

　第1節で明らかにしたように、Cole［1908］を淵源とする三苫夏雄［1973・1986］の非複式簿記タイプの資金流図では、財務資源の裏付がない科目が借方の「資金の調達＝資金の増加」として表示される。また、財務資源の裏付がある科目が貸方の「資金の運用＝資金の減少」として表示される。こうした非複式簿記タイプの3区分型の資金運用表と資金流図に内在する課題を克服するべく、この第2節では、複式簿記タイプの3区分型資金流図（以下、財務状況変動図という）を取り上げる。

第1項　複式簿記タイプの3区分型財務状況変動図における資金概念

　Cole［1908］では資金（Fund）という用語ではなく、資源（Resources）という用語を用いて、「萌芽的な資金運用表」とも称される、いわゆる "Where got, Where gone" 表を提示した。この「資源」という用語と「資金」という用語とに関して、由井敏範［2000］では「APB3号では、最もふつうの資金概念は運転資金であるとしながらも、年次報告書に表示するための計算書ではすべての財務資源概念の使用を推奨するという折衷的立場が採られていた。これに対して、第19号では、資金概念としてはすべての財務資源を採用し、そのための資金計算書の名称を財政状態変動表（Statement of Changes in Financial Position）と改めた」と述べられている[3]。このように運転資金をはじめ多様に使用されてきた資金概念は財務資源を指すことになった。そして、SFAS第95号によって「資金」に代わりキャッシュを冠した『キャッシュ・フロー計算書』へと繋がっていくことになる[4]。

　ただし、Cole は1908年著で使用した資源（Resources）という概念に代えて、1921年著では価値（Values）という概念を用いて、且つ複式簿記タイプの分類原理による「萌芽的な資金運用表」を提示している。なお、Cole は1908年著でも1921年著でも資金（Fund）という概念は使用していない。

　以下では、非複式簿記タイプの3区分型資金流図に内在する課題を克服するという意図のもと、Cole［1921］で提示された複式簿記タイプの分類原理と、三苫

夏雄［1973・1986］で提示された可視化図による「見える化」の手法とを継承し、複式簿記タイプの3区分型財務状況変動図を取り上げる。なお、この図では、Cole［1921］の価値（Values）を援用し、価値を内包とする「資金」という概念を使用し説明を行う。よって、以下の「資金」はCash、Money、Resourceなどを包摂する概念として使用する。

第2項　複式簿記タイプの勘定の分類について

　高峯一愚［1965］において、論理学では「概念の分類は色々な立場からなされます」とし、その一つに概念の相互関係から行う分類原理の「上位概念と下位概念」による分類の仕方があり、上位の概念を「類概念」、下位の概念を「種概念」という。そして、出発点となる最高上位の概念を特に「最高類概念」といい、これから先はもう分類できない終着点に相当する最低下位の概念を特に「最低種概念」という[5]。

　この上位と下位の相互関係から行う分類原理を援用し、筆者は複式簿記の分類の出発点である最高類概念は「勘定」とし、この「勘定」を貸借対照表系統の勘定と損益計算書系統の勘定とに分類する。

　貸借対照表系統の勘定は、借方残高勘定の「資産」と貸方残高勘定の「負債」および「資本」とに分類し、損益計算書系統の勘定は借方残高勘定の「費用」と、貸方残高勘定の「収益」とに分類する。最高類概念＝類概念の「勘定」に比べると、「資産」「負債」「資本」「費用」「収益」は下位の概念にあたるので、この五つの勘定は種概念（下位概念）になる。

　次に、貸借対照表系統の借方残高勘定は「資産」を出発点（上位概念＝類概念）にして、下位概念の「現金勘定」「売掛金勘定」などに細分類する。そして、貸方残高勘定は「負債」と「資本」を出発点（上位概念＝類概念）にして、「負債」は下位概念の「借入金勘定」「買掛金勘定」などに細分類し、「資本勘定」は下位概念の「資本金」「株式払込剰余金」などに細分類する。他方、損益計算書系統の借方残高勘定は「費用」を出発点（上位概念）にして、下位概念の「仕入」「通信費」などに細分類し、貸方残高勘定は「収益」を出発点（上位概念）にして、下位概念の「売上」「受取手数料」などに細分類する。この段階（範疇）では、「資産」「負債」「資本」「費用」「収益」が上位概念（類概念）であり、「現

金」「借入金」「資本金」「仕入」「売上」などは下位概念（種概念）となる。

　このように、複式簿記では最高類概念＝最上位概念の「勘定」を出発点にして「上位下位の関係を以て一大体系をなしている[6]」のである。そして、これ以上は分類できない最下位の概念（利益勘定）を最低下位概念＝最低種概念＝個という。したがって、類と種と個の連鎖を繰り返しながら[7]、事業体の経営活動から生じる金銭や物量の種（＝科目）を決定（＝命名）し、これを貸借対照表系統の借方科目・金額と貸方科目・金額に分類するとともに、損益計算書系統の借方科目・金額と貸方科目・金額に分類することによって、終着点である「利益の決定」で勘定分類は完結するのである。

第３節　複式簿記タイプの３区分型財務状況変動図の作成過程

　第２節で述べた勘定分類観に基づいて、第１に作成されるのが「複式簿記」の段階の「帳簿」である。第２に、この帳簿（損益 a/c と残高 a/c）から外部に公表するために作成されるのが「会計」の段階の「損益計算書」と「貸借対照表」である。第３に、その損益計算書の２期間比較、貸借対照表の２期間比較によって作成されるのが、「財務諸表分析」の段階の「複式簿記タイプの増減ワークシート（次掲の表5-6）」と「財務状況変動図（図5-14）」である。

　この第３節では、「財務諸表分析」の段階の、表5-6の増減ワークシートと、これから表5-6Aの運転資金の増減欄、表5-6Bの固定資金の増減欄、表5-6Cの損益資金の増減欄の順に図5-5〜図5-14の「財務状況変動図」を作成するまでの過程について説明を行う。

第１項　複式簿記タイプの増減ワークシート、財務状況変動図

　この第１項では、上述の非複式簿記タイプ３区分型資金流図に内在する課題を克服する意図のもと、複式簿記タイプの「財務状況変動図」を取り上げる。次の表5-6は複式簿記タイプの「財務状況変動図」を作成するための増減ワークシートである。先行研究の非複式簿記タイプの「３区分型資金流図（以下、資金流図）」と区別する必要上、複式簿記タイプの３区分型資金流図を「財務状況変動図」ということにする。

なお、「資金流図」と「財務状況変動図」の比較を行うので、表5-6の複式簿記タイプの増減ワークシーにも三苫夏雄［1986］の数字[8]を用いる。

表5-6　複式簿記型の増減ワークシート　　筆者作成

表5-6A　複式簿記型の比較貸借対照表 ／ 運転資金増減欄

1959.2	1960.2	勘定科目	借方（調達）	貸方（運用）
384,561	389,816	流動資産		
124,164	116,735	現金預金		(−) 7,429 ①
54,412	55,182	受取手形	(+) 770 ②	
55,400	69,453	売掛金	(+) 14,053 ③	
30,848	26,428	棚卸資産		(−) 4,420 ④
83,054	89,346	仮払金	(+) 6,292 ⑤	
36,683	32,672	立替金他		(−) 4,011 ⑥
304,498	308,684	流動負債		
145,593	164,124	支払手形		(+) 18,531 ⑦
33,138	39,169	買掛金		(+) 6,031 ⑧
91,865	75,335	短期借入金	(−) 16,530 ⑨	
12,350	7,600	前受金	(−) 4,750 ⑩	
4,938	5,426	未払金		(+) 488 ⑪
12,860	13,055	仮受金		(+) 195 ⑫
3,754	3,975	預り金		(+) 221 ⑬
		流動資産負債残高の借方計と貸方計	42,395 *A	41,326 *B
		流動資産負債残高の余剰	◇ 1,069 *C	

（借方勘定・貸方勘定）

表5-6B　複式簿記型の比較貸借対照表 ／ 固定資金増減欄

1959.2	1960.2	勘定科目	借方（調達）	貸方（運用）
297,074	283,231	固定資産		
297,074	283,231	固定資産		
11,684	11,684	土地		
15,146	14,158	建物		(−) 988 ⑭
156,674	130,543	機械設備		(−) 26,131 ⑮
49,564	55,483	活字他	(+) 5,919 ⑯	
64,006	71,363	投資	(+) 7,357 ⑰	
377,137	364,363	固定負債・資本		
349,618	342,292	長期借入金	(−) 7,326 ⑱	
15,000	15,000	資本金		
1,460	1,460	利益準備金		
11,059 *A	5,611 *B	その他剰余金 *C		
1,433 *D	2,792 *E	前期繰越益 *F		
5,729 *H	2,721 *H	当期純利益 *I		(+) 1,359 ⑲
3,897 *J	98 *K	任意積立金		
		資本固定残高の借方計と貸方計	24,401 *D	28,478 *E
		資本固定残高の余剰	☆ 4,077 *F	

（借方勘定・貸方勘定）

表5-6C　非複式簿記型の比較損益計算書 ／ 損益資金増減欄

1959.2	1960.2	勘定科目	借方（調達）	貸方（運用）
813,046	875,014	収益（貸方勘定）		
801,272	863,461	売上高		(+) 62,189 ㉑
7,403	7,467	受取利息・配当金		(+) 64 ㉒
4,329	4,010	その他営業外収益	(−) 319 ㉓	
42	76	特別利益		(+) 34 ㉔
807,317	872,293	費用（借方勘定）		
597,555	664,149	売上原価	(+) 66,594 ㉕	
150,362	146,041	販売費・一般管理費		(−) 4,321 ㉖
55,386	61,798	支払利息・割引料	(+) 6,412 ㉗	
214	305	特別損失	(+) 91 ㉘	
3,800	0	法人税等充当額		(−) 3,800 ㉙
5,729 *M	2,721 *N	当期純利益 *O		(−) 3,008
		収益費用残高の借方計と貸方計	73,416 *G	70,408 *H
		収益費用残高の不足	◆ 3,008 *I	
1,433 *K	2,792 *K	前期繰越益 ⑤		
7,162 *M	5,513 *N	当期未処分利益 ⑥		

＊Oの当期純利益の減少額は下から3行目の＊Iで (−) 3,008 と表示するので、カッコ書きにしている。
前期繰越利益と (+) 1,359 は貸借対照表項目であるので、P/Lの増減欄に集計しない。
三苫夏雄［1986］122-123頁の数字を用いて筆者作成

以下では、複式簿記タイプの増減ワークシートから「財務状況変動図」を作成する過程を説明する。

第2項　複式簿記タイプの増減 B/S、運転資金の増減欄、財務状況変動図

上掲の表5-6の複式簿記タイプの増減ワークシートから表5-6Aの比較B/Sの流動資産と流動負債を取り出し、これを次掲の表5-6Aの比較B/S欄と運転

資金増減欄へ移記し、運転資金増減額をさらに複式簿記タイプの「財務状況変動図（図5-5〜図5-7）」へ移記する過程を説明する。

表5-6A	複式簿記型の比較貸借対照表			運転資金増減欄	
	1959.2	1960.2	勘定科目	借方（調達）	貸方（運用）
	384,561	389,816	流動資産		
借方勘定	124,164	116,735	現金預金		(−) 7,429 ①
	54,412	55,182	受取手形	(+) 770 ②	
	55,400	69,453	売掛金	(+) 14,053 ③	
	30,848	26,428	棚卸資産		(−) 4,420 ④
	83,054	89,346	仮払金	(+) 6,292 ⑤	
	36,683	32,672	立替金他		(−) 4,011 ⑥
	304,498	308,684	流動負債		
貸方勘定	145,593	164,124	支払手形		(+) 18,531 ⑦
	33,138	39,169	買掛金		(+) 6,031 ⑧
	91,865	75,335	短期借入金	(−) 16,530 ⑨	
	12,350	7,600	前受金	(−) 4,750 ⑩	
	4,938	5,426	未払金		(+) 488 ⑪
	12,860	13,055	仮受金		(+) 195 ⑫
	3,754	3,975	預り金		(+) 221 ⑬
	流動資産負債残高の借方計と貸方計			42,395 ＊A	41,326 ＊B
	流動資産負債残高の余剰			◇ 1,069 ＊C	

（右端には「借方勘定」「貸方勘定」の表示あり）

　第１に、表5-6A の中央から左側に２期間の流動資産と流動負債の各科目と金額を記入する。第２に、複式簿記タイプの分類原理に基づいて各金額の増減額を、表5-6A の右側の太線で囲った四角枠の増減欄に記入する。第３に、表5-6A の運転資金の増減欄の、借方記入の各科目と金額を財務状況変動図の左側＝借方へ移記し、貸方記入の各科目と金額を財務状況変動図の右側＝貸方に移記する。移記後の財務状況変動図の借方と貸方は図5-5 のようになる。

図 5-5　　　　　　　複式簿記型の３資金流図

借方			貸方	
		D社の資金の流れ	現金預金	(−) 7,429
			棚卸資産	(−) 4,420
受取手形	(+) 770		立替金他	(−) 4,011
売掛金	(+) 14,053		支払手形	(+) 18,531
仮払金	(+) 6,292		買掛金	(+) 6,031
短期借入金	(−) 16,530		未払金	(+) 488
前受金	(−) 4,750		仮受金	(+) 195
			預り金	(+) 221

三苫夏雄［1986］122-123頁の数字を用いて、筆者作成

　第４に、表5-6A の運転資金の増減欄の下から２行目の運転資金の借方計 42,395（＊Aを参照）を、図5-5 の財務状況変動図の中央ボックスの左のライン上に 42,395 と移記する（Aを参照）。そして、表5-6A の運転資金の増減欄の下から２行目の運転資金の貸方計 41,326（＊Bを参照）を、図の中央ボックスの右のライン上に 41,326 と移記すると図5-6 の財務状況変動図の借方Aと貸方Bになる。

図 5-6　　　　　　　複式簿記型の財務状況変動図

借方					貸方	
					現金預金	(−) 7,429
					棚卸資産	(−) 4,420
受取手形	(+) 770				立替金他	(−) 4,011
売掛金	(+) 14,053	42,395		41,326	支払手形	(+) 18,531
仮払金	(+) 6,292	A		B	買掛金	(+) 6,031
短期借入金	(−) 16,530				未払金	(+) 488
前受金	(−) 4,750				仮受金	(+) 195
					預り金	(+) 221

三苫夏雄［1986］122-123頁の数字を用いて、筆者作成

　第５に、表5-6A の運転資金の増減欄の最下行に＊Cと表示の運転資金の余裕

（＋）1,069 を[9]、図 5-7 の財務状況変動図の中央ボックス内へ運転資金◇ 1,069 と移記すれば（Ｃを参照）、図 5-7 の運転資金の財務状況変動図が完成する。

図 5-7　　　　　複式簿記型の財務状況変動図

三苫夏雄 [1986] 122-123 頁の数字を用いて、筆者作成

第３項　複式簿記タイプの増減 B/S、固定資金増減欄、財務状況変動図の作成

　前掲の表 5-6 の複式簿記タイプの増減ワークシートから表 5-6B の比較 B/S の固定資金と固定負債・資本を取り出し、これを下掲の表 5-6B の比較 B/S 欄と固定資金増減欄へ移記し、固定資金増減額をさらに複式簿記タイプの「財務状況変動図（図 5-8 ～図 5-10）」へ移記する過程を説明する。

表5-6B	複式簿記型の比較貸借対照表			固定資金増減欄	
				借方（調達）	貸方（運用）
297,074	283,231		固定資産		
297,074	283,231		固定資産		
	11,684	11,684	土　　地		
	15,146	14,158	建　　物		（−）988 ⑭
	156,674	130,543	機械設備		（−）26,131 ⑮
	49,564	55,483	活字他	（＋）5,919 ⑯	
	64,006	71,363	投　　資	（＋）7,357 ⑰	
377,137	364,363		固定負債・資本		
	349,618	342,292	長期借入金	（−）7,326 ⑱	
	15,000	15,000	資　本　金		
	1,460	1,460	利益準備金		
11,059 *A	5,611 *B		その他剰余金*C		
	1,433 *E	2,792 *E	前期繰越利益*F		（＋）1,359 ⑲
	5,729 *G	2,721 *H	当期純利益*I		
	3,897 *K	98 *K	任意積立金*L	（−）3,799 ⑳	
			資本固定残高の借方計と貸方計	24,401 *D	28,478 *E
			資本固定残高の余剰	☆ 4,077 *F	

　第１に、表 5-6B の中央から左側に２期間の固定資産と固定負債の各科目と金額を記入する。第２に、複式簿記タイプの分類原理に基づいて各金額の増減額を、表 5-6B の右側の太線で囲った四角枠の増減欄に記入する。第３に、表 5-6B の固定資金の増減欄の、借方記入の各科目と金額を財務状況変動図の左側＝借方へ移記し、貸方記入の各科目と金額を財務状況変動図の右側＝貸方に移記する。移記後の財務状況変動図の借方と貸方は図 5-8 のようになる。

図 5-8　　　　　複式簿記型の財務状況変動図

三苫夏雄 [1986] 122-123 頁の数字を用いて、筆者作成

　第４に、表 5-6B の固定資金の増減欄の下から２行目の固定資金の借方計 24,401（＊Ｄを参照）を、図 5-9 の財務状況変動図の中央ボックスの左のライン

上に 24,401 と移記する（Dを参照）。そして。表 5-6B の固定資金の増減欄の下から２行目の固定資金の貸方計 28,478（＊Ｅを参照）を、図の中央ボックスの右のライン上に 28,478 と移記する（Ｅを参照）。移記後の財務状況変動図の借方と貸方は図 5-9 のようになる。

図 5-9　**複式簿記型の財務状況変動図**

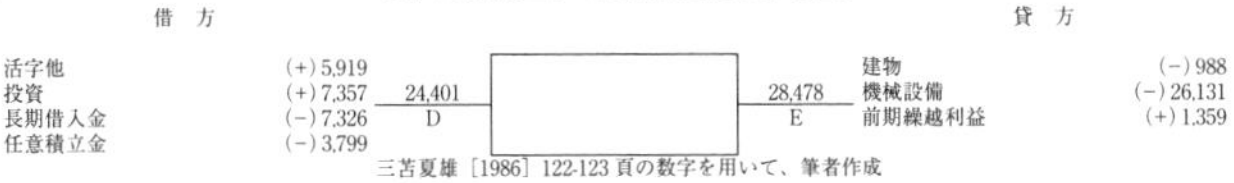
借　方
貸　方
活字他　(+) 5,919
投資　(+) 7,357
長期借入金　(−) 7,326
任意積立金　(−) 3,799
24,401
D
28,478
E
建物　(−) 988
機械設備　(−) 26,131
前期繰越利益　(+) 1,359

三苫夏雄［1986］122-123 頁の数字を用いて、筆者作成

第５に、表 5-6B の固定資金の増減欄の最下行に表示の固定資金の余裕 (+) 4,077（＊Ｆを参照）を、図 5-10 の財務状況変動図の中央ボックス内へ固定資金☆ 4,077 と移記すれば（Ｆを参照）、図 5-10 の固定資金の財務状況変動図が完成する。

図 5-10　**複式簿記型の財務状況変動図**

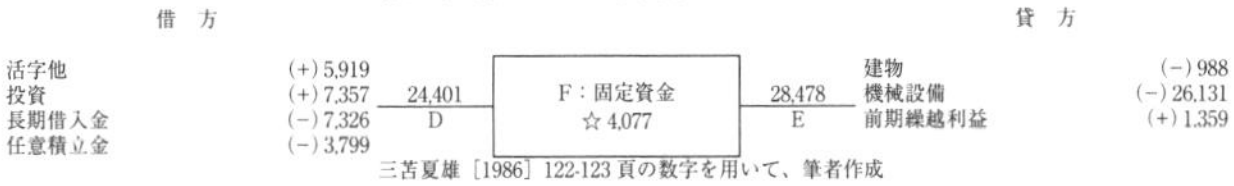
借　方
貸　方
活字他　(+) 5,919
投資　(+) 7,357
長期借入金　(−) 7,326
任意積立金　(−) 3,799
24,401
D
F：固定資金
☆ 4,077
28,478
E
建物　(−) 988
機械設備　(−) 26,131
前期繰越利益　(+) 1,359

三苫夏雄［1986］122-123 頁の数字を用いて、筆者作成

第４項　複式簿記タイプの増減 P/L、損益資金増減欄、財務状況変動図

前掲の表 5-6 の複式簿記タイプの増減ワークシートから表 5-6C の比較 P/L の収益と費用を取り出し、これを次の表 5-6C の比較 P/L 欄と損益資金増減欄へ移記し、収益資金増減額をさらに複式簿記タイプの「財務状況変動図（図 5-11 ～図 5-13）」へ移記する過程を説明する。

	表 5-6C	非複式簿記型の比較損益計算書		損益資金増減欄		
	1959.2	1960.2	勘定科目	借方（調達）	貸方（運用）	
	813,046	875,014	収益（貸方勘定）			
貸方勘定	801,272	863,461	売上高		(+) 62,189 ㉑	貸方勘定
貸方勘定	7,403	7,467	受取利息・配当金		(+) 64 ㉒	貸方勘定
貸方勘定	4,329	4,010	その他営業外収益	(−) 319 ㉓		貸方勘定
貸方勘定	42	76	特別利益		(+) 34 ㉔	貸方勘定
	807,317	872,293	費用（借方勘定）			
借方勘定	597,555	664,149	売上原価	(+) 66,594 ㉕		借方勘定
借方勘定	150,362	146,041	販売費・一般管理費		(−) 4,321 ㉖	借方勘定
借方勘定	55,386	61,798	支払利息・割引料	(+) 6,412 ㉗		借方勘定
借方勘定	214	305	特別損失	(+) 91 ㉘		借方勘定
借方勘定	3,800	0	法人税等充当額		(−) 3,800 ㉙	借方勘定
	5,729 ＊M	2,721 ＊N	当期純利益＊O		(-3,008)	借方勘定
	収益費用残高の借方計と貸方計			73,416 ＊G	70,408 ＊H	
	収益費用残高の不足			◆ 3,008 ＊ I		
	1,433 ＊K	2,792 ＊L	前期繰越利益⑤			
	7,162 ＊M	5,513 ＊N	当期未処分利益⑥			

＊Ｏの当期純利益の減少額は下から３行目の＊Ｉで（−）3,008 と表示するので、カッコ書きにしている。
三苫夏雄［1986］122-123 頁の数字を用いて筆者作成

第１に、表 5-6 Ｃの中央から左側に２期間の収益と費用の各科目と金額を記入する。第２に、複式簿記タイプの分類原理に基づいて各金額の増減額を、表 5-6 Ｃの右側の太線で囲った四角枠の増減欄に記入する。第３に、表 5-6 Ｃの損

益資金の増減欄の、借方記入の各科目と金額を財務状況変動図の左側＝借方へ移記し、貸方記入の各科目と金額を財務状況変動図の右側＝貸方に移記する。移記後の財務状況変動図の借方と貸方は図5-11のようになる。

図5-11　　　　　　　複式簿記型の財務状況変動図

第4に、表5-6Cの損益資金の増減欄の下から2行目の損益資金の借方計73,416（＊Gを参照）を、財務状況変動図の中央ボックスの左のライン上に73,416と移記し（Gを参照）する。そして、表5-6Cの損益資金の増減欄の下から2行目の損益資金の貸方計70,408（＊Hを参照）を、図5-12のように図の中央ボックスの右のライン上に70,408と移記する（Hを参照）。

図5-12　　　　　　　複式簿記型の財務状況変動図

第5に、表5-6Cの損益資金の増減欄の最下行に表示の損益資金の不足（−）3,008（＊Iを参照）を、財務状況変動図の中央ボックス内へ損益資金◆3,008と移記すれば（Iを参照）、図5-13の損益資金の財務状況変動図が完成する。

図5-13　　　　　　複式簿記型の財務状況変動図

前掲の図5-7の運転資金、図5-10の固定資金、図5-13の損益資金を集約した一覧図が、次の図5-14の複式簿記タイプの財務状況変動図である。

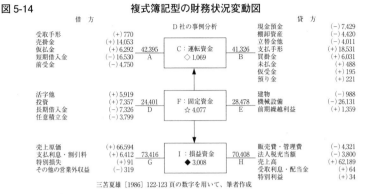

図 5-14　　　　　複式簿記型の財務状況変動図

三苫夏雄［1986］122-123 頁の数字を用いて、筆者作成

第５項　複式簿記タイプのD社の財務状況変動図の要約

　先ず、図 5-14 の複式簿記タイプの財務状況変動図では、上段ボックスと中段ボックスの借方欄が財務資源としての資産を計上する構造になっている。たとえば上段ボックスの借方の１行目の受取手形はプラス（＋）770 であり、換金性資産の裏付けのある科目であり、資産増加＝資金増加としてイメージできる勘定分類になっている。一方、貸方の１行目の現金預金はマイナス（－）7,429 であり、資産減少＝資金減少としてイメージできる勘定分類になっている。このように、「財務資源の裏付け」のイメージと「資産の増加＝資金の増加」や「資産の減少＝資金の減少」のイメージとが融合した、複式簿記タイプの資金流図によって非複式簿記タイプの資金流図の課題を克服するわけである。

　次に、財務状況変動図による経営全体の財務状況の読み取り方は次のとおりである。中段ボックスの固定資金の余裕☆ 4,077（Ｆを参照）が、下段ボックスの損益資金の不足＝赤字◆ 3,008（Ｉを参照）をカバーするために下降し、残余の1,069 が上段ボックスの運転資金へ上昇し、運転資金の余裕◇ 1,069（Ｃを参照）を支えていると読み取る。

　さらに、図の白い☆は正数、白い◇は正数、黒い★は負数、黒い◆は負数とすることで、次の残高点検式によって資金残高を検算することができる。

　運転資金◇ 1,069（Ｃ）＝固定資金☆ 4,077（Ｆ）＋損益資金◆ 3,008（Ｉ）

　∴運転資金 1,069（Ｃ）＝固定資金 4,077（Ｆ）－損益資金 3,008（Ｉ）

この残高点検式については、次の第６章で詳述する。

　以上、三苫夏雄［1973・1986］の非複式簿記タイプの分類原理に基づく 3 区分型の資金運用表は、W. M. Cole［1908］の 2 区分型資金運用表の萌芽的資金運用表を淵源としていることを明らかにした。その先行研究の三苫夏雄［1973・1986］の非複式簿記タイプの資金原理＝分類原理に基づく 3 区分型の資金運用表と資金流図を取り上げ、資金運用表はなくても資金流図があれば足りることを明らかにした。次いで、その図の借方欄は資金増加＝資金源泉とされているのに、換金可能資産や財務資源の増加が表示されないという課題が内在していることも明らかにした。こうした課題を克服する意図のもと、非複式簿記タイプに代えて複式簿記タイプの資金流図を作成するための分類原理については Cole「[1921］の複式簿記タイプを承継し、財務状況の「見える化」ついては三苫夏雄［1973・1986］による可視化図を承継し、複式簿記タイプの財務状況変動図を提示した。その結果、借方において換金可能資産や財務資源の増加が表示される複式簿記タイプの「財務状況変動図」によって、非複式簿記タイプの「資金流図」に内在する課題を解決できることを明らかにした。

　ただし、以上の非複式簿記タイプの「資金流図」と複式簿記タイプの「財務状況変動図」はいずれも流動資産型の 2 期型変動図である。これには次章で指摘する別の課題が内在しているので、次の第 6 章でその課題を明らかにするとともに、新しい流投資産型の 2 期型変動図を提示し、且つこれによる事例分析を行うことにする。

注

1）三苫夏雄［1986］51 頁。

2）三苫夏雄［1973］71-72 頁、三苫夏雄［1986］63-65 頁。

3）由井敏範［2000］283 頁。

4）由井敏範［1997］169 頁。

　　① APB［1963American Institute of Certified Public Accountants, *The   Statement   of Source and Application of Funds, Opinion of the Accounting Principles Board No. 3*、American Institute of Certified Public Accountants ,1963, par.7.

　　② APB［1971American Institute of Certified Public Accountants, *Reporting Changes in Financial Position, Opinion of the Accounting Principles Board No. 19*、 American Institute of Certified Public Accountants , 1971,par.15.

　　③ SFAS［1987］Financial Accounting Standards Board, *Statement of Financial Accounting*

Standards No.95 : Statement of Cash Flows, Financial Accounting Standards Board,par.7.

③の SFAS［1987］par.7 において「本基準書は、資金のように曖昧な用語よりむしろ現金もしく
は現金および現金等価物のような記述的用語を使用する。」と、資金概念の曖昧さについて表現し
ている。なお、由井敏範［1997］169 頁でも和訳がなされている。

5）高峯一愚［1965］54 頁、57-59 頁。

6）高峯一愚［1965］、58 頁。

7）高峯一愚［1965］、59 頁。

8）三苫夏雄［1986］122-123 頁。

9）非複式簿記型では、流動資産と流動負債の借方計＝調達計 41,326 で、流動資産と流動負債の貸方
計＝運用計 42,395 であるので、両者の差 1,069 は不足となる。しかし、複式簿記型では、流動資産
と流動負債の借方計 42,395 で、流動資産と流動負債の貸方計＝ 41,326 であるので、両者の差 1,069
は余裕となる。この違いに留意されたい。

第6章　2期型財務分析図による事例分析

　第5章において2期型の財務分析図には、先行研究である三苫式の非複式簿記タイプの流動資産型の資金流図（以下、流動資産型の資金流図）と、先行研究からの学びに基づく複式簿記タイプの流動資産型の財務状況変動図（以下、流動資産型の財務状況変動図）とがあることを考察した。しかし、長期性引当金等に対応する資産を「固定資産の部」に計上しないで「流動資産の部」に計上する経営体（以下、経営体A）に対して流動資産型の「資金流図」や「財務状況変動図」を適用しても、図が適切に機能しない。そこで、この第6章では流動資産型の両図に代わる流投資産型の変動図を取り上げ、且つ事例分析を行うことにする。

第1節　流動資産型の資金流図と財務状況変動図に内在する問題点

　最初に、第5章で取り上げた先行研究である三苫式の流動資産型の資金流図（図6-1）に内在する問題点を明らかにする。

図6-1

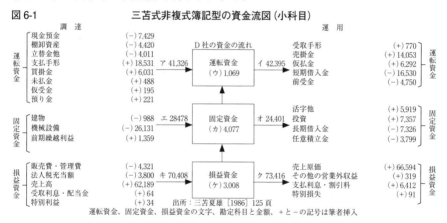

三苦式非複式簿記型の資金流図（小科目）

第1項　非複式簿記タイプの流動資産型の資金流図に内在する問題点

　図6-1の非複式簿記タイプの流動資産型の資金流図の借方に、たとえば現金預金 - 7,429 や棚卸資産 - 4,420 が調達として計上されている。しかし、この減少科目の現金預金や棚卸資産には財務資源の裏付けがないのである。このように

財務資源の裏付けがない科目が資金の調達として借方に計上されること、これが非複式簿記タイプの流動資産型の資金流図に内在する問題点である。

第2項　複式簿記タイプの流動資産型の財務状況変動図に内在する問題点

　次に、財務資源の裏付けがない科目が「資金の調達」として借方に計上される等の問題を根拠にして、非複式簿記タイプの流動資産型の資金流図（図6-1）に代えて、第5章第3節第4項で提示したのが、図6-2の複式簿記タイプの流動資産型の財務状況変動図である（先行研究との比較上、図6-1の数字を用いている）。

図6-2　　　　　複式簿記タイプの流動資産型の財務状況変動図（小科目）

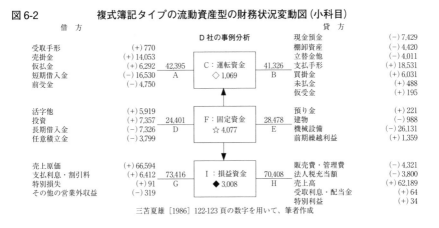

三苫夏雄［1986］122-123頁の数字を用いて、筆者作成

　図6-1の流動資産型の資金流図に代わる図6-2の流動資産型の財務状況変動図では、借方に財務資源の裏付けのある受取手形＋770や売掛金＋14,053が計上されており、資産の増加を借方に計上する複式簿記のイメージと合致する。これらを根拠にして図6-2の複式簿記タイプの流動資産型の財務状況変動図が、非複式簿記タイプの資金流図より妥当であるとしたわけである。

　その際に、前期と当期を比較し当期の財務状況が好転したのか、後退したのかを把握するための先行研究の三苫夏雄［1973・1986］の図6-1の流動資産型の資金流図との対比上、図6-2の流動資産型の「財務状況変動図」においても、第1区分ボックスで運転資金、第2区分ボックスで固定資金、第3区分ボックスで損益資金の概念を使用している。このため、第1区分の「運転資金」では流動資産と流動負債を表示し、第2区分の「固定資金」では固定資産と固定負債・資

本を表示し、第３区分の「損益資金」では収益と費用を表示している。

　しかし、長期性引当金等に対応する資産を「固定資産の部」に計上しないで「流動資産の部」に計上している「経営体Ａ」の場合は、流動比率、当座比率、固定比率、固定長期適合率を正しく計算することができない。このため、経営体Ａの流動性（短期と長期の支払能力）や投資性（自己資本と固定性資産の関係）の良否を正しく把握できない。こうした問題点を、図６-１の先行研究の流動資産型の資金流図や図６-２の流動資産型の財務状況変動図が抱えているのである。

第３項　複式簿記タイプの流投資産型の２期型財務分析図

　そこでこの第６章で、図６-１の三苫式の流動資産型の資金流図（２期型変動図）や筆者提示の図６-２の流動資産型の財務状況変動図（２期型変動図）に代えて、図６-３の流投資産型の２期型変動図を採択するわけである。なお、筆者提示による第５章の流動資産型の「財務状況変動図（２期型変動図）」と区別し、図６-３の流投資産型の２期型変動図は「２期型財務分析図」と呼ぶことにする。

図6-3　　　　　　複式簿記タイプの流投資産型の２期型財務分析図（小科目）

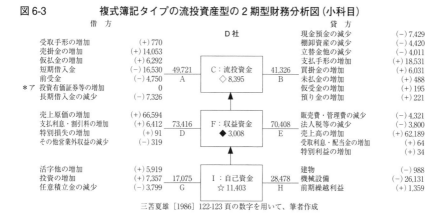

三苫夏雄［1986］122-123 頁の数字を用いて、筆者作成

　図６-３の流投資産型の「２期型財務分析図」では、経営体Ａに内在する問題への財務分析の対処策として、第２区分を収益資金ボックスに、第３区分を自己資金ボックスに配置替えしている。これに伴い、第１区分ボックスでは運転資金に代えて「流投資金」概念を使用し、且つ第１区分ボックスに新たに投資有価証券等と固定負債を加えたので、図６-２の「財務状況変動図」の運転資金ボックス

の金額◇ 1,069 が、図6-3の「2期型財務分析図」では◇ 8,395 へ変化している。また、第3区分ボックスでは固定資金に代えて「自己資金」概念を使用し、且つ第3区分から投資有価証券等と固定負債を除外したので、図6-2の「財務状況変動図」の固定資金ボックスの金額☆ 4,077 が図6-3の「2期型財務分析図」では☆ 11,403 へ変化していることに留意されたい。第2区分ボックス収益資金は名称の変更だけで、小科目の入れ替えはないので金額に変化は生じない。

　このように、図6-2の「流動資産型の財務状況変動図」から図6-3の「流投資産型の2期型財務分析図」へ変更し、且つ長期性引当金等に対応する資産（長期特定資産や投資有価証券）を第3区分の「固定資産の部」から第1区分の「流投資産の部」に移動させることで（＊アの投資有価証券等を参照のこと。ただし、D社は投資有価証券等を保有していないので数字は0表示になっている）、「経営体Ａ」の流動性（短期・長期の財源と支払能力の関係）、投資性（自己資本と固定性資産の関係）、収益性（総収益と総費用の関係）の2期間における変動状況の良否を正しく把握できるようになるわけである。

　第6章のここまでの説明は、前期と当期を比較し当期の財務状況が好転したのか、後退したのかを把握するための2期間比較の2期型変動図に関して、三苫式の「流動資産型の資金流図（非複式簿記タイプ）」と、筆者による当初提示の「流動資産型の財務状況変動図（複式簿記タイプ）」とに代えて、新たに2期間比較の2期型変動図の「流投資産型の2期型財務分析図」を採択する根拠についての説明である。次の第2節では複式簿記タイプの分類原理に基づいて「流投資産型の2期型財務分析図」を作成するための手順について説明を行う。

第2節　2期型財務分析図を作成するための複式簿記タイプの分類原理

　複式簿記タイプの分類原理に基づいて、勘定科目・金額を図6-3の流投資産型の2期型財務分析図へどのように分類し計上するのかを説明する。

　なお、1会計期間の財務状況の良否を判断するための1期型の財務分析図にも、流動資産型の1期型財務分析図と、流投資産型の1期型財務分析図とがある。前者の流動資産型の1期型財務分析図に内在する問題点を指摘し、これに代えて後者の流投資産型の1期型財務分析図を採択する根拠については、第7章の第2節

の第１項と第２項で説明を行っている。また、１会計期間の財務状況の良否を判断するための、流投資産型の１期型財務分析図の第１区分を流投資金ボックスとする根拠は第７章第４節で、第２区分を収益資金ボックスとする根拠は第５節で、第３区分を自己資金ボックスとする根拠は第６節で、それぞれ説明を行っている。

第１項　複式簿記タイプの勘定分類原理

　表6-1は、流投資産型の２期型財務分析図へ勘定科目・金額を分類し計上するための複式簿記タイプの分類原理である。

表6-1　複式簿記タイプの分類原理

（借方記帳）	（貸方記帳）
借方残高勘定の増加	借方残高勘定の減少
貸方残高勘定の減少	貸方残高勘定の増加

筆者作成

　第１に、表6-1の複式簿記タイプの分類原理に基づいて小科目（種概念）を２期型財務分析図に計上する場合は、前期の小科目と当期の小科目を２期間比較し、その増減の小科目と金額を次のように分類し計上する。

第２項　借方残高勘定の小科目による２期型財務分析図への勘定分類

　先ず、２期型財務分析図へ借方残高勘定の資産、費用の小科目を分類するための手順について説明を行う。

①借方残高勘定の資産のうち「現金、受取手形などの小科目（種概念）」は、前期と当期を２期間比較し、増加となった小科目と金額を「２期型財務分析図の第１区分」の借方に計上し、減少の小科目と金額を貸方に計上する。

②借方残高勘定の投資その他の資産のうち、「長期定期預金、長期特定資産、投資有価証券の小科目（種概念）」は、前期と当期を２期間比較し、増加となった小科目と金額を「２期型財務分析図の第１区分」の借方に計上し、減少の小科目と金額を貸方に計上する。

③借方残高勘定の「備品、建物、特許権、商標権、関係会社株式、長期貸付金などの小科目（種概念）」は、前期と当期を２期間比較し、増加となった小科目と金額を「２期型財務分析図の第３区分」の借方に計上し、減少の小科目と金額を貸方に計上する。

④借方残高勘定の「費用の仕入、通信費、光熱費、支払利息、有価証券売却損、

火災損失などの小科目（種概念）」は、前期と当期を2期間比較した結果、増加となった小科目と金額を「2期型財務分析図の第2区分」の借方に計上し、減少の小科目と金額を貸方に計上する。

第3項　貸方残高勘定の小科目による2期型財務分析図への勘定分類

次に、2期型財務分析図へ貸方残高勘定の負債、資本、収益の小科目を分類するための手順について説明を行う。

①貸方残高勘定の負債のうち「支払手形、買掛金などの小科目（種概念）」は、前期と当期を2期間比較し、増加となった小科目と金額を「2期型財務分析図の第1区分」の貸方に計上し、減少の小科目と金額を借方に計上する。

②貸方残高勘定の負債のうち「社債、長期借入金などの小科目（種概念）」は、前期と当期を2期間比較し、増加となった小科目と金額を「2期型財務分析図の第1区分」の貸方に計上し、減少の小科目と金額を借方に計上する。

③貸方残高勘定の資本の「資本金、資本準備金、利益準備金などの小科目（種概念）」は、前期と当期を2期間比較し、増加となった小科目と金額を「2期型財務分析図の第3区分」の貸方に計上し、減少の小科目と金額を借方に計上する。

④貸方残高勘定の収益の「売上、受取利息、有価証券売却益、保険差益などの小科目（種概念）」は、前期と当期を2期間比較し、増加となった小科目と金額を「2期型財務分析図の第2区分」の貸方に計上し、減少の小科目と金額を借方に計上する。

以上が前期と当期を比較し当期の財務状況が好転したのか、後退したのかを判断するための、複式簿記タイプの分類原理に基づいて、小科目を流投資産型の「2期型財務分析図」へ分類し計上するための手順である。この手順に基づいて作成された小科目ベースの流投資産型の「2期型財務分析図」が前掲の図6-3というわけである。

第3節　中科目による流投資産型の2期型財務分析図の作成手順

第2に、前期と当期を比較し当期の財務状況が好転したのか、後退したのかを

判断するための、中科目を流投資産型の「２期型財務分析図」へ分類し計上するための手順について説明を行う。小科目の現金や受取手形の上位科目の中科目は流動資産である。また、小科目の支払手形や買掛金の上位科目の中科目は流動負債である。表６-１の複式簿記タイプの分類原理に基づいて、２期型の財務分析図へ中科目の流動資産や流動負債を計上する場合、前期の中科目と当期の中科目を２期間比較し、その増減結果を次のように分類する。

第１項　借方残高勘定の中科目による２期型財務分析図への勘定分類

　先ず、２期型財務分析図へ借方残高勘定の資産、費用の中科目を分類し計上するための手順について説明を行う。

①借方残高勘定の資産のうち、現金、受取手形などの小科目（種概念）の上位科目に相当する中科目（類概念）は流動資産である。中科目の流動資産は、前期と当期を２期間比較した結果、増加となった中科目と金額を「２期型財務分析図の第１区分」の借方に計上し、減少の中科目と金額を貸方に計上する。

②借方残高勘定の資産のうち、長期定期預金、長期特定資産、投資有価証券の小科目（種概念）」の上位科目（類概念）に相当する中科目は投資有価証券等とする。中科目の投資有価証券等について前期と当期を２期間比較した結果、増加となった中科目と金額を「２期型財務分析図の第１区分」の借方に計上し、減少の中科目と金額を貸方に計上する。

③借方残高勘定の資産のうち、備品、建物などの小科目（種概念）の上位科目に相当する中科目（類概念）は有形固定資産である。特許権、商標権などの小科目（種概念）の上位科目に相当する中科目（類概念）は無形固定資産である。関係会社株式、長期貸付金などの小科目（種概念）の上位科目に相当する中科目（類概念）は投資その他の資産である。中科目の「有形固定資産」、「無形固定資産」、「投資その他の資産」について、前期と当期を２期間比較した結果、増加となった中科目と金額を「２期型財務分析図の第３区分」の借方に計上し、減少の中科目と金額を貸方に計上する。

④借方残高勘定の費用のうち、小科目（種概念）の仕入の上位科目に相当する中科目（類概念）は売上原価である。小科目（種概念）の通信費、光熱費などの上位科目に相当する中科目（類概念）は販売費・管理費である。小科目（種概

念）の支払利息、有価証券売却損などの上位科目に相当する中科目（類概念）は営業外費用である。小科目（種概念）の火災損失などの上位科目に相当する中科目（類概念）は特別損失である。中科目の「売上原価」、「販売費・管理費」、「営業外費用」、「特別損失」について、前期と当期を2期間比較し、増加となった中科目と金額を「2期型財務分析図の第2区分」の借方に計上し、減少の中科目と金額を第2区分の貸方に計上する。

第2項　貸方残高勘定の中科目による2期型財務分析図への勘定分類

　次に、2期型財務分析図へ貸方残高勘定の負債、資本、収益の中科目を分類するための手順について説明を行う。

①貸方残高勘定の負債のうち、支払手形、買掛金、借入金などの小科目（種概念）の上位科目に相当する中科目（類概念）は流動負債である。社債、長期借入金などの小科目（種概念）の上位科目に相当する中科目（類概念）は固定負債である。中科目の流動負債、固定負債について、前期と当期を2期間比較し、増加となった中科目と金額を「2期型財務分析図の第1区分」の貸方に計上し、減少の中科目と金額を借方に計上する。

②貸方残高勘定の資本の、資本金、資本準備金、利益準備金などの小科目（種概念）の上位科目に相当する中科目（類概念）は株主資本、評価・換算差額等である。中科目の「株主資本」、「評価・換算差額等」について、前期と当期を2期間比較し、増加となった中科目と金額を「2期型財務分析図の第3区分」の貸方に計上し、減少の中科目と金額を借方に計上する。

③貸方残高勘定の収益のうち、売上の小科目（種概念）の上位科目に相当する中科目（類概念）は営業収益である。受取利息、有価証券売却益などの小科目（種概念）の上位科目に相当する中科目（類概念）は営業外収益である。保険差益などの小科目（種概念）の上位科目に相当する中科目（類概念）は特別利益である。中科目の「営業収益」、「営業外収益」、「特別利益」について、前期と当期を2期間比較し、増加となった中科目と金額を「2期型財務分析図の第2区分」の貸方に計上し、減少の中科目と金額を借方に計上する。

第３項　中科目による２期型財務分析図 の作成事例

　以上の手順にしたがい、表6-1の複式簿記タイプの分類原理に基づいて作成した、前期と当期を比較し当期の財務状況が好転したのか、後退したのかを判断するための中科目ベースの流投資産型の「２期型財務分析図」が次の図6-4である。

図 6-4　　　　複式簿記タイプの流投資産型の２期型財務分析図（中科目）

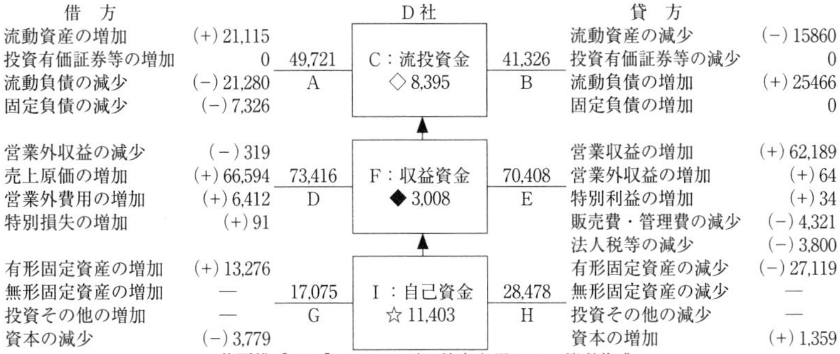

借　方		D 社		貸　方	
流動資産の増加	(+) 21,115			流動負債の減少	(−) 15860
投資有価証券等の増加	0　49,721	C：流投資金	41,326	投資有価証券の減少	0
流動負債の減少	(−) 21,280　A	◇ 8,395	B	流動負債の増加	(+) 25466
固定負債の減少	(−) 7,326			固定負債の増加	0
営業外収益の減少	(−) 319			営業収益の増加	(+) 62,189
売上原価の増加	(+) 66,594　73,416	F：収益資金	70,408	営業外収益の増加	(+) 64
営業外費用の増加	(+) 6,412　D	◆ 3,008	E	特別利益の増加	(+) 34
特別損失の増加	(+) 91			販売費・管理費の減少	(−) 4,321
				法人税等の減少	(−) 3,800
有形固定資産の増加	(+) 13,276			有形固定資産の減少	(−) 27,119
無形固定資産の増加	—　17,075	I：自己資金	28,478	無形固定資産の減少	—
投資その他の増加	—　G	☆ 11,403	H	投資その他の減少	—
資本の減少	(−) 3,779			資本の増加	(+) 1,359

三苫夏雄［1986］122-123 頁の数字を用いて、筆者作成

　中科目ベースの図6-4の２期型財務分析図は、２期間比較の結果、第３区分ボックスの自己資金の好転を意味する☆ 11,043 が、第２区分ボックスの収益資金の後退を意味する ◆ 3,008 をカバーし、その残余 8,395 が第１区分ボックスへ上昇し、流投資金の増加◇ 8,395 をもたらしたと読み取る。

第4節　大科目による流投資産型の２期型財務分析図の作成手順

　第3に、前期と当期を比較し当期の財務状況が好転したのか、後退したのかを把握するための、大科目ベースの「２期型財務分析図」を作成するため手順について説明を行う。

　図6-4の中科目の流動資産と投資有価証券等の上位科目に相当すする大科目は、図6-5の第1区分の流投資産である。図6-4の中科目の流動負債と固定負債の上位科目に相当する大科目は、図6-5の第1区分の負債（総負債）である。図6-4の中科目の売上原価、販売費・管理費、営業外費用、特別損失の上位科目に相当する大科目は、図6-5の第2区分の費用（総費用）である。図6-4の中科目の営業収益、営業外収」、特別利益の上位科目に相当する大科目は、図6-5の第2区分収益（総収益）である。図6-4の中科目の有形固定資産、無形固定

資産、投資その他の資産の上位科目に相当する大科目は、図6-5の第3区分の固定性資産である。図6-4の中科目の株主資本、評価・換算差額等の上位科目に相当する大科目は、図6-5の第3区分の自己資本（損益前資本）である。

　表6-1の複式簿記タイプの分類原理に基づいて、2期型の財務分析図へ大科目を計上する場合、前期の大科目と当期の大科目を2期間比較し、その増減結果を次のように分類する。

第1項　借方残高勘定の大科目による2期型財務分析図への勘定分類

　先ず、2期型財務分析図へ借方残高勘定の資産、費用の大科目を分類し計上するための手順について説明を行う。

①借方残高勘定の資産のうち、中科目の流動資産と投資有価証券等の上位科目に相当する大科目は流投資産である。大科目の流投資産について、前期と当期を2期間比較し、増加となった大科目と金額を「2期型財務分析図の第1区分」の借方に計上し、減少の大科目と金額を貸方に計上する。

②借方残高勘定の資産のうち、中科目の有形固定資産、無形固定資産、投資その他の資産の上位科目に相当する大科目は固定性資産である。大科目の固定性資産について、前期と当期を2期間比較し、増加となった大科目と金額を「2期型財務分析図の第3区分」の借方に計上し、減少の大科目と金額を貸方に計上する。

③借方残高勘定の費用のうち、中科目である売上原価、販売費・管理費、営業外費用、特別損失の上位科目に相当する大科目は費用（総費用）である。大科目の費用（総費用）について、前期と当期を2期間比較し、増加となった大科目と金額を「2期型財務分析図の第2区分」の借方に計上し、減少の大科目と金額を貸方に計上する。

第2項　貸方残高勘定の大科目による2期型財務分析図への勘定分類

　次に、2期型財務分析図へ貸方残高勘定の負債、資本、収益の大科目を分類し計上するための手順について説明を行う。

①貸方残高勘定の負債のうち、中科目の流動負債と固定負債の上位科目に相当する大科目は負債（総負債）である。大科目の負債（総負債）について、前期と

当期を２期間比較した結果、増加となった大科目と金額を「２期型財務分析図の第１区分」の貸方に計上し、減少となった大科目と金額を借方に計上する。

②貸方残高勘定の資本のうち、中科目の株主資本、評価・換算差額等の上位科目に相当する大科目は損益前資本（資本）である。大科目の損益前資本（資本）について、前期と当期を２期間比較し、増加となった大科目と金額を「２期型財務分析図の第３区分」の貸方に計上し、減少となった大科目と金額を借方に計上する。

③貸方残高勘定の資本のうち、中科目の営業収益、営業外収」、特別利益の上位科目に相当する大科目は収益（総収益）である。大科目の収益（総収益）について、前期と当期を２期間比較し、増加となった大科目と金額を「２期型財務分析図の第２区分」の貸方に計上し、減少となった大科目と金額を借方に計上する。

第３項　流投資産型の大科目による２期型財務分析図の事例

以上の手順にしたがい前期と当期を比較し当期の財務状況が好転したのか、後退したのかを判断するための大科目ベースの流投資産型の「２期型財務分析図」を、表６-１の複式簿記タイプの分類原理に基づいて作成したのが図６-５である。

図6-5　　　複式簿記タイプの流投資産型の２期型財務分析図（大科目）

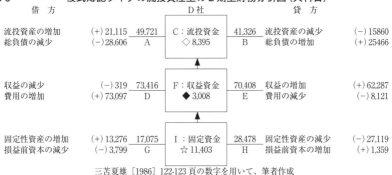

三苫夏雄［1986］122-123頁の数字を用いて、筆者作成

大科目ベースの図６-５の２期型財務分析図は、２期間比較の結果、第３区分ボックスの自己資金の好転を意味する☆11,043 が、第２区分ボックスの収益資金の後退を意味する◆3,008 をカバーし、その残余 8,395 が第１区分ボックスへ上昇し、流投資金の増加◇8,395 をもたらしたと読み取る。

　以上が前期と当期を比較し当期の財務状況が好転したのか、後退したのかを把握するための、図6-5の流投資産型の大科目による「2期型財務分析図」の説明である。ここまで小科目、中科目、大科目による2期型財務分析図への勘定分類の仕方について説明を行ってきたが、小科目、中科目、大科目のうちの大科目による「2期型財務分析図」で、前期と当期の比較による財務変動状況の良否の大局を読み取ることができるのである。

第4項　大科目の勘定分類に基づく「2期型財務分析図」への分類表示の要約

　そこでこの第4項で「借方残高勘定の資産、費用」および「貸方残高勘定の負債、資本、収益」の大科目と、図6-6の流投資産型の2期型財務分析図の「第1区分、第2区分、第3区分」とを、突き合わせる方法で大科目が分類計上される過程を要約し、第5節において大科目による「2期型財務分析図」の事例分析を、四自動車会社を対象に行うことにする。

図6-6　　　　流投資産型の2期型財務分析図

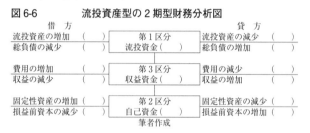

借方
流投資産の増加（　）	第1区分	流投資産の減少（　）
総負債の減少（　）	流投資金（　）	総負債の増加（　）
費用の増加（　）	第3区分	費用の減少（　）
収益の減少（　）	収益資金（　）	収益の増加（　）
固定性資産の増加（　）	第2区分	固定性資産の減少（　）
損益前資本の減少（　）	自己資金（　）	損益前資本の増加（　）

筆者作成

　図6-6の2期型財務分析図の第1区分の借方に、借方残高勘定の流投資産（流動資産と投資有価証券等の上位科目）の増加額と、貸方残高勘定の総負債（流動負債と固定負債の上位科目）の減少額とを表示する。第1区分の貸方には借方残高勘定の流投資産（流動資産と投資有価証券等）の減少額と、貸方残高勘定の総負債（流動負債と固定負債）の増加額とを表示する。

　第2区分の借方には借方残高勘定の費用の増加額と貸方残高勘定の収益の減少額とを表示する。第2区分の貸方には借方残高勘定の費用の減少額と貸方残高勘定の収益の増加額とを表示する。

　第3区分の借方には借方残高勘定の固定性資産の増加額と貸方残高勘定の損益前資本の減少額とを表示する。第3区分の貸方には借方残高勘定の固定性資産の減少額と貸方残高勘定の損益前資本の増加額とを表示する。

　以上の説明を基礎にして次の第5節では、わが国四自動車会社のT社、H社、N社、M社を対象に大科目ベースの2期型財務分析図による事例分析を行う。

第5節　複式簿記タイプの大科目ベースの2期型財務分析図による事例分析

　表6-2の四自動車会社の2021年3月期決算（以下、2021年決算）と2022年3月期決算（以下、2022年決算）の財務諸表分析データを用い、四社の両年比較による財務変動状況の事例分析を、大科目ベースの2期型財務分析図で行う[1]。

表6-2　四自動社会社の財務諸表分析データ（2021年3月期決算と2022年3月期決算）　単位：億円

記号	項　目	T 社 2021 年	T 社 2022 年	H 社 2021 年	H 社 2022 年	N 社 2021 年	N 社 2022 年	M 社 2021 年	M 社 2022 年
A	流動資産	88,192	83,404	15,206	20,922	17,408	13,785	11,644	11,421
A補	内、当座資産	62,682	53,748	9,565	15,790	10,942	4,766	8,110	7,585
B	投資有価証券等	72,397	74,417	2,062	2,172	1,971	297	758	957
C	流投資産＊1	160,589	157,821	17,268	23,094	19,379	14,082	12,402	12,378
D	総負債	73,043	63,837	9,127	12,073	37,382	32,772	13,433	12,655
D-1	流動負債	57,022	47,982	7,037	7,234	21,413	17,166	5,132	5,510
D-2	固定負債	16,021	15,855	2,090	4,839	15,969	15,607	8,301	7,145
D補	内、長期性引当金	3,603	3,629	957	762	1,160	933	402	496
E	固定資産	123,791	126,506	18,628	18,285	39,647	36,961	11,449	11,856
F	固定性資産＊2	51,394	52,089	16,566	16,113	37,676	36,664	10,691	10,899
G	期末自己資本	138,940	146,073	24,707	27,134	19,673	17,974	9,660	10,622
H	損益前資本3	122,560	129,134	20,973	22,254	20,399	19,118	10,018	9,777
I	総収益	130,380	137,593	36,583	41,066	29,151	27,538	22,252	24,110
J	総費用	114,000	120,654	32,849	36,186	29,877	28,682	22,610	23,265
K	当期純利益＊4	16,380	16,939	3,734	4,880	▲ 726	▲ 1,144	▲ 358	845
L	流投負債残高＝C－D	8,141	93,984	8,141	11,021	▲ 18,003	▲ 18,690	▲ 1,031	▲ 277
M	資本固定残高＝H－F	71,166	77,045	4,407	6,141	▲ 17,277	▲ 17,546	▲ 673	▲ 1,122
N	収益費用残高＝I－J	16,380	16,939	3,734	4,880	▲ 726	▲ 1,144	▲ 358	845
O	流投負債比率(%)＝D/C	45.48%	40.45%	52.85%	52.28%	192.90%	232.72%	108.31%	102.24%
P	資本固定比率(%)＝F/H	41.93%	40.34%	78.99%	72.40%	184.70%	191.78%	106.72%	114.76%
Q	収益費用比率(%)＝J/I	87.44%	87.69%	89.79%	88.12%	102.49%	104.15%	101.61%	96.50%

出所：各自動車メーカーの2021年3月期決算と2022年3月期決算の有価証券報告書より筆者作成
＊1：流投資産C＝流動資産A＋投資有価証券等B　　＊2：固定性資産F＝固定資産E－投資有価証券等B＋繰延資産
＊3：損益前資本H＝期末自己資本G＋当期純損益K　　＊4：当期純利益K＝総収益I－総費用J
数字は四捨五入処理と端数調整を行っている。

　大科目ベースの2期型財務分析図によって財務変動状況の大局を読み取ることができるので、これをT社、H社、N社、M社を対象に適用する。

第1項　大科目ベースの2期型財務分析図によるT社の事例分析

　T社の財務状況の変動について、2期型財務分析図による2021年決算と2022年決算の事例分析を行ったところ、第2・第3区分右傾上昇型の図6-7であった。通貨単位は重量に由来しており、第2区分（借方[2] ＝左辺6,654＜貸方＝右辺7,213）と第3区分（左辺695＜右辺6,574）はいずれも右辺が大であり、重量の重い右へ傾くので「第2・第3区分右傾[3]」と表現、且つ矢印が上向きであるので第2・第3区分右傾上昇型という。なお、以下では上昇図の白3つの記号に着

眼し、上昇白3型（第2・第3区分右傾上昇型）ということにする。

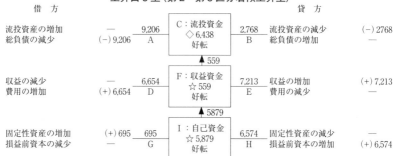

図6-7
T社
複式簿記タイプの流投資産型の2期型財務分析図（大科目）
上昇白3型（第2・第3区分右傾上昇型）

借　方					貸　方	
流投資産の増加	―	9,206	C：流投資金 ◇6,438 好転	2,768	流投資産の減少	(−) 2768
総負債の減少	(−) 9,206	A		B	総負債の増加	―
			▲ 559			
収益の減少	―	6,654	F：収益資金 ☆ 559 好転	7,213	収益の増加	(＋) 7,213
費用の増加	(＋) 6,654	D		E	費用の減少	―
			▲ 5879			
固定性資産の増加	(＋) 695	695	I：自己資金 ☆ 5,879 好転	6,574	固定性資産の減少	(＋) 6,574
損益前資本の減少		G		H	損益前資本の増加	

T社の2021年3月期決算と2022年3月期決算の有価証券報告書より筆者作成

　図6-7の第2区分は原因実数の収益資金の増加を意味する☆559（収益資金の変動状況は好転）、第3区分は原因実数の自己資金の増加を意味する☆5,879（自己資金の変動状況は好転）となっている。この両合計が第1区分へ上昇し、結果実数の流投資金◇6,438の増加（流投資金の変動状況は好転）をもたらしている。H社の経営全体の財務変動の状況は極めて良好である。このように、原因ボックスである第2区分の収益資金☆559の好転と、第3区分の自己資金☆5,879の好転とが要因となって、結果ボックスである第1区分の流投資金◇6,438の好転をもたらしたと読み取る。なお、2期型財務分析図の流投資金が◇付きの金額であれば財務変動状況は好転とし、★付きの金額であれば後退と判断する。

第2項　大科目ベースの2期型財務分析図によるH社の事例分析

　H社の財務状況の変動について、2期型財務分析図による2021年決算と2022年決算の事例分析を行ったところ、上昇白3型（第2・第3区分右傾上昇型）であった（図6-8）。

　H社の図6-8の第2区分は原因実数の収益資金の増加を意味する☆1,146（収益資金の変動状況は好転）、第3区分は原因実数の自己資金の増加を意味する☆1,734となっている（自己資金の変動状況は好転している）。この両合計が第1区分へ上昇し、結果実数の流投資金の増加◇2,880をもたらしている（流投資金の変動状況は好転している）。

H社
図 6-8　　複式簿記タイプの流投資産型の2期型財務分析図（大科目）
上昇白3型（第2・第3区分右傾上昇型）

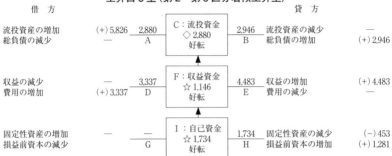

H社の2021年3月期決算と2022年3月期決算の有価証券報告書より筆者作成

　このように、原因ボックスである第2区分の収益資金☆ 1,146 の好転と、第3
区分の自己資金☆ 1,734 の好転とが要因となって、結果ボックスである第1区分
の流投資金◇ 2,880 の好転をもたらしたと読み取る。流投資金が◇付きの金額で
あるので、2会計期間比較による財務変動状況は好転と判断する。

第3項　大科目ベースの2期型財務分析図によるN社の事例分析

N社
図 6-9　　複式簿記タイプの流投資産型の2期型財務分析図（大科目）
下降黒3型（第1区分右傾下降型）

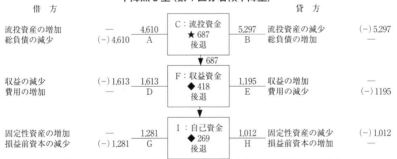

N社の2021年3月期決算と2022年3月期決算の有価証券報告書より筆者作成

　N社の財務状況の変動について、2期型財務分析図による 2021 年決算と 2022
年決算の事例分析を行ったところ、下降黒3型（第1分右傾下降型）であった
（前掲の図6-9）。図6-9の第2区分は原因実数の収益資金の減少を意味する◆
418（収益資金の変動状況は後退）、第3区分は原因実数の自己資金の減少を意味

する◆269（自己資金の変動状況は後退）、この両合計687をカバーするために第1区分の結果実数の流投資金が下降し★687の減少となった（流投資金の変動状況は後退）。Ｎ社の経営全体の財務状況は後退している。このように、原因ボックスである第2区分の収益資金は◆418の後退と、第3区分の自己資金は◆269の後退とが要因となって、結果ボックスである第1区分の流投資金★687の後退をもたらしたと読み取る。流投資金が★付きの金額であるので、2会計期間比較による財務変動状況は後退と判断する。

第4項　大科目ベースの2期型財務分析図によるＭ社の事例分析

　Ｍ社の財務状況の変動について、2期型財務分析図による2021年決算と2022年決算の事例分析を行ったところ、分散白2型（第2区分分散型）の図6-10であった。

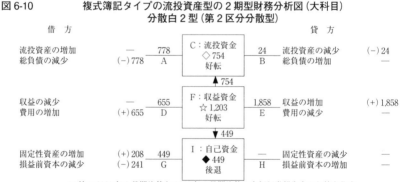

図6-10　複式簿記タイプの流投資産型の2期型財務分析図（大科目）
分散白2型（第2区分分散型）

M社

M社の2021年3月期決算と2022年3月期決算の有価証券報告書より筆者作成

　図6-10の第2区分は原因実数の収益資金の増加を意味する☆1,203（収益資金の変動状況は好転）、第3区分は原因実数の自己資金の減少を意味する◆449である（自己資金の変動状況は後退）。第2区分の収益資金の増加☆1,203が、第3区分の自己資金の減少◆449をカバーし、その残余の754が第1区分へ上昇し、結果実数の流投資金◇754の増加となった（流投資金の変動状況は好転）。Ｎ社の経営全体の財務状況は良好と判断する。このように、原因ボックスである第2区分の収益資金は☆1,203の好転、第3区分の自己資金は◆449の後退、その差の754が要因となって結果ボックスである第1区分の流投資金◇754の好転

をもたらしたと読み取る。流投資金が◇付きの金額であるので、２会計期間比較による財務変動状況は好転と判断する。

　なお、財務変動状況の詳細を把握したい場合には、前掲の図６-３の小科目や中科目ベースの２期型財務分析図による分析を行うことになる。

第６章の結びに代えて―

　この第６章における複式簿記タイプの流投資産型の「２期型財務分析図」による事例分析では、四自動車会社への複式簿記タイプの大科目ベースの「２期型財務分析図」による事例分析を行った。その結果、Ｔ社とＨ社の場合は、前期（2021年３月期決算）と当期（2022年３月期決算）の比較による財務変動状況は経営全体として好転している。

　一方、Ｎ社の場合は、原因ボックスである第２区分の収益資金が◆418の後退、第３区分の自己資金が◆269の後退、この両合計687が結果ボックスである第１区分の流投資金不足★687を結果しており、経営全体の財務変動状況は後退している。また、Ｍ社の場合は、原因ボックスである第２区分の収益資金☆1,203の増加が、第３区分の自己資金◆449の減少をカバーし、その残余の☆754が第１区分へ上昇し、結果実数の流投資金◇754の増加となっている。流動資金が◇付きの金額であるので、経営全体の財務変動状況は好転していると判断する。

　この第６章におけるＴ社、Ｈ社、Ｎ社、Ｍ社の事例分析をとおして、２会計期間比較による財務変動状況の「見える化」を行うことができた。２期型財務分析図によって、前期と当期の比較によって財務変動状況が好転したのか後退したのかを、複式簿記の目線で流投資産型の２期型財務分析図で「見える化」することが、「２期型財務分析図」の役割である。この２期型財務分析図によって、前期と当期の比較によって財務変動状況が好転したのか後退したのかを俯瞰することが可能になったと言える。これによって、差額（変動額）情報が掲載される２会計期間比較の２期型財務分析図が「財務状況の変動」を把握する上で有用であることが明らかになった。

　ただし、その２期間比較による差額（変動額）で構成される２期型財務分析図は、差額情報であるため１会計期間の財務状況の良否を総額情報で俯瞰することができない。これが２期型財務分析図の課題である。そこで、２会計期間比較に

よる差額情報の「2期型財務分析図」による財務変動状況の読み取りに加えて、新たに1会計期間の財務状況を総額情報でとらえることのできる「1期型財務分析図」を、次の第7章で取り上げることにする。

　なお、取引を行う場合は取引相手の財務状況を検討し、取引方針については「取引拡大」、「現状維持」、「取引縮小」「取引撤退」の中から選択を行うことになる[4]。その取引方針の選択については、1期型財務分析図の予備的考察と事例分析を行った後に第9章において取り上げることにする。

注

1) トヨタ株式会社『有価証券報告書2021年3月期決算』

　https://global.toyota/pages/global_toyota/ir/library/securities-report/archives / archives_2021_03.pdf, 193-195頁。

　トヨタ株式会社『有価証券報告書2022年3月期決算』

　https://global.toyota/pages/global_toyota/ir/library/securities-report/archives / archives_2022_03.pdf, 175-177頁。

　本田技研工業株式会社『有価証券報告書2021年3月期決算』

　https://www.honda.co.jp/content/dam/site/www/investors/cq_img/library/report/FY202103_ yuho_j.pdf,157-159頁。

　本田技研工業株式会社『有価証券報告書2022年3月期決算』

　https://www.honda.co.jp/content/dam/site/www/investors/cq_img/library/report/FY202203_ yuho_j.pdf, 163-165頁。

　日産自動車株式会社『有価証券報告書2021年3月期決算』

　https://www.nissan-global.com/JP/IR/LIBRARY/FR/2020/ASSETS/PDF/fr2020.pdf, 119-122頁。

　日産自動車株式会社『有価証券報告書2022年3月期決算』

　https://www.nissan-global.com/JP/IR/LIBRARY/FR/2021/ASSETS/PDF/fr2021.pdf, 130-133頁。

　マツダ株式会社『有価証券報告書2021年3月期決算』

　https://www.mazda.com/globalassets/ja/assets/investors/library/s-report/files/f_repo210625.pdf, 91-93頁。

　マツダ株式会社『有価証券報告書2019年3月期決算』

　https://www.mazda.com/globalassets/ja/assets/investors/library/s-report/files/f_repo190627.pdf, 87-89頁。

2) 発生した取引の性質に応じて勘定科目、金額、日付を決定（仕訳＝種の決定）し、これを帳簿に記録（転記＝分類）する。その際に、資産の増加、負債の減少、資本の減少、費用の発生（増加）、

収益の減少（訂正）は帳簿に設けられた「借方（かりかた）」欄に記録（分類）する。一方、資産の減少、負債の増加、資本の増加、費用の減少（訂正）、収益の発生（増加）は帳簿に設けられた「貸方（かしかた）」欄に記録（転記＝分類）することになっている。このように帳簿スペースの左欄を借方とし、右欄を貸方とする形式の帳簿が通常であるところから、左辺を借方、右辺を貸方と表現する。ただし、報告式と呼ばれる損益計算書では上部の表示欄を「借方」、下部の表示欄を「貸方」とする分類方法がとられることもあるように、借方欄と貸方欄の設け方にはさまざまな分類方法がある。

3) 通貨の単位は重量が起源とされている。たとえば左辺が 500g、右辺が 700g とすれば重い右辺に傾くので「右傾」といい、左辺が 1,100g、右辺が 800g とすれば重い左辺に傾くので「左傾」といい、左辺が 800g、右辺も 800g とすれば均衡するので「左右均衡」ということにする。『国史大辞典』「匁（銀貨の単位）」920 頁。

日本銀行金融研究所　貨幣博物館「お金の歴史」によれば「江戸時代には、金貨、銀貨、銭貨の 3 種類の貨幣が使われていました（三貨制度）。金貨は小判 1 枚 =1 両を基準として、それ以下を 4 進法の単位で表す貨幣（1 両 = 4 分 = 16 朱）、銀貨は重さで価値を表す貨幣で基本単位は匁（1 匁 ≒ 3.75g）でした。銭貨（銅）は 1 枚 =1 文とする貨幣でした（1,000 文 =1 貫文）」とある。

貨幣博物館（2022）https://www.imcs.boj.or.jp/cm/history/historyfaq/answer.html「お金の歴史に関する FAQ（回答）」（2022 年 8 月 31 日参照）

4) 現代会計カンファランス［1997］114-115 頁で提示されている取引拡大、取引維持、取引縮小、即時撤退の概念を参考にする。

第7章　1期型財務分析図の役割と構造

　第5章では、三苫式の非複式簿記タイプの流動資産型の「3区分型資金流図」と、筆者提示の複式簿記タイプの流動資産型の「財務状況変動図」の考察を行った。これを受けて、第6章ではその両図に内在する課題を指摘し、両図に代えて流投資産型の「2期型財務分析図」を採択し、これによる事例分析を行った。その結果、差額（変動額）情報が掲載される2会計期間比較の2期型財務分析図は「財務状況の変動」を把握する上で有用であるとした。

　ただし、その2期間比較による差額（変動額）で構成される2期型財務分析図は、差額情報であるため1会計期間の財務状況の良否を総額情報で俯瞰できないことが課題である。そこで、2会計期間比較による差額情報の「2期型財務分析図」による財務変動状況の読み取りに加えて、新たに1会計期間の財務状況を総額情報で見える化できる「1期型財務分析図」を、この第7章で取り上げる。

　なお、1会計期間の貸借対照表（B/S）に表示される財政状態と、1会計期間の損益計算書（P/L）に表示される経営成績と、を一体的に見える化する1期型財務分析図を重視し、これを主要図と位置づける。一方、財務の変動状況を可視化することで、1期型財務分析図をカバーする役割を有する2会計期間比較の2期型財務分析図（財務状況変動図）は補助図と位置づけ以下において展開する。

第1節　2期型財務分析図と1期型財務分析図の役割

　第1節では、2会計期間比較の財務諸表から作成する補助図の「2期型財務分析図（財務状況変動図）」と、1会計期間の財務諸表から作成する主要図の「1期型財務分析図」とを比較し、両図の役割の違いを明らかにする。

第1項　複式簿記タイプの流動資産型の2期型財務分析図（補助図）

　複式簿記の分類原理に基づいて作成される図7-1の2期型財務分析図（補助図）には、「流動資産型」の2期型財務分析図と、「流投資産型」の2期型財務分析図とがある。図7-1の「流動資産型」の2期型財務分析図（補助図）では、複式簿記の分類原理に基づき第1区分の借方には「流動資産の増加額」と「流動

負債の減少額」が、貸方には「流動資産の減少額」と「流動負債の増加額」が計
上される。第2区分の借方には「固定資産の増加額」と「固定負債・資本の減少
額」、貸方には「固定資産の減少」と「固定負債・資本の増加額」が計上される。
第3区分の借方には「費用の増加額」と「収益の減少額」が、貸方には「費用の
減少額と収益の増加額」が計上される。

第2項　複式簿記タイプの流投資産型の2期型財務分析図（補助図）

　第6章第1節で説明した根拠により、図7-2の「流投資産型」の2期型財務分
析図（補助図）では、第1区分の借方には「流投資産（流動資産と投資有価証券
等）の増加額と総負債の減少額」が、貸方には「流投資産（流動資産と投資有価
証券等）の減少額と総負債の増加額」が計上される。第2区分の借方には「費用
の増加額と収益の減少額」が、貸方には「費用の減少額と収益の増加額」が計上
される。第3区分の借方には「固定性資産の増加額と損益前資本の減少額」、貸方
には「固定性資産の減少額と損益前資本の増加額」が計上される。

図7-2　　　　流投資産型の2期型財務分析図

<table>
<tr><td colspan="2">借　方</td><td></td><td colspan="2">貸　方</td></tr>
<tr><td>流投資産の増加</td><td>（　　）</td><td>第1区分
流投資金（　　）</td><td>流投資産の減少</td><td>（　　）</td></tr>
<tr><td>総負債の減少</td><td>（　　）</td><td></td><td>総負債の増加</td><td>（　　）</td></tr>
<tr><td>費用の増加</td><td>（　　）</td><td>第3区分
収益資金（　　）</td><td>費用の減少</td><td>（　　）</td></tr>
<tr><td>収益の減少</td><td>（　　）</td><td></td><td>収益の増加</td><td>（　　）</td></tr>
<tr><td>固定性資産の増加</td><td>（　　）</td><td>第2区分
自己資金（　　）</td><td>固定性資産の減少</td><td>（　　）</td></tr>
<tr><td>損益前資本の減少</td><td>（　　）</td><td></td><td>損益前資本の増加</td><td>（　　）</td></tr>
</table>

筆者作成

　以上の2期型財務分析図（補助図）の役割は、2期間比較によって各勘定の差
額（変動額）を可視化し、財務の変動状況の良否を判断できるようにすることで
ある。その際に、1会計期間のB/SとP/Lから作成される「1期型財務分析図」
が先ずあって、次にB/SとP/Lの2会計期間の比較による2期型の財務状況変
動図を作成することができる。このような位置関係にあるので、1期型財務分析
図が主要図で、2期型の財務状況変動図が補助図というわけである。

第2節　複式簿記タイプの流投資産型の1期型財務分析図（主要図）

　1会計期間の財務諸表から作成する1期型財務分析図では、借方には資産と費用だけが計上され、負債、資本および収益は計上されない。貸方には負債、資本および収益だけが計上され、資産と費用は計上されない。1期型財務分析図にも流動資産型と流投資産型とがある。

第1項　流動資産型の1期型財務分析図

　最初に、図7-3の流動資産型の1期型財務分析図を説明する。

複式簿記の分類方法に基づいて作成される1会計期間の貸借対照表では、借方に資産、貸方に負債と資本が計上され、1会計期間の損益計算書では借方に費用、貸方に収益が計上される。これと同様に、1期型財務分析図でも図7-3のように借方には資産と費用だけを計上し、貸方には負債、資本、収益だけを計上する。

　その1期型財務分析図の第1区分、第2区分、第3区分の構造を、先行研究のように第1区分に流動資産と流動負債を計上し、第2区分に固定資産、固定負債および自己資本を計上、第3区分に総費用と総収益を計上すると、1期型財務分析図の全体様式は、上掲の図7-3のようになる。しかし、図7-3の流動資産型の1期型財務分析図の場合、第1区分の借方が流動資産だけを計上する様式であるために、長期性引当金に対応する投資有価証券等（長期特定資産や投資有価証券）を第1区分で「見える化」することができないのである。

第2項　流投資産型の1期型財務分析図

　そこで、第2区分の借方の固定資産の中に含まれる投資有価証券等は第1区分の借方へ、第2区分の貸方の固定負債は第1区分の貸方へ移動させることに変更

する。その際に、後述する根拠に基づきもうひと変更を加えた1期型財務分析図が次図7-4の流投資産型である。

図7-4　　　　　　　　　　　　1期型財務分析図

第1区分は借方に流動資産と投資有価証券等からなる流投資産が配置され、貸方に流動負債と固定負債からなる総負債が配置されている。
第2区分に総費用（借方）と総収益（貸方）が配置されている。
第3区分の借方に固定性資産、貸方に損益前資本が配置されていることに留意されたい。

　図7-4では、第1区分の借方を「流投資産の部」とし、ここには流動資産と投資有価証券等が計上され、貸方を総負債の部とし、ここには流動負債と固定負債が計上される。第2区分の借方には総費用が計上され、貸方には総収益が計上される。第3区分の借方には固定性資産が計上され、貸方には損益前資本（自己資本）が計上されるのである。

　これにより第1区分において、流動資産と投資有価証券等からなる流投資産と総負債との比較による流動性基盤の分析へ道を切り拓くことが可能になる。また、長期性引当金等に対応する資産は、固定資産の部ではなく新たに新設した「流投資産の部」に計上するので、流動比率や当座比率の歪み問題の解決、固定比率や固定長期適合率の歪み問題の解決が可能になる。また、総収益と総費用との比較による経営全体を俯瞰した収益性分析が可能になるのである。これを根拠に流投資産型の1期型財務分析図を採択することにする。

　なお、流投資産型の1期型財務分析図では、借方に計上される各区分の項目と金額は、経営体が他者から受け入れた「財貨等の状況」を表し、貸方に計上される各区分の項目と金額は、経営体が背負っている責任と義務つまり「責務の状況」を表すと立論する。この財務観に基づき、1会計年度における借方の財貨等の「財」と、貸方の責務の「務」との関係つまり財務関係がバランスしているかどうかを判断できるように、1会計期間のB/S（貸借対照表）で表示される財政状態と、1会計期間のP/L（損益計算書）で表示される経営成績とを一体的に見える化することが、主要図としての「1期型財務分析図」の役割である。

第3節　1期型財務分析図を支える三要素について

　この第3節の第1項では、主要図としての「1期型財務分析図」を支える第1要素の「経営体の三目標」、第2要素の「☆（白星）、★（黒星）、◇（白ダイヤ）、◆（黒ダイヤ）、矢印などの諸記号」、第3要素の「残高点検式」について説明を行う。第2項では、第1要素の「経営体の三目標」と「1期型財務分析図」との関係を説明する。第3項では、第2要素の「諸記号」および第3要素の「残高点検式」と「1期型財務分析図」との関係を説明する。

第1項　三要素の「経営体の三目標」、「諸記号」、「残高点検式」について

　第1項では、第1要素の「経営体の三目標」、第2要素の「☆（白星）、★（黒星）、◇（白ダイヤ）、◆（黒ダイヤ）、矢印などの諸記号」、第3要素の「残高点検式」を説明する。以下、記号だけを示し、白星、黒星、白ダイヤ、黒ダイヤの文字は省く。

1.　1期型財務分析図を支える第1要素―経営体の三目標―

①資金繰り困難を招く負債過多とならないように、流投資産額以下に総負債額を抑えることを経営体の目標として設定する（第1目標という）。1期型財務分析図の第1区分が「流投資産額≧総負債額」であれば経営体の第1目標は達成されており、「流投資産額＜総負債額」であれば、第1目標は達成されていないと判断する。流投資産額と総負債額の差を「流投資金」と定義する。

②経営破綻を招く赤字経営とならないように、総収益額以下に総費用額を抑えることを経営体の目標として設定する（第2目標という）。これに基づき1期型財務分析図の第2区分が「総収益額≧総費用額」であれば経営体の第2目標は達成されており、「総収益額＜総費用額」であれば第2目標は達成されていないと判断する。総収益額と総費用額の差を「収益資金」と定義する。

③資本の維持と流動性の強化を目指して、損益前資本額以下に固定性資産額を抑えることを経営体の目標として設定する（第3目標という）。これに基づき1期型財務分析図の第3区分が「損益前資本額≧固定性資産額」であれば経営体の第3目標は達成されており、「損益前資本額＜固定性資産額」であれば第3

目標は達成されていないと判断する。損益前資本額と固定性資産額の差を「自己資金」と定義する。

2. １期型財務分析図を支える第２要素─☆、★、◇、◆、矢印─

　１期型財務分析図では、☆と◇が付された金額は正数を、★と◆が付された金額は負数を意味すると定め、矢印の上向きの↑は金額（資金）の流れが良好で、下向きの矢印↓は金額の流れについて改善の必要ありとする。

3. １期型財務分析図を支える第３要素─残高点検式─

　収益資金と自己資金との集計額と流投資金額とは一致しなければならないと前提し、残高点検式の「流投資金＝収益資金＋自己資金」を設定する。この残高点検式を用い、１期型財務分析図の流投資金、収益資金、自己資金の金額の正否について点検を行うことにする。

第２項　第１要素の三目標と１期型財務分析図との関係

　ここまでの説明を基礎にして、この第２項では主要図としての１期型財務分析図に具体的に数字を挿入し第１要素の「経営体の三目標」と「１期型財務分析図の第１区分・第２区分・第３区分」との関係を説明する。

1. １期型財務分析図の第１区分の役割

　経営体の三目標の一つの「流投資産額以下に総負債額を抑える経営体の第１目標」が達成されているか否かを判断するための流投資金を表示することが、１期型財務分析図の第１区分の役割である。図7-5の第１区分の借方には流動資産280と投資有価証券等200からなる流投資産480が計上されている。貸方には流動負債200と固定負債200からなる総負債400が計上されている。第１区分は「流投資産480＞総負債400」であるので、経営体の第１目標は達成されていると判断する。流投資産超過額の80に◇を付して「流投資金◇80」と第１区分ボックス内に表示する。

図7-5　　　　　　　　　　　　　　　１期型財務分析図

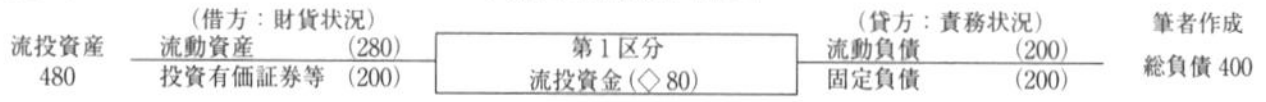

	（借方：財貨状況）			（貸方：債務状況）	筆者作成
流投資産 480	流動資産 （280） 投資有価証券等 （200）	第１区分 流投資金（◇80）		流動負債 （200） 固定負債 （200）	総負債 400

2.　1期型財務分析図の第2区分の役割

　経営体の三目標の一つの「総収益額以下に総費用額を抑える経営体の第2目標」が達成されているか否かを判断するための収益資金を表示することが、1期型財務分析図の第2区分の役割である。図7-6の第2区分の借方には総費用850だけが、貸方には総収益900だけが計上されている。第2区分は「総収益900＞総費用850」であるので、経営体の第2目標は達成されていると判断する。収益超過額の50に☆を付して「収益資金☆50」と第2区分ボックス内に表示する。

図7-6　　　　　　　　　**1期型財務分析図** 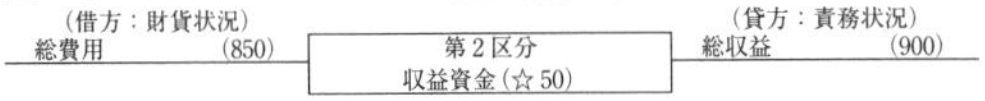
（借方：財貨状況）　　　　　　　　　　　　　　　　（貸方：責務状況）　　　筆者作成
総費用　　　　（850）　　　第2区分　　　　総収益　　　　（900）
　　　　　　　　　　収益資金（☆50）

3.　1期型財務分析図の第3区分の役割

　経営体の三目標の一つの「損益前資本額以下に固定性資産額を抑える経営体の第3目標」が達成されているか否かを判断するための自己資金額を表示することが、1期型財務分析図の第3区分の役割である。図7-7の第3区分の借方には固定性資産520が計上されており、貸方には損益前資本550が計上されている。第3区分は「損益前資本550＞固定性資産520」であるので、経営体の第3目標は達成されていると判断する。損益前資本超過額の30に☆を付して「自己資金☆30」と第3区分ボックス内に表示する。

図7-7　　　　　　　　　**1期型財務分析図**
（借方：財貨状況）　　　　　　　　　　　　　　　　（貸方：責務状況）　　　筆者作成
固定性資産　　（520）　　　第3区分　　　　損益前資本　　　（550）
　　　　　　　　　　自己資金（☆30）

　以上のように、第1区分では「流投資産額以下に総負債額を抑える第1目標」の達成の有無を判断するための流投資金を見える化する。第2区分では「総収益額以下に総費用額を抑える第2目標」の達成の有無を判断するための収益資金を見える化する。第3区分では「損益前資本額以下に固定性資産額を抑える第3目標」の達成の有無を判断するための自己資金を見える化する。こうした重要な役割を有するのが主要図としての「1期型財務分析図」である。

第3項　因果図分析について

　第3項では「第2要素の☆、★、◇、◆の諸記号」および「第3要素の残高点検式」と、「1期型財務分析図の第1区分・第2区分・第3区分」との関係について、数字を使い説明を行い因果図分析と呼称する根拠について説明を行う。

　先ず、第2要素の諸記号のうち、☆と◇の付された金額は正数で、★と◆の付された金額は負数とする。矢印は上昇↑であれば金額の流れは良好、下降↓であれば金額の流れは改善の必要ありと判断する。

　次に、第3要素の残高点検式は「流投資金＝収益資金＋自己資金」とする。続いて、この諸記号と残高点検式に基づき、図7-8の第2区分ボックスの収益資金☆50と第3区分ボックスの自己資金☆30との集計額が、第1区分ボックスの流投資金◇80と一致するか否かを、次のように金額点検を行うとともに金額の流れを見える化する。＊流投資金◇80＝収益資金☆50＋自己資金☆30

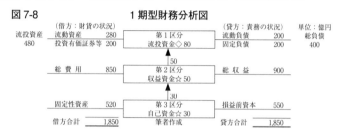

図7-8　　　　　　　　　　　　　　1期型財務分析図

　残高点検式による金額点検の結果、1期型財務分析図の図7-8は第2区分の収益資金額の☆50（正数）と第3区分の自己資金額の☆30（正数）との集計額が、第1区分の流投資金額の◇80（正数）と一致しているので、残高点検式を満たしており、各区分の借方と貸方の集計金額は正確であると判断する。

　このように、収益資金と自己資金しだいで流投資金が決まる関係に着目して、収益資金と自己資金を「原因実数」、流投資金を「結果実数」と定義する。そして、原因実数の可視化図（第2区分と第3区分）と結果実数の可視化図（第1区分）によって財務分析を行うので、これを「因果区分分析」というわけである。

　次いで、第2区分は「総収益900＞総費用850」であるので、黒字決算による収益の余裕額（収益資金）は☆50となり、第3区分は「損益前資本550＞固定性資産520」であるので自己資本の余裕額（自己資金）は☆30となる。第2区分の収益余裕額☆50と第3区分の自己資本余裕額☆30とが、第1区分の流投資金◇80へ上昇していることを矢印で確認することができる。その矢印が、上向きの矢印↑の時は良好な金額の流れで、矢印が下向き↓の時は改善の必要ありと判断する。よって、図7-8の金額の流れは良好であると読み取る。

　なお、1期型財務分析図の金額点検で、各区分の金額が残高点検式を満たせば、

前掲の図7-8のように1期型財務分析図の借方合計と貸方合計の貸借金額は必ず一致する（図7-8の貸借金額は1,850で一致）。そこで、残高点検式による各区分の金額点検は必須とし、1期型財務分析図の末尾での借方合計と貸方合計の集計表示は任意とする。次の図7-9の1期型財務分析図では借方合計と貸方合計の集計表示を行っていない。以後、図7-10と図7-11を除き借方合計と貸方合計の集計表示は行わないことにする。

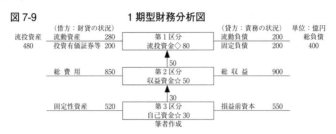

図7-9　　　　　　　　　　　1期型財務分析図

以上が、主要図としての1期型財務分析図を支える第1要素の「経営体の三目標」、第2要素の「☆、★、◇、◆、矢印などの諸記号」、第3要素の「残高点検式」と1期型財務分析図との関係である。

　ここまでの説明を踏まえ、次の第4節では流投負債分析に基づく流投資金ボックスを第1区分ボックスに配置する根拠、第5節では収益費用分析に基づく収益資金ボックスを第2区分ボックスに配置する根拠、第6節では資本固定分析に基づく自己資金ボックスを第3区分ボックスに配置する根拠を説明する。

第 4 節　第 1 区分を流投資金ボックスとする根拠—流投負債分析—

　この第4節では流投負債分析を取り上げ、第1項において第1要素の「経営体の三目標」、第2要素の「諸記号」、第3要素の「残高点検式」を関係づけて、何故、1期型財務分析図の上部（第1区分）に流投資産および総負債からなる「流投資金ボックス」を配置し、下部（第2区分と第3区分）に総費用および総収益からなる「収益資金ボックス」と固定性資産および損益前資本からなる「自己資金ボックス」とを配置するのか、その根拠を述べる。第2項では第1区分の流投資金ボックスに投資有価証券等と固定負債を計上する根拠を説明し、流投資金に基づく現実的な対処策としての流投負債分析について説明を行う。

第1項　上部に流投資金，下部に収益資金と自己資金を配置する根拠

　この主要図としての1期型財務分析図では，先ず，流投資産額以下に総負債額を抑える経営体の目標が達成されているか否かを判断するための「流投資金（流投資産と総負債の差）」を「結果実数」と位置づける。次に，総収益額以下に総費用額を抑える経営体の目標が達成されているか否かを判断するための「収益資金（総収益と総費用との差）」と，自己資本額以下に固定資産額を抑える経営体の目標が達成されているか否かを判断するための「自己資金（損益前資本と固定性資産の差）」とを「原因実数」として位置づける。また，資金の流れを示す矢印が上向きの時は金額の流れや財務状況は良好，矢印が下向きの時は金額の流れや財務状況は改善の必要ありと判断する。

　主要図としての1期型財務分析図で表示される「結果実数」の流投資金に，「原因実数」の収益資金と自己資金の集計額が一致しているかの点検と，矢印の向きが上向きであれば金額の流れは良好で下向きであれば改善の必要ありの判断とを整合させる必要上，上部に流投資金ボックスを配置し，下部に収益資金ボックスと自己資金ボックスを配置するわけである。「結果実数」の流投資金を上部に配置し，「原因実数」の収益資金および自己資金を下部に配置した図が図7-10である。

　図7-10では下部の収益資金の☆50と自己資金☆30との合計額80が上部の流投資金◇80へ上向きに流れる矢印であるので，財務状況は良好と読み取る。借方合計と貸方合計の貸借金額は1,850で一致しており，各ボックス金額は残高点検式に基づき，流投資金◇80＝収益資金☆50＋自己資金☆30と一致している。

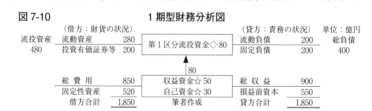

図7-10　　　　　　　　　　　1期型財務分析図

一方、図7-11では矢印が，上部の流投資金★60から下部の収益資金◆40と自己資金◆20へ下向きに流れているので，財務状況は改善の必要ありと読み取る。借方合計と貸方合計は1,800で一致しており，各ボックスの金額は残高点検式に基づき，流投資金★60＝収益資金◆40＋自己資金◆20と一致している。

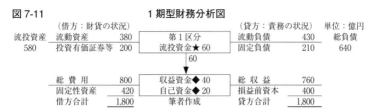

図 7-11　　　　　　　　　　　**1 期型財務分析図**

（借方：財貨の状況）　　　　　　　　　　（貸方：責務の状況）　単位：億円

流投資産	流動資産　380	第 1 区分	流動負債　430	総負債
580	投資有価証券等　200	流投資金★ 60	固定負債　210	640
		↓ 60		
	総費用　　　　800	収益資金◆ 40	総収益　　760	
	固定性資産　　420	自己資金◆ 20	損益前資本　400	
	借方合計　1,800	筆者作成	貸方合計　1,800	

　以上は、何故、1 期型財務分析図の上部に「結果実数の流投資金」を配置し、下部に「原因実数の収益資金および自己資金」を配置するのかの説明である。

第 2 項　流投資金ボックスに投資有価証券等と固定負債を計上する根拠

　三苫夏雄 [1973・1986] の 2 期型の資金流図では投資有価証券等と固定負債は第 2 区分の固定資金ボックスに計上される。しかし、1 期型財務分析図では第 1 区分の流投資金ボックスに投資有価証券等と固定負債を計上するので、その根拠をこの第 2 項で説明する。

1．本来の経理を行っていない経営体 A の流投負債分析

　次に、本来の経理を行っていない経営体 A の貸借対照表が図 7-12 であるとする。図 7-12 では（単位億円）、退職給与引当金 200（⑥の固定負債を参照）に対応する長期特定資産 200 が流動資産 480（③と矢印を参照）の中に含まれ、固定資産の部の長期特定資産は 0（①を参照）であると設例している。つまり、⑥の退職給付引当金に対応する資産（長期特定資産）200 を固定資産として処理せずに、③の流動資産 480 に計上しているという設例である。

図 7-12　**経営体 A の貸借対照表**　　筆者作成

③流動資産 480 ◄ （当座資産 360）	⑦総負債 400 ⑤流動負債 200 ⑥固定負債 200 （退職給付引当金 200）
①固定資産 520 （長期特定資産 0）	⑧損益前資本 600 （自己資本）

　本来の経理を行っていない経営体 A は、長期特定資産 200 が③の流動資産 480 の中に含まれており、①の固定資産の部に長期特定資産 200 が計上されていないケースである。図 7-12 の経営体 A では、⑤の流動負債 200 と③の歪んだ流動資産 480 とを比較することになるので流動比率が歪むし、また、流動負債 200 と歪

んだ当座資産 380 とを比較するので当座比率も歪むのである。そればかりか①の固定資産 520 の中に含まれるべき長期特定資産が含まれていないので、⑧の自己資本 600 と歪んだ①の固定資産 520 とを比較することになるので固定比率も歪むし、固定長期適合率も歪む。

この場合に、「退職給付引当金に対応する資産（長期特定資産）が流動資産の部においていくら占めているのか」に関する資料が、経営体Aから公表されないかぎり、外部者の財務分析者が③の流動資産 480 の中から退職給付引当金に対応する資産額を正確に取りだすことは困難である。しかし、これを放置して流動比率、流動比率、固定比率、固定長期適合率などを計算すると財務分析比率が歪むので、これらの比率が短期および長期の流動性分析比率として正しく機能しないのである。この状況を回避するには、次の対処策が現実的であると考える。

すなわち、固定資産として処理すべき資産（長期特定資産）200 を含む③の流動資産 480 を「流投資産」としてみなす。つまり③の流動資産 480 実態は、流動資産と投資有価証券等で構成されていると読み取るのである。この③の流動資産＝みなし流投資産 480 と、⑦の総負債 400（＝⑤流動負債 200 および⑥固定負債 200）とを比較し、短期と長期を包摂した流動性の分析を行うのである。これをもって現実的な対処策としての「流投負債分析」とするわけである。図 7-12 の③の流動資産＝みなし流投資産 480 と、⑦の総負債との比較を見える化した 1 期型財務分析図の第 1 区分が次の図 7-13 である。

図 7-13	1 期型財務分析図		単位：億円
（借方：財貨の状況）		（貸方：責務の状況）	
流投資産	流動資産　　　480	第 1 区分	流動負債　　　200　総負債
480	投資有価証券等　0	流投資金◇80	固定負債　　　200　400

なお、実務では、流動資産の中に退職給付引当金などの長期引当金に対応する資産（長期特定資産など）の一部が含められている経営体Aが存在する状況である。しかし、その情報が経営体Aでは未開示のため 1 期型財務分析図の流投資金ボックスの借方は、図 7-13 のように流動資産 480、投資有価証券等 0 の計上にならざるを得ないのである。図 7-13 は次のように読み取る。借方の流動資産 480 および投資有価証券等 0 からなる「流投資産 480」と、貸方の流動負債 200 および固定負債 200 からなる「総負債 400」とを比較すると、流投資金ボックスは「流投資産 480 ＞総負債 400」であるので借方超過（流投資産の◇80 の余裕）となる。よって、流投資金ボックス内の流投資金額は正数の◇80 となり

流投資金に余裕が◇80あることを示す。流投資産で総負債をカバーできている
状況であり、流動性は良好と読み取る。

2.　本来の経理を行っている経営体Bタイプの流投負債分析

　他方、長期特定資産200について、本来の経理を行っている経営体Bの貸借対
照表が図7-14であるとする。

図7-14　経営体Bの貸借対照表　筆者作成

　図7-14の⑥の退職給付引手金200に対応する、①の長期特定資産200は長期
負債の返済財源とみなすことが可能な資産である。そこで、経営体の短期と長期
を包摂した流動性の良否を分析する場合には、図7-14の①の固定資産720の中
から矢印のアのように長期特定資産200を取り出す（①と矢印ア200を参照）。
取り出した長期特定資産200（矢印のア200と②を参照）を、次の図7-15の流
動資産280（③を参照）の下に表示し、両者を流投資産480（④を参照）として
取り扱う。これを財務分析上の貸借対照表として示したのが図7-15である。

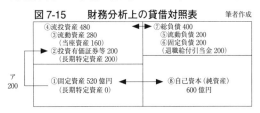

図7-15　財務分析上の貸借対照表　筆者作成

　このように、図7-15の投資有価証券等200（②を参照）および流動資産280
（③を参照）からなる「流投資産480（④を参照)」と、流動負債200（⑤を参照）
および固定負債200（⑥を参照）からなる「総負債400（⑦を参照)」とを比較す
るのが「流投負債分析」である（④と⑦の◆━━▶を参照）。そして、固定資産520
（①を参照）と自己資本600（⑧を参照）とを比較するのが後述する「資本固定
分析」である（①と⑧の◆━━▶を参照）。

　このうちの流投負債分析の考え方、つまり④の流投資産480（③の流動資

280 および②の投資有価証券等 200 の合計 480）と、⑦の総負債 400（⑤の流動
負債 200 と⑥の固定負債 200 の合計 400）とを 1 期型財務分析図の第 1 区分の流
投資金ボックスとして反映させた図が図 7-16 である。

図7-16　　　　　　　　　　　　　　1期型財務分析図

	（借方：財貨の状況）			（貸方：責務の状況）	筆者作成
流投資産	流動資産	280	第1区分	流動負債	200	総負債
480	投資有価証券等	200	流投資金◇ 80	固定負債	200	400

　この図 7-16 の流投資金ボックス◇ 80 は次のように読み取る。借方の流動資産
280 および投資有価証券等 200 からなる「流投資産 480」と、貸方の流動負債 200
および固定負債 200 からなる「総負債 400」とを比較すると、流投資金ボックス
の残高（貸借差）は借方超過（流投資産の余裕 80）であるので、流投資金は正数
を意味する◇ 80 と表示する。つまり「流投資産額 480 ＞総負債額 400」であるの
で、流投資金に余裕が◇ 80 あり流投資産で総負債をカバーできており、短期と長
期を包摂した流動性を判断するための流投資産と総負債の関係は良好と読み取る。

　このように経営体Bの場合には、固定資産の部の投資有価証券等（長期特定資
産）200 を取り出すことが可能である。そこで、②の長期特定資産（投資有価証
券等）200 を、③の流動資産 280 とを併記し、両者を④の流投資産 480 とし、こ
れを短期・長期の負債返済の財源として位置づける。その上で、借方の④の「流
投資産 480」と、貸方の⑤の流動負債 200 および⑥の固定負債 200 からなる⑦の
「総負債 400」とを対応させることによって、流投資産額以下に総負債を抑える
経営体の目標が達成されているか否かを判断する。

　これをもって、短期と長期を包摂した流動性基盤の良否を判断するための、現
実的な対処策としての流投負債分析が可能になるわけである。このように、固定
資産の部から長期特定資産をはじめとする投資有価証券等 200 を取り出せる場合
には、取り出した投資有価証券等と流動資産とを併記し「流投資産」として取り
扱う。そして、流投資産と総負債とを比較することで、先ず主要比率の流投負債
比率が可能になる。次いで、補助比率の流動比率や当座比率へ進み、流動性分析
を行うのである。

　以上が、①上部（第1区分）に流投資金ボックスを配置し、下部（第2区分と
第3区分）に収益資金ボックスと自己資金ボックスを配置する根拠、②流投資金
ボックスの借方欄に流動資産だけでなく投資有価証券等をも計上し、貸方欄には
流動負債だけでなく固定負債をも計上する根拠、③長期性引当金に対応する資産

の経理処理に内在する諸問題、④現実的な対処策としての流投負債分析に基づく1期型財務分析図の第1区分（流投資金ボックス）などの説明である。

第5節　第2区分を収益資金ボックスとする根拠―収益費用分析―

　第4節の第1項において、主要図としての1期型財務分析図の上部（第1区分）に流投資金ボックスを配置し、下部（第2区分と第3区分）に収益資金ボックスと自己資金ボックスを配置する根拠について説明を行った。そこでこの第5節では、収益資金ボックスと自己資金ボックスでは、収益資金ボックスを上部（第2区分）に配置し、自己資金ボックスを下部（第3区分）に配置する根拠（第1項）、総収益・総費用ベースの収益費用分析の必要性と役割についての説明を行う（第2項）。

第1項　収益資金ボックスを自己資金ボックスよりも上部に配置する根拠

　第1項では、原因実数の収益資金と自己資金のうち、収益資金ボックスを上部（第2区分）へ配置し、自己資金ボックスを下部（第3区分）へ配置する根拠を、次の図7-17の設例で説明を行う。

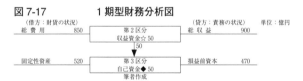

図7-17　　　　　1期型財務分析図

　図7-17の上部の決算利益＝収益資金☆50は、企業であれば株主に帰属する株主持分であるので、この収益資金☆50を含む剰余金の配当が決議される定時株主総会日または臨時株主総会日（取締役会の決議のみで剰余金を配当することができる会社はその取締役会日）までは内部留保しておくべきであると考える。ところが、株主総会や取締役会での決議前に、決算利益に対応する収益資金◇50が、固定資産の取得などに転用されることがある。図7-17の自己資金ボックスの◆50がこれを表している。

　そこで、収益資金ボックスを上部に計上し、自己資金ボックスを下部に計上しておけば、上部の収益資金ボックスのボックス内の収益資金☆50が、下部の自

己資金ボックス◆50へ下降する資金の下向きの流れを視覚的にチェックすることができる。これが、原因実数の収益資金ボックスと自己資金ボックスとでは、収益資金ボックスを上部（第2区分）に配置し、自己資金ボックスを下部（第3区分）に配置する根拠である。次に、総収益と総費用に基づく収益費用分析の必要性と、第2区分の収益費用ボックスの役割について説明を行うことにする。

第2項　総収益・総費用に基づく収益費用分析の必要性と第2区分の役割

　収益は経営体に資金流入をもたらし、費用は経営体から資金流出を生じさせる。総費用が総収益よりも多い状態を費用過多とか赤字経営といい、費用過多は収益資金不足と同義であり、費用過多の経営は収益資金不足の状態にほかならず、赤字経営の常態化は経営破綻や各種関係者に多大の迷惑が及ぶもとである。

　ここに、赤字経営の防止と黒字経営の持続とに向けて、経営体には総収益額以下に総費用額を抑える必要があるとの目標（経営体の第2目標）を設定し、総収益額以下に総費用額を抑えているか否かを判断するための収益費用分析を行うとともに、収益性の良否を見える化する上で、第2区分の収益資金ボックスの必要性と役割がある。

第6節　第3区分を自己資金ボックスとする根拠─資本固定分析─

　流動性の分析では、おおむね3年以上の将来において「不況や営業不振等の逆境に遭遇したときに耐えうる能力があるかどうか」について「フローである現金預金の流入・流出ではなく、財務構造や財務体力といったストックである財務基盤を問題とする」とされる[1]。長期流動性の分析用具として、たとえば①固定資産と自己資本との関係を分析する固定比率、②固定資産と長期資本（＝自己資本＋固定負債）との関係を分析する固定長期適合率、③自己資本と総資本との関係を分析する自己資本比率、④負債と自己資本との関係を分析する負債比率、⑤「有利子負債」と「金利支払い前、税金支払い前、減価償却費控除前の利益：Earnings Before Interest Taxes Depreciation and Amortization）」との関係を分析する有利子負債・EBITDA倍率などがある[2]。

　この第5節の「資本固定分析」による長期流動性の分析は、上掲①固定比率お

よび②固定長期適合率による長期流動性の分析と関係がある。最初に、固定比率や固定長期適合率（以下、固定比率等ともいう）に関わる財務分析上の問題点を明らかにする。次に、その問題を解決するための「資本固定分析」による流動性や固定性資産投資の分析を論じる。

第1項　固定比率等分析に内在する問題点1 ―固定資産額に歪みのあるケース―

　固定比率と固定長期適合率で使用される固定資産は「有形固定資産・無形固定資産・投資その他の資産」で構成される。しかし、この固定資産の中の「投資その他の資産」には退職給付引当金などに対応する長期特定資産や投資有価証券が含まれており、財務分析を行う場合に次のような問題に直面する。たとえば、ある経営体が図7-18のように退職給付引当金200（⑥を参照）に対応する資産200が、③の流動資産480の中に計上されているとする（⑥からの矢印と④を参照）。

　図7-18の貸借対照表では、借方が①の固定資産520、貸方が⑧の損益前資本600（自己資本）であるので、固定比率は86.67％（＝固定資産520÷損益前資本600）となる。良好値の100％以下であるので、自己資本額以下に固定資産額が抑えられており、固定資産（運用）と自己資本（調達）との関係でみた固定資産投資の状況は良好となる（固定比率は約87％で基準値の100％以下である）。

図7-18　経営体Aの貸借対照表　　筆者作成

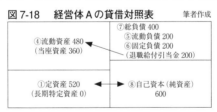

　しかし、⑥の固定負債としての退職給付引当金200に対応する資産（長期特定資産）は、本来であれば①の固定資産の部に計上すべきである。つまり、固定資産は720（＝有形固定資産520＋長期特定資産200）と経理処理すべきである。ところが、図7-18では固定資産は520となっている（①を参照）。しかも、こうした経理処理を行う経営体Aの場合には、退職給付引当金などの長期性引当金に対応する資産（長期特定資産）が③の流動資産の中にいくら含まれているかについての会計情報を開示することがない。このため、これまでの財務諸表分析は、貸方の「自己資本額600（⑧を参照）」と借方の歪んだ「固定資産額520（①を参

照）」とを、比較してきたことになる（固定比率約87％）。そして、今後も固定資
産投資のバランスに関する判断を正しく行うことができないという問題が横たわっ
ているのである。なお、流動比率と当座比率も歪んだ流動資産や当座資産を流動
負債と比較するので、短期流動性も正しく判断を行うことができないのである。

第2項　固定比率分析等に内在する問題点2─固定資産額に歪みのないケース─

　他方、経営体Bでは、次掲の図7-19のように本来どおりに退職給付引当金
200（を⑥参照）に対応する資産（長期特定資産）200を、①の固定資産720の
中に計上しているとする（⑥から①への矢印を参照）。

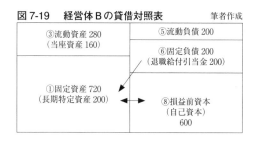

図7-19　経営体Bの貸借対照表　　筆者作成

　図7-19の経営体Bの貸借対照表では、貸方の⑧の損益前資本（自己資金）
600を超えて借方の①の固定資産720が保有されていることになる。この結果、
固定資産投資の調達と運用のバランスを判断するための固定比率は120％（＝固
定資産720÷損益前資本600）となる。良好値の100％を超えているので、自己
資本額以下に固定資産額が抑えられておらず、固定資産（運用）と自己資本（調
達）の関係でみた固定資産投資の状況は改善の必要ありということになる。

　この場合に、財務諸表分析の実務では、上述のように固定比率が100％超の場
合には、固定長期適合率を援用し、固定長期適合率が100％以下であれば、固定
資産投資に問題はないとするわけである。図7-19の①の固定資産への運用額は
①の720、長期資本（⑧の自己資本600と⑥の固定負債200）の調達額は800で
あるので、固定長期適合率は90％＝固定資産720÷（自己資本600＋固定負債
200）となる。長期資本額800以下の固定資産額720に抑えているので、固定資
産投資に問題はないとする[3]。

　しかし、こうした流動性分析には次の問題があると筆者は認識する。すなわち、

固定資産の「設備・機械・土地などの有形固定資産や研究開発特許などの無形固定資産（以下、固定性資産という）への投資」と、「退職給付引当金などに対応する拘束性の長期特定資産や利殖目的の投資有価証券への投資」とは、区別する必要があるとの問題認識である（詳細は、第2章第1節第1項の44頁と第2節第5項の51頁、この第7章第6節第3項の175頁を参照のこと）。

第3項　固定比率等分析に内在する問題への対処策─資本固定分析─

この問題意識に基づき、投資有価証券と長期特定資産からなる「投資有価証券等」は長期負債の返済財源として位置付ける。そして、この投資有価証券等を固定資産の部の「投資その他の資産」から取り除き、これを第1区分の借方へ移動させるわけである。この結果、第3区分の借方には、有形固定資産、無形固定資産、「投資有価証券等」を除いた投資その他の資産、繰延資産で構成される「修正固定資産（これを固定性資産という）」が収容されることになる。一方、貸方には「当期純損益算定前の自己資本＝損益前資本」が収容される。この損益前資本と固定性資産とを比較し、「損益前資本額以下に修正固定資産額＝固定性資産額を抑えているか否か」の分析を「資本固定分析」で行うわけである。

先ず、図7-20の貸借対照表を用い、本来の経理処理を行っている経営体Bのケースを対象に現実的な対処策について説明を行う。次掲の図7-20は、貸方の⑥の退職給付引当金200に対応する長期特定資産200（貸方の⑥から①の矢印を参照）を取り出す様子を示している（①からのア200の矢印を参照）。

図7-20　経営体Bの貸借対照表　筆者作成

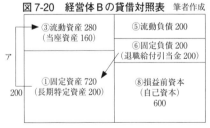

上述の問題意識に基づき図7-20貸方の⑥の退職給付引当金200に対応する借方の①長期特定資産200を固定資産720から取り出し、③の流動資産の方へ移動させる（①から③への矢印ア200を参照）。移動後の財務分析上の貸借対照表が次の図7-21である。

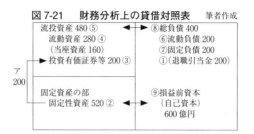

図 7-21　　財務分析上の貸借対照表　　筆者作成

⑤の流投資産 480 のグループ項目として、④流動資産 280 とともに長期特定資産 200 が③の投資有価証券等 200（長期特定資産 200）として併記されているのを確認することができる（②から③への矢印ア 200 を参照）。図 7-20 の①固定資産 720 から取り出した長期特定資産 200 を、図 7-21 の③へ移記したので、③の投資有価証券等（長期特定資産）200 と④の流動資産 280 を合算すると、⑤の流投資産は 480 となる。この⑤流投資産 480 で⑧総負債 400 を除すと、新比率の流投負債比率は 83.33％（≒総負債 400 ÷流投資産 480）となる。この流投負債比率で、短期と長期を包摂した流動性基盤の状況を次のように把握する。

　流投負債比率は 83.33％であり、基準値の 100％以下である。実数の不等号で示すと「流投資産 480 ＞総負債 400」であり、流投資産額以下に総負債額を抑えており、流投資産に◇ 80 の余裕がある。よって、経営体の第 1 目標が達成されているので、流投資産と総負債との関係でみた流動性基盤は良好であると判断する。これを流投資産と総負債の比較による「流投負債分析」という。

　次に固定比率などの修正計算へ進む。長期特定資産 200 取り出したので、図 7-20 の①の固定性資産額 720 は図 7-21 の②のように 520 となる。この②固定性資産 520 と⑨損益前資本 600 とを比較し、修正固定比率 86.67％を次のように求め、固定性資産への投資の調達と運用のバランスを判断するわけである。

修正固定比率 86.67％≒（固定資産 720 －長期特定資産 200）÷損益前資本 600

　固定性資産投資の調達と運用のバランスを分析するための固定比率は 86.67％である。実数の不等号で示すと「損益前資本 600 ＞固定性資産 520」であり、損益前資本（自己資本）額以下に固定性資産額を抑えており、自己資本に◇ 80 の余裕がある。よって、経営体の第 3 目標は達成されているので、損益前資本と固定性資産との関係（投資性）は良好と判断する。これを損益前資本と固定性資産の比較による「資本固定分析」という。

　以上のように固定資産を「設備・機械・土地などの有形固定資産や研究開発特許などの無形固定資産（以下、固定性資産）への投資（Aという）」と、「退職給付引当金などの長期性引当金に対応する拘束性の長期特定資産や利殖目的の投資有価証券への投資（Bという）」とを区別する。そして、財務分析を行う場合には、Bの投資有価証券等は第１区分の借方の「流投資産」項目として取り扱う。その上で、「有形固定資産」、「無形固定資産」、投資有価証券等のBを除く「投資その他の資産」、「繰延資産」からなる修正固定資産の「固定性資産」を、第３区分の自己資金ボックスの借方に収容する。貸方には当期純損益算定前の自己資本である「損益前資本」を収容する。この損益前資本と固定性資産の比較による「資本固定分析」を行うわけである。

　なお、この資本固定分析の必要性をもう少し述べる。自己資本は経営体に資金流入をもたらし、固定資産の取得は経営体から資金流出を生じさせる。したがって、自己資本額を超えて固定資産を取得すると、自己資金不足が生じ、負債資金に依存することになる。この負債依存から脱却できずに負債過多の固定資産取得が常態化すると、金融機関などへの負債元利金の支払に追われ、職員に対する処遇改善が後回しになりがちとなる。業績不振から抜け出せずに、負債元利金の負担にも耐えられなければ、経営困難となり各種の経営関係者に多大の迷惑が及ぶことにもなる。ここに、「損益前資本額以下に固定性資産額を抑える目標」に基づく、損益前資本と固定性資産との関係を分析するための「資本固定分析」が必要とされる理由を見出すことができる。

第４項　資本固定分析の見える化と自己資金ボックスの読み取り方

　次に、複式簿記の仕訳原理に基づいて作成される財務諸表では、借方に資産と費用が計上され、貸方に資本、負債および収益が計上される。この財務諸表の様式の見方と一致させることで、１期型財務分析図を観察しやすくすることができると思われる。この複式簿記の目線に基づいて、第３区分の自己資金ボックスでは、借方に固定性資産を収容し、貸方に損益前資本（自己資本）を収容するわけである。

　すでに一言したように、この第３区分の役割は、損益前資本と固定性資産との差である「自己資金」を表示することである。実数比較で「損益前資本額＞固定

性資産額」であれば自己資金に余裕があることを示す☆付きの金額を計上する。一方、「損益前資本額＜固定性資産額」であれば自己資金が不足していることを示す◆付きの金額を計上する。この☆（正数）と◆（負数）とで、損益前資本と固定性資産との関係を「見える化」することができる。そこで、具体的に数字と図を使って第3区分を「見える化」し、その読み取り方の説明を行う。

1.　自己資金ボックスの構造とその読み取り方について―貸方超過のケース―

　図7-22の1期型財務分析図は、固定性資産が520と損益前資本が550の貸方超過となる設例である。この設例で第3区分の読み取り方の説明を行う。

図7-22　　　　　　　　　　1期型財務分析図 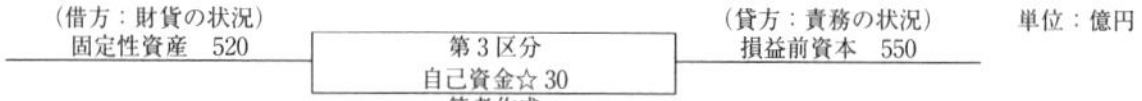
（借方：財貨の状況）　　　　　　　　　　　　　　　（貸方：責務の状況）　　　単位：億円
固定性資産　520　　　　　　　　　　　　　　　　　　損益前資本　550
第3区分
自己資金☆ 30
筆者作成

　第3区分の自己資金ボックスは「損益前資本額550 ＞固定性資産額520」のケースで、損益前資本は貸方超過☆ 30となる。つまり自己資金に☆ 30の余裕があるので、損益前資本額以下に固定性資産額を抑える経営体の目標が達成されている。損益前資本と固定性資産のバランスが取れているので、損益前資本と固定性資産の関係は良好と個別判断する。なお、自己資金の残高が貸方超過の時には、図7-22のように自己資金ボックス内に☆を付して自己資金額☆ 30と計上する。

2.　自己資金ボックスの構造とその読み取りについて―借方超過のケース―

図7-23　　　　　　　　　　1期型財務分析図
（借方：財貨の状況）　　　　　　　　　　　　　　　（貸方：責務の状況）　　　単位：億円
固定性資産　720　　　　　　　　　　　　　　　　　　損益前資本　600
第3区分
自己資金◆ 120
筆者作成

　図7-23の1期型財務分析図は、損益前資本600と固定性資産720とを比較する借方超過の設例である。これを使い第3区分の読み取りについて説明を行う。図7-23は借方が「固定性資産720」で、貸方が「損益前資本600」であるので、第3区分の自己資金ボックスの残高は借方超過◆ 120となる。つまり「損益前資本600＜固定性資産720」のケースで、自己資金が◆ 120の不足状態である。損益前資本額以下に固定性資産額を抑える目標が達成されておらず、損益前資本と固定性資産のバランスが取れていないので、自己資金安全性は改善の必要ありと個別判断する。なお、貸方の損益前資本額を借方の固定性資産額が超過（自己資本不足）している時には、図7-23のように自己資金のボックス内に◆を付して

自己資金額◆ 120 と計上する。

　このように、固定資産の部から長期特定資産をはじめとする投資有価証券等 200 を取り出せる場合には、長期特定資産などの投資有価証券等を除いた「固定性資産」と「損益前資本（自己資本）」とを比較し、先ず、主要比率の資本固定比率を把握する。次に、補助比率の長期資本固定比率の分析へ進み、長短の流動性分析や固定性資産投資分析を行うわけである。以上の検討結果を反映させた 1 期型財務分析図が次の図 7-24 である。

図 7-24　　　　　　　　　　　　　　１期型財務分析図　　　　　　　　　筆者作成

　第 1 区分の借方に、流動資産と投資有価証券等からなる流投資産が配置されているので、この図を流投資産型の 1 期型財務分析図というわけである。

第 7 節　Ｔ社とＨ社の事例分析から得られた知見

　上述の流投資産型の 1 期型財務分析図ではなく、第 1 区分の借方に流動資産を配置する図 7-25 の流動資産型の 1 期型財務分析図で T 社の事例分析を行ったところ、以下の問題点に直面したので、これを先ず取り上げる。

第 1 項　流動資産型の 1 期型財務分析図によるＴ社の財務状況分析

　次の図 7-25 では第 1 区分の借方には投資有価証券等を除いて流動資産だけを計上し、貸方には流動負債と固定負債からなる総負債が計上されている。この流動資産型を T 社と H 社に適用し、2013（平成 25）年 ～ 2021（令和 3）年 3 月期決算までの事例分析を行ったところ、T 社は図 7-25 のように、すべて分散白 2 型（第 2 区分分散型）の矢印の流れとなったのである[4]。第 2 区分の収益資金ボックスから第 1 区分の流投資金ボックスと第 3 区分の自己資金ボックスへ分散している。分散図の白 2 つの記号に着眼し、分散白 2 型（第 2 区分分散型）という。

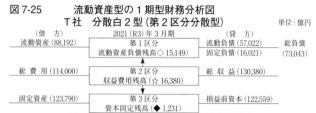

図7-25　　　流動資産型の1期型財務分析図
T社　分散白2型（第2区分分散型）
単位：億円

（借　方）　　　　　　2021（R3）年3月期　　　　　（貸　方）
流動資産(88,192)　　　　第1区分　　　　　流動負債(57,022)　総負債
　　　　　　　　　流動資産負債残高◇15,149　固定負債(16,021)　(73,043)

総 費 用(114,000)　　　　第2区分　　　　　総 収 益(130,380)
　　　　　　　　　収益費用残高（☆16,380）

固定資産(123,790)　　　　第3区分　　　　　損益前資本(122,559)
　　　　　　　　　資本固定残高（◆1,231）

T社の2021年3月期決算の有価証券報告書より筆者作成

＊図7-25では第1区分ボックスは流投資金ではなく流動資産負債残高、第2区分ボックスは収益
　資金ではなく収益費用残高、第3区分ボックスは自己資金ではなく資本固定残高と表示している。

　通説の固定比率に内在する問題点を、上掲の図7-25の2021年3月期決算で
説明する。T社の第3区分の固定比率を通説で計算すると101.00%（≒固定資産
123,790÷自己資本122,559）になる。この101.00%に関して、100%以下を良好
値とする通説に基づいて解釈すると、T社の場合は固定資産の調達と運用のバラ
ンスが取れていないことになる。第3区分を実数で示すと「損益前資本12兆
2,559億円＜固定資産12兆3,790億円」となるので、「損益前資本（自己資本）
額以下に固定資産額を抑える目標」が達成されていないことになる。これに筆者
は疑問を抱きT社の有価証券報告書を精査したところ、固定資産の中に投資有価
証券7兆2,397億円が含まれていたのである。つまり、T社の場合、固定資産12
兆3,790億円の中に巨額の投資有価証券7兆2,397億円が含まれていることが、
固定比率が100%超になった要因である。この換金可能資産は負債返済の財源と
みなせるので、これを除いて固定比率を修正計算すると、2021年決算の固定比
率は上述の101.00%から41.93%へ59.07ポイントも改善したのである。

＊修正固定比率41.93%≒（固定資産123,790−投資有価証券72,397）÷損益前資本122,559

　そこで、巨額の投資有価証券を保有している優良経営体のT社について、通説
で2013年3月期決算〜2021年3月期決算の固定比率を計算したところ、すべて
が100%超となりT社の長期流動性の固定比率は改善の必要ありとなることを確
認できた。T社のように巨額の投資有価証券が固定資産の中に含まれている経営
体ほど、固定比率が高率になる傾向があるとの知見を得ることができたのである。

　この知見を踏まえ、ゴーイングコンサーン（継続事業）中の生産過程にあり稼
働中であるために、換金処分することが困難な有形固定資産や無形固定資産だけ
による「修正固定資産（除く投資有価証券等）」と、「損益前資本（自己資本）」

との比較による、固定比率の修正計算を 2013 年 3 月決算～ 2021 年 3 月決算に行ったところ、すべてが良好値となったのである。この一貫して超良好な長期流動性を継続しているＴ社の事例分析に基づく知見を根拠にして、前掲図 7-25 の「流動資産型」に代えて、次の図 7-26 の「流投資産型」の 1 期型財務分析図を採択する。なお、「流投資産型」による事例分析を行う前に、Ｈ社の「流動資産型」の 1 期型財務分析図による事例分析の結果を次の第 2 項で説明を行う。

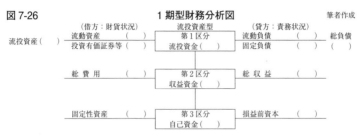

図 7-26　　　　　　　　　　　　　　　　　1 期型財務分析図　　　　　　　　　筆者作成

第 2 項　Ｈ社の流動資産型の 1 期型財務分析図による財務状況分析

　Ｈ社の場合は流投資産型ではなく、流動資産型の 1 期型財務分析図であっても、固定比率の通説による 2021 年決算の計算結果は 88.82％（≒固定資産 18,628 ÷自己資本 20,973）の良好値となった（他年度の決算も同じく良好値）。精査の結果、Ｈ社の固定資産の中に含まれている投資有価証券額が、Ｔ社のように巨額ではないことにあると要因が判明した。この要因によって、Ｈ社の場合は 2013 年～ 2021 年 3 月期決算の流動資産型による財務状況の分析であっても、結果はすべて上昇白 3 型（第 2・第 3 区分右傾上昇型）の完全上昇であり、財務状況は良好となったのである。紙幅の都合で 2021 年 3 年 3 月期決算[5]だけを掲げる（図 7-27）。

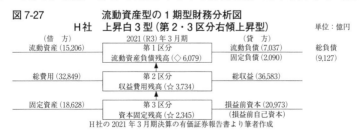

図 7-27　　　　　流動資産型の 1 期型財務分析図
Ｈ社　　上昇白 3 型（第 2・3 区分右傾上昇型）　　　　　　　単位：億円

Ｈ社の 2021 年 3 月決算の有価証券報告書より筆者作成

しかし、一方のＴ社のように巨額の投資有価証券等を有する経営体の財務状況を正しく分析できることが肝要である。そこで、Ｈ社にも流動資産型ではなく、

流投資産型の１期型財務分析図を採択し、これを適用し事例分析を行った。その結果、次の第８節で説明するように、Ｔ社とＨ社はいずれも上昇白３型（第２・第３区分右傾上昇型）の完全上昇で、良好な財務状況であることを確認することができたのである。

第８節　１期型財務分析図による事例分析からの知見―結びに代えて―

実際に 2013 年〜 2021 年３月期決算に関して、Ｔ社とＨ社の固定資産の部から投資有価証券等を取り出し、投資有価証券等と流動資産とを併記する「流投資産型」の１期型財務分析図で事例分析を行った結果、すべて図 7-28 と図 7-29 のように上昇白３型（第２・第３区分右傾上昇型）の理想的な金額の流れとなった。なお、紙幅の都合上 2021 年３月期決算の１期型財務分析図（主要図）を掲げる。

次に、その 2021 年３月決算期における固定資産に占めるＴ社とＨ社の投資有価証券の割合を参考までに比較したところ次のとおりであった。

Ｔ社：投資有価証券率 58.48％ ≒ 投資有価証券 7 兆 2,397 億円 ÷ 固定資産 12 兆 3,790 億円

Ｈ社：投資有価証券率 11.07％ ≒ 投資有価証券 2,062 億円 ÷ 固定資産 1 兆 8,628 億円

Ｔ社のように、固定資産の中に占める投資有価証券の割合が大きいほど（58.48％）、固定比率が高率（101％）になり、また、投資有価証券の保有額が多額で、且つ固定負債が少額の経営体ほど固定長期適合率も高率になる傾向がある。このため、Ｔ社のように固定資産の中に占める投資有価証券の割合が大きく、且つ固定負債が少額の優れた経営体の場合は、流動資産型の１期型財務分析図を適用すると、第２区分から第３区分へ金額が下降する不正常な流れになる。また、固定比率が 100％超の改善の必要ありの数値になるのである。

このように、Ｔ社とＨ社を対象に行った流動資産型の１期型財務分析図と流投資産型の１期型財務分析図の比較をとおして、Ｔ社のように固定資産の中に占める投資有価証券の割合が大きく、固定負債が少額の経営体ほど固定比率や固定長

期適合率が高率化する傾向になること。また、流動資産型の1期型財務分析図を使用すると、第2区分から第3区分へ下降の不正常な流れ図になること。流動資産型ではなく流投資産型の1期型財務分析図を採択する必要性が明らかになった。

　以上、第2章、第3章、第7章をとおして次の流動性ベースの評価基準を得ることができた。

①第1区分の流投資金が◇付きの金額であれば短期および長期の財務状況は良好と評価する。

②第1区分の流投資金が★付きの金額であっても流動負債比率が100％以下（流動資産＞流動負債）であれば短期の財務状況は良好と評価する。

③第1区分の流投資金が★付きの金額で且つ流動負債比率が100％超であれば短期および長期の財務状況は不健全状態と評価する。

　ここまでの考察を踏まえ、次の第8章では諸記号の◇付きの金額、◆付きの金額、☆付きの金額、★付きの金額、矢印によって、「財務状況」の良否を判断する流投資産型の1期型財務分析図による事例分析を行う。併せて、流投資産額以下に総負債額を抑える第1目標、総収益額以下に総費用額を抑える第2目標、損益前資本額以下に固定性資産額を抑える第3目標の達成状況によって目標達成レベルを判断する「目標評価」についても事例分析を行うことにする。

注

1) 青木茂男［2012］340頁

2) 青木茂男［2012］354頁では、有利子負債・EBITDA倍率という用語で「有利子負債・EBITDA倍率は負債とキャッシュ・フローとの関係、返済能力を示す」と紹介されている。

　なお、EBITDA有利子負債倍率によって、有利子負債が「金利支払い前、税金支払い前、減価償却費控除前の利益（EBITDA：Earnings Before Interest Taxes Depreciation and Amortization）」の何年分に相当するかをチェックすることができる。

　＊有利子負債から現金預金を控除した後の負債を用いることもある。EBITDA有利子負債倍率の実務例については次を参照されたい。

　Fund Press（2021）「EBITDA（イービットダー）の意味とは？計算例を用いて徹底解説！」（2022年5月4日参照）

3) ビジドラ（2019年8月公開）

　www.smbc-card.com/hojin/magazine/.../fixed_rate.jsp

　（2021年5月9日参照）では、「固定比率が100％を大きく超えていたとしても、固定長期適合率が100％を下回っていれば、財務状況は安全と判断することができます。」と。また、「固定比率を見

て、100％を大幅に超えるようであれば、固定長期適合率を計算してみましょう。固定比率が100％を超えていても、固定長期適合率が100％を切っていればほぼ問題はありません。」と述べている。

4) トヨタ株式会社『有価証券報告書2021年3月期決算』

https://global.toyota/pages/global_toyota/ir/library/securities-report/archives/archives_2021_03.pdf,193-195頁。

5) 本田技研工業株式会社『有価証券報告書2021年3月期決算』

https://www.honda.co.jp/content/dam/site/www/investors/cq_img/library/report/FY202103_yuho_j.pdf,157-159頁。

第8章 1期型財務分析図（主要図）による事例分析

　第8章では予め1期型財務分析図で財務状況の良否を評価するための流動性ベースの評価基準を掲げ、1期型財務分析図（主要図）の事例分析を行う。

①第1区分の流投資金が◇付きの金額であれば短期および長期の財務状況は良好と評価する。

②第1区分の流投資金が★付きの金額であっても流動負債比率が100％以下（流動資産＞流動負債）であれば短期の財務状況は良好と評価する。

③第1区分の流投資金が★付きの金額で且つ流動負債比率が100％超であれば短期および長期の財務状況は不健全状態と評価する。

　この評価基準に基づく「財務状況の評価」と、流投資産額以下に総負債額を抑える目標、総収益額以下に総費用額を抑える目標、損益前資本額以下に固定性資産額を抑える目標の達成レベルの「総合評価」とに関する事例分析を行う。

第1節　T社の因果図分析—上昇白3型（第2・第3区分右傾上昇型）—

　表8-1は、T社の2022年決算の財務諸表データである[1]。

表8-1　T社の財務諸表データ（2022年3月期決算）

A	流動資産	83,404
A補	内、当座資産	53,748
B	投資有価証券等	74,417
C	流投資産*1	157,821
D	総負債	63,837
D-1	流動負債	47,982
D-2	固定負債	15,855
D補	内、長期性引当金	3,629
E	固定資産	126,506
F	固定性資産*2	52,089
G	期末自己資本	146,073
H	損益前資本*3	129,134
I	総収益	137,593
J	総費用	120,654
K	当期純利益	16,939
L	流投資金＝C－D	93,984
M	自己資金＝H－F	77,045
N	収益資金＝I－J	16,939
O	流投負債比率(%)　＝D/C	40.45%
P	収益費用比率(%)　＝J/I	87.69%
Q	資本固定比率(%)　＝F/H	40.34%

T社の2022年3月期決算の有価証券報告書より筆者作成。
*1：流投資産C＝流動資産A＋投資有価証券等B
*2：固定性資産F＝固定資産E－投資有価証券等B＋繰延資産
*3：損益前資本H＝期末自己資本G－当期純利益K
原則として以下、この計算式は省き、*1、*2、*3の記号だけを付す。
単位は億円で四捨五入処理と端数調整を行っている。

　図8-1は表8-1から作成したＴ社の１期型財務分析図（主要図）である。図は第２区分の収益資金と第３区分の自己資金が、第１区分の流投資金へ上昇している。この上昇図の白３つの記号に着眼し、上昇白３型（第２・第３区分右傾上昇型）ということにする。

図8-1
Ｔ社 2022年3月期決算
上昇白３型（第２・第３区分右傾上昇型）
単位：億円

（借　方）		（貸　方）
流投資産 157,821	流動資産（83,404） 投資有価証券等（74,417） （流動負債比率58％）	流投資金◇ 93,984 流投負債比率 40％	流動負債（47,982） 固定負債（15,855）	総負債 63,837
	総費用（120,654）	収益資金☆ 16,939 収益費用比率 88％	（長期性引当金3,629） 総収益（137,593）	
	固定性資産（52,089）	自己資金☆ 77,045 資本固定比率 40％	損益前資本（129,134）	

残高点検式：流投資金◇ 93,984 ＝収益資金☆ 16,939 ＋自己資金☆ 77,045
第２・第３区分右傾上昇型で総合評価は最上位のＳレベル　　　　　　　　筆者作成

　Ｔ社の図8-1の１期型財務分析図の上昇白３型（第２・第３区分右傾上昇型）は、第２区分の原因ボックスの収益資金の☆１兆6,939億円（黒字額）と、第３区分の原因ボックスの自己資金の☆７兆7,045億円（自己資本の余裕額）との合計◇９兆3,984億円が、結果ボックスの第１区分へ上昇し流投資金◇９兆3,984億円を支えていると読み取る。１期型財務分析図の上昇白３型（第２・第３区分右傾上昇型）の財務状況と目標達成レベルに関する区分評価（下向過程分析）と総合評価（上向過程分析）を説明する。

　Ｔ社の下向過程分析では、図8-1の第１区分の結果ボックスの流投資金が◇付きの金額か、★付きの金額かに着目する。第１区分は流投資産の余裕を意味する流投資金が◇９兆3,984億円（流投資産15兆7,821億円＞総負債６兆3,837億円、流投負債比率は40％）である。「流投資産額以下に総負債額を抑える第１目標」が達成されており、流動性（流投資産と総負債の関係）は良好と区分評価する。図8-1のように流動性は、流動資産（83,404）だけで総負債63,837（流動負債47,982と固定負債15,855）を賄い且つ「投資有価証券等＞固定負債」が理想である。

　第２区分は原因ボックスの第２区分の収益資金が☆付きの金額か、◆付きの金額かに着目する。第２区分は総収益の余裕を意味する収益資金が☆１兆6,939億円（総収益13兆7,593億円＞総費用12兆654億円、収益費用比率88％）であり、「総収益額以下に総費用額を抑える第２目標」は達成されている。収益性（総収

益と総費用の関係）は良好と区分評価する。

　第３区分は原因ボックスの第３区分の自己資金が☆付きの金額か、◆付きの金額かに着目する。第３区分は自己資本の余裕を意味する自己資金が☆７兆7,045億円（損益前資本12兆9,134億円＞固定性資産５兆2,089億円、資本固定比率40％）である。「損益前資本額以下に固定性資産額を抑える第３目標」が達成されているので、投資性（自己資本と固定性資産の関係）は良好と区分評価する。

　次に、Ｔ社の上向過程分析では、三ボックスを総合して財務状況の全体評価と目標達成の全体評価を行う。Ｔ社の第１区分の流投資金は◇付きの金額（◇９兆3,984億円）であり流投資産に余裕がある。第２区分の収益資金は☆付きの金額（☆１兆6,939億円）であり収益に余裕（黒字）がある。第３区分の自己資金は☆付きの金額（☆７兆7,045億円）であり自己資本に余裕がある。このように三実数すべてに余裕があり、三比率も基準値の100％以下である。上向過程分析の結果、流投資金が◇付きの金額であるので経営全体の財務状況は良好と評価する。そして、第１目標の流動性、第２目標の収益性、第３目標の投資性の三目標を達成しているので、目標達成レベルは最上位のＳレベルと総合評価する。

第２節　Ｈ社の因果図分析―上昇白３型（第２・第３区分右傾上昇型）―

　Ｈ社の2022年３月期決算の因果図分析を行う。表8-2は、Ｈ社の2022年決算の財務諸表データである[2)]。

表 8-2　Ｈ社の財務諸表データ（2022年３月期決算）

A	流動資産	20,922
A補	内、当座資産	15,790
B	投資有価証券等	2,172
C	流投資産＊1	23,094
D	総負債	12,073
D-1	流動負債	7,234
D-2	固定負債	4,839
D補	内、長期性引当金	762
F	固定性資産＊2	16,113
G	期末自己資本	27,134
H	損益前資本＊3	22,254
I	総収益	41,066
J	総費用	36,186
K	当期純利益	4,880
L	流投資金＝C－D	11,021
M	自己資金＝H－F	6,141
N	収益資金＝I－J	4,880
O	流投総負債比率（％）＝D/C	52.28%
P	資本固定比率（％）＝F/H	72.40%
Q	収益費用比率（％）＝J/I	88.12%

Ｈ社の2022年３月期決算の有価証券報告書より筆者作成。　　単位億円
単位は億円で四捨五入処理と端数調整を行っている。

　次の図 8-2 は H 社の表 8-2 から作成した１期型財務分析図（主要図）である。図は第２区分の収益資金と第３区分の自己資金が、第１区分の流投資金へ上昇している。この上昇図の白３つの記号に着眼し、上昇白３型（第２・第３区分右傾上昇型）ということにする。１期型財務分析図の上昇白３型（第２・第３区分右傾上昇型）は、第２区分の原因ボックスである収益資金の☆ 4,880 億円と、第３区分の原因ボックスである自己資金の☆ 6,141 億円との合計◇１兆 1,021 億円が、結果ボックスである第１区分へ上昇しの流投資金◇１兆 1,021 億円を支えていると読み取る。

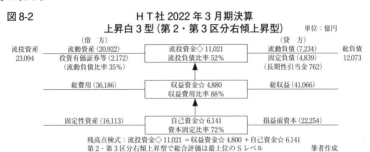

図 8-2　　　　　　　　ＨＴ社 2022 年３月期決算
上昇白３型（第２・第３区分右傾上昇型）

　H 社の１期型財務分析図の上昇白３型（第２・第３区分右傾上昇型）の区分評価（下向過程分析）と総合評価（上向過程分析）を説明する。

　H 社の下向過程分析では、図 8-2 の第１区分の結果ボックスの流投資金が◇付きの金額か、★付きの金額かに着目する。第１区分の流投資金は、流投資産の余裕を意味する◇１兆 1,021 億円（流投資産 23,094 ＞総負債 12,073、流投負債比率は約 52％）である。「流投資産額以下に総負債額を抑える第１目標」が達成されているので、流動性（流投資産と総負債の関係）は良好と区分評価する。H 社の図 8-2 の第１区分で確認できるように、

①流動資産（20,922）だけで総負債 12,073（流動負債 7,234 と固定負債 4,839）をカバーできている。ただし、「投資有価証券等 2,172 ＜固定負債 4,839」である。

②H 社のように「投資有価証券等 2,172 ＜固定負債 4,839」の場合は、その差の 2,667（固定負債を源泉とする資産）が、流動資産 20,922 の中に含まれているのである。そこで、H 社の流動比率を通説に基づいて計算すると 289％（≒流動資産 20,922 ÷流動負債 7,234）となる。しかし、2,667 を流動資産

20,922 から除いて、修正流動比率を計算すると 252％ ÷（流動資産 20,922 －
固定負債源泉の資産 2,667）÷流動負債 7,234 になる。この 252％がH社の流
動比率の実質値と読み取る。因果図分析によって、固定負債源泉の調達資金
を流動資産に含めると流動比率が高率になることを「見える化」できるので
ある。

③また、通説の財務分析では、H社保有の流動資産 20,922 から流動負債 7,234
を差し引いた差の 13,688 は資金繰り上の余裕資金＝「運転資本」とみる。
しかし、②で指摘したように流動資産 20,922 の中に含められている固定負
債源泉の資産 2,667 を控除すると、修正運転資本は（流動資産 20,922 －固定
負債源泉の資産 2,667）－流動負債 7,234 ＝ 11,021 となる。この 11,021 がH
社の資金繰り上の余裕資金の実質額と読み取る。因果図分析によって、固定
負債源泉の資産が流動資産に含められると運転資本が高額になることを「見
える化」できる。

　第1区分の「投資有価証券等＜固定負債」は、経営体の流動比率と運転資
本の実体を分析する上での着眼点の一つである。

第2区分は原因ボックスの第2区分の収益資金が☆付きの金額か、◆付きの金
額かに着目する。第2区分の収益資金は、総収益の余裕を意味する☆ 4,880 億円
（総収益 41,066 ＞総費用 36,186、収益費用比率は約 88％）である。「総収益額以
下に総費用額を抑える第2期目標」が達成されているので、収益性（総収益と総
費用の関係）は良好と区分評価する。

　第3区分は原因ボックスの第3区分の自己資金が☆付きの金額か、◆付きの金
額かに着目する。第3区分の自己資金は、自己資本の余裕を意味する☆ 6,141 億
円（損益前資本 22,254 ＞固定性資産 16,113、資本固定比率は約 72％）である。
「損益前資本額以下に固定性資産額を抑える第3目標」が達成されているので、
投資性（自己資本と固定性資産の関係）は良好と区分評価する。

　次に、H社の上向過程分析では、三ボックスを総合して経営全体の財務状況の
評価と目標全体の評価を行う。H社の第1区分の流投資金は◇付きの金額（◇ 1
兆 1,021 億円）、第2区分の収益資金は☆付きの金額（☆ 4,880 億円）、第3区分
の自己資金は☆付きの金額（☆ 6,141 億円）で三実数すべてに余裕があり、三比
率も基準値の 100％以下である。上向過程分析の結果、H社の流投資金は◇付き

の金額であり、経営全体の財務状況は良好と判断する。また、流投資産額以下に
総負債額を抑える第１目標、総収益額以下に総費用額を抑える第２目標、損益前
資本額以下に固定性資産額を抑える第３目標の三目標すべてを達成しているので、
目標達成レベルは最上位のＳレベルと総合評価する。

第３節　Ｎ社の因果図分析―下降黒３型（第１区分右傾下降型）―

表8-3は、Ｎ社の2022年決算の財務諸表データである[3]。

表8-3　　Ｎ社の財務諸表データ（2022年３月期決算）

A	流動資産	13,785
A補	内、当座資産	4,766
B	投資有価証券等	297
C	流投資産＊1	14,082
D	総負債	32,772
D-1	流動負債	17,165
D-2	固定負債	15,607
D補	内、長期性引当金	933
E	固定資産	36,961
F	固定性資産＊2	36,664
G	期末自己資本	17,974
H	損益前資本＊3	19,118
I	総収益	27,538
J	総費用	28,682
K	当期純損失	▲ 1,144
L	流投資金＝C － D	▲ 18,690
M	自己資金＝H － F	▲ 17,546
N	収益資金＝I － J	▲ 1,144
O	流投総負債比率（％）　＝D/C	232.72%
P	資本固定比率（％）　＝F/H	191.78%
Q	収益費用比率（％）　＝J/I	104.15%

Ｎ社の2022年３月期決算の有価証券報告書より筆者作成。　単位億円
＊3：損益前資本H ＝期末自己資本G ＋当期純損失K
単位は億円で四捨五入処理と端数調整を行っている。

次の図8-3は表8-3から作成したＮ社の１期型財務分析図（主要図）である。
Ｎ社の図は第１区分の流投資金が、第２区分の収益資金と第３区分の自己資金へ
下降している。この下降図の黒３つの記号に着眼し、下降黒３型（第１区分右傾
下降型）ということにする。図は、第２区分の原因ボックスの収益資金が収益不
足（赤字）を意味する◆1,144億円で、第３区分も原因ボックスの自己資金が自
己資本の不足を意味する◆１兆7,546億円である。この両不足をカバーする必要
があり、第１区分の流投資金は負債過多の★１兆8,690億円という結果となり、
第１区分の負債で調達した資金が第２・第３区分へ下降していると読み取る。

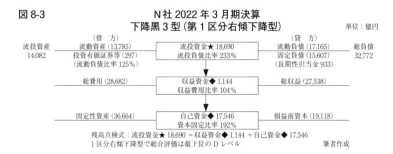

図8-3　Ｎ社 2022 年３月期決算　下降黒３型（第１区分右傾下降型）

1期型財務分析図の下降黒３型（第１区分右傾下降型）の区分評価（下向過程分析）と総合評価（上向過程分析）を説明する。

Ｎ社の下向過程分析では、図8-3の第１区分の結果ボックスの流投資金が◇付きの金額か、★付きの金額かに着目する。第１区分の流投資金は、流投資産の不足を意味する★１兆8,690億円（流投資産 14,082 ＜総負債 32,772、流投負債比率約 233％）である。「流投資産額以下に総負債額を抑える第１目標」が未達成であり、流動性（流投資産と総負債の関係）は改善の必要ありと区分評価する。

なお、Ｎ社の第１区分のように流動資産（13,785）を流動負債（17,165）が超過の時は、その差 3,380（流動負債源泉の資産）は、流動資産以外（第２区分の赤字補填資金または第３区分の固定資産の取得資金）へ使用されたことを意味する（単位：億円）。この場合は、返済期限の短期に到来する第１区分の流動負債源泉の資産が、投下資金の回収に長期間を要する固定資産の取得資金として運用されていないか否かを、第３区分でチェックする必要がある。そこで先ず、第２区分をみると、①第１区分の流動負債源泉の資産 3,380 のうち 1,144 が第２区分の収益資金不足（赤字）▲1,144 をカバーするために下降している。次に、②第１区分の残る流動負債源泉の資産 2,236（＝ 3,380 － 1,144）と固定負債源泉の資産 15,310（固定負債 15,607 － 投資有価証券等 297）の計 17,546 が、第３区分の自己資金不足▲17,546 をカバーするために下降している。つまり、②で返済期限が短期に到来する第１区分の流動負債源泉の資産 2,236 が、第３区分の投下資金の回収に長期間を要する固定資産の取得に運用されていることを確認できる。こうした資金運用に係る問題状況の「見える化」が因果図分析によって可能である。実は、Ｎ社のように返済期限が短期に到来する流動負債源泉の資産を、投下資金の回収に長期間を要する固定資産の取得資金として運用している経営体は少

なくない。こうした問題のある資金運用を防止する意味からも、「流動資産＜流動負債」の場合は短期支払能力を詳細にチェックする必要がある。よって、第１区分が「流動資産＜流動負債」か「流動資産＞流動負債」かは、資金運用の良否を分析する際の着眼点である。

　第２区分は原因ボックスの第２区分の収益資金が☆付きの金額か、◆付きの金額かに着目する。第２区分の収益資金は、総収益の不足を意味する◆1,144億円（総収益27,538＜総費用28,682，収益費用比率約104％）である。「総収益額以下に総費用額を抑える第２期目標」は未達成であるので、収益性（総収益と総費用の関係）は改善の必要ありと区分評価する。

　第３区分は原因ボックスの第３区分の自己資金が☆付きの金額か、◆付きの金額かに着目する。第３区分の自己資金は、自己資本の不足を意味する◆1兆7,546億円（損益前資本19,118＜固定性資産36,664、資本固定比率約192％）である。「損益前資本額以下に固定性資産額を抑える第３目標」は未達成であるので、投資性（自己資本と固定性資産の関係）は改善の必要ありと区分評価する。

　次に、N社の上向過程分析では、三ボックスを総合して経営全体の財務状況の評価と目標全体の評価を行う。第１区分の流投資金は★付きの金額（★1兆8,690億円）、第２区分の収益資金は◆付きの金額（◆1,144億円）、第３区分の自己資金は◆付きの金額（◆1兆7,546億円）で三実数すべてが不足しており、三比率も基準値の100％超である（図8-3の第１区分ボックス、第２区分ボックス、第３区分ボックスを参照）。上向過程分析の結果、N社の第１区分の流投資金は★付きの金額で、且つ流動負債比率は125％（流動資産13,785＜流動負債17,165）であるので、経営全体の財務状況は不健全状態であり三実数、三比率の改善が必要である。また、流投資産額以下に総負債額を抑える第１目標、総収益額以下に総費用額を抑える第２目標、損益前資本額以下に固定性資産額を抑える第３目標の三目標すべてが未達成である。目標達成レベルは最下位のCレベルと総合評価する。三目標の達成に向けて改善が必要である。

第４節　M社の因果図分析—下降黒２型（第１・第２区分右傾下降型）—

　表8-4は、M社の2022年決算の財務諸表データである[4]。

表 8-4　　M社の財務諸表データ（2022 年 3 月期決算）

A	流動資産	11,421
A 補	内、当座資産	7,585
B	投資有価証券等	957
C	流投資産＊1	12,378
D	総負債	12,655
D-1	流動負債	5,510
D-2	固定負債	7,145
D 補	内、長期性引当金	496
E	固定資産	11,856
F	固定性資産＊2	10,899
G	期末自己資本	10,622
H	損益前資本＊3	9,777
I	総収益	24,110
J	総費用	23,265
K	当期純利益	845
L	流投資金＝C－D	▲　277
M	自己資金＝H－F	▲ 1,122
N	収益資金＝I－J	845
O	流投総負債比率 (%)　＝D/C	102.24%
P	資本固定比率 (%)　＝F/H	111.48%
Q	収益費用比率 (%)　＝J/I	96.50%

M 社の 2022 年 3 月期決算の有価証券報告書より筆者作成。　　単位億円
単位は億円で四捨五入処理と端数調整を行っている。

図 8-4 は表 8-4 から作成した M 社の 1 期型財務分析図（主要図）である。

図 8-4

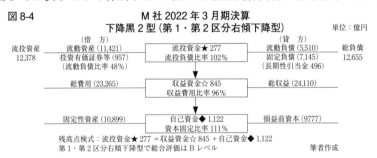

M 社 2022 年 3 月期決算
下降黒 2 型（第 1・第 2 区分右傾下降型）　　単位：億円

M 社の図 8-4 の第 1 区分の流投資金と第 2 区分の収益資金が、第 3 区分の自
己資金へ下降している。この下降図の黒 2 つの記号に着眼し、下降黒 2 型（第
1・第 2 区分右傾下降型）ということにする。図は、第 2 区分の原因ボックスの
収益資金は黒字を意味する☆ 845 億円である。第 3 区分の原因ボックスの自己資
金は自己資本不足を意味する◆ 1,122 億円である。収益資金☆ 845 億円で自己資
金不足◆ 1,122 億円をカバーできなかった差 277 億円をカバーする必要があり、
第 1 区分は負債過多の流投資金★ 277 億円の結果となり、第 1 区分の負債資金★
277 億円と第 2 区分の収益資金☆ 845 が、第 3 区分の自己資金へ下降していると
読み取る。M社の 1 期型財務分析図の下降黒 2 型（第 1・第 2 区分右傾下降型）
の区分評価（下向過程分析）と総合評価（総合過程分析）を説明する。

　下降過程分析では、図8-4の第1区分の結果ボックスの流投資金が◇付きの金額か、★付きの金額かに着目する。第1区分の流投資金は流投資産の不足を意味する★277億円（流投資産12,378＜総負債12,655、流投負債比率は約102％）であり「流投資産額以下に総負債額を抑える第1目標」は未達成であるので、流動性（流投資産と総負債の関係）は改善の必要ありと区分評価する。

　なお、M社の通説に基づく流動比率は207％（≒流動資産11,421÷流動負債5,510）となるので、短期支払能力は健全と映る。また、運転資本は5,911（＝流動資産11,421－流動負債5,510）となるので、資金繰り上の余裕資金5,911が保有されていると映る。しかし、図8-4の第1区分で確認できるように、M社のように「投資有価証券等957＜固定負債7,145」の場合は、その差6,188が流動資産11,421の中に含まれている。この6,188（固定負債が資金源泉）を流動資産から除くと、修正流動比率は（流動資産11,421－固定負債源泉の資産6,188）÷流動負債5,510≒95％となる。また、修正運転資本は（流動資産11,421－固定負債が源泉資産6,188）－流動負債5,510＝▲277とマイナスになる。このように固定負債源泉の資産6,188を流動資産11,421から除いて計算した修正流動比率95％と修正運転資本▲277が、M社の流動性の実質値と読み取る。因果図分析によって、固定負債源泉の資産に支えられた通説の流動比率や運転資本の実体を読み取ることが可能である（単位：億円）。よって、取引相手の流動性分析を行う際は、「流動資産＜流動負債」か否かだけでなく、「投資有価証券等＜固定負債」か否かのチェックも必要である。すなわち、取引相手の第1区分が「流動資産＜流動負債」か「流動資産＞流動負債」のチェックと「投資有価証券等＜固定負債」か「投資有価証券等＞固定負債」かのチェックは、支払能力の良否を分析する際の着眼点である。

　第2区分は原因ボックスの第2区分の収益資金が☆付きの金額か、◆付きの金額かに着目する。第2区分の収益資金は収益の余裕を意味する☆845億円（総収益24,110＞総費用23,265、収益費用比率は約96％）であり「総収益額以下に総費用額を抑える第2期目標」は達成されているので、収益性（総収益と総費用の関係）は良好と区分評価する。

　第3区分は原因ボックスの第3区分の自己資金が☆付きの金額か、◆付きの金額かに着目する。第3区分の自己資金は自己資本の不足を意味する◆1,122億円

（損益前資本 9,777 ＜固定資産 10,899，資本固定比率約 111％）であり「損益前資本額以下に固定性資産額を抑える第 3 目標」は未達成であるので、投資性（自己資本と固定性資産の関係）は改善の必要ありと区分評価する。

　次に、M 社の上向過程分析では、三ボックスを総合して経営全体の財務状況の評価と目標全体の評価を行う。第 1 区分の流投資金は★付きの金額（★ 277 億円）、第 2 区分の収益資金は☆付きの金額（☆ 845 億円）、第 3 区分の自己資金は◆付きの金額（◆ 1,122 億円）である。上向過程分析の結果、M 社では第 2 区分の原因実数の収益資金☆ 845 億円で、第 3 区分の自己資金不足◆ 1,122 億円をカバーできなかった差 277 億円を、第 1 区分の負債で補填したために流投資産不足を意味する流投資金★ 277 億円を結果している。上向過程分析の結果、第 1 区分の流投資金は★付きの金額であるが、流動負債比率が 48％（流動資産 11,421 ＞流動負債 5,510）であるので、経営体の短期の財務状況は良好である。なお、三比率のうち収益費用比率は 96％（＝総費用 23,265 ÷総収益 24,110）で「総収益額以下に総費用額を抑える第 2 目標」は達成されている。しかし、流投負債比率が 102％（＝負債 12,655 ÷流投資産 12,378）であり「流投資産額以下に総負債額を抑える第 1 目標」が未達成である。また、資本固定比率も 111％（＝固定性資産 10,899 ÷損益前資本 9,777）と 100％超であり「損益前資本額以下に固定性資産額を抑える第 3 目標」も未達成である。このように三目標のうち流動性の第 1 目標と投資性の第 3 目標が未達成であるので、目標達成レベルは下位から 2 番目の B レベルと総合評価する。第 1 目標と第 3 目標の達成に向けて改善が必要である。

　ここまでの 1 期型財務分析図（主要図）による因果図分析によって、2022 年決算の T 社と H 社では上昇白 3 型（第 2・第 3 区分右傾上昇型）を、N 社では下降黒 3 型（第 1 区分右傾下降型）を、M 社では下降黒 2 型（第 1・第 2 区分右傾下降型）の説明を行った。続いて、上昇白 2 型（第 3 区分右傾上昇型）、分散白2 型（第 2 区分分散型）、集中黒 2 型（第 2 区分集中型）の順に説明を行う。

第 5 節　Y病院の因果図分析—上昇白 2 型（第 3 区分右傾上昇型）—

　表 8-5 は Y 病院の 2022 年決算の財務諸表データである[5]。

表 8-5　Y 病院の財務諸表データ（2022 年 3 月期決算）

A	流動資産	440,764
A 補	内、当座資産	419,471
B	投資有価証券等	0
C	流投資産＊1	440,764
D	総負債	429,472
D-1	流動負債	106,649
D-2	固定負債	322,823
D 補	内、長期性引当金	225,620
E	固定資産	590,442
F	固定性資産＊2	590,442
G	期末自己資本	601,734
H	損益前資本＊3	606,464
I	総収益	739,965
J	総費用	744,695
K	当期純損失	▲ 4,730
L	流投資金＝C － D	11,292
M	自己資金＝H － F	16,022
N	収益資金＝I － J	▲ 4,730
O	流投総負債比率（％）＝ D/C	97.44％
P	資本固定比率（％）＝ F/H	97.36％
Q	収益費用比率（％）＝ J/I	100.64％

Y 病院の 2022 年 3 月期決算の有価証券報告書より筆者作成。
＊3：損益前資本 H ＝期末自己資本 G ＋当期純損失 K
単位は億円で四捨五入処理と端数調整を行っている。

　図 8-5 は表 8-5 から作成した Y 病院の 1 期型財務分析図（主要図）である。

　この上昇図の白 2 つの記号に着眼し、上昇白 2 型（第 3 区分右傾上昇型）とい
うことにする。図は、第 3 区分の自己資本の余裕を意味する原因ボックスの自己
資金☆ 1 億 6,022 万円が、第 2 区分の赤字を意味する原因ボックスの収益資金◆
4,730 万円をカバーするために上昇し、残余の 1 億 1,292 万円が第 1 区分の結果
ボックスの流投資金へ上昇し、流投資産の余裕を意味する◇ 1 億 1,292 万円を支
えていると読み取る。

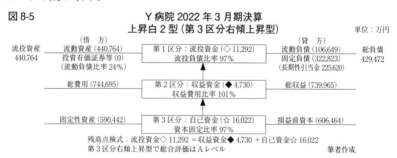

図 8-5　　　　　　　　　　　Ｙ病院 2022 年 3 月期決算
上昇白 2 型（第 3 区分右傾上昇型）　　　　　　　単位：万円

　Y 病院の 1 期型財務分析図の上昇白 2 型（第 3 区分右傾上昇型）の区分評価
（下向過程分析）、総合評価（上向過程分析）を説明する。

　Y 病院の下向過程分析では、第 1 区分の結果ボックスの流投資金が◇付きの金
額か、★付きの金額かに着目する。第 1 区分の流投資金は、流投資産の余裕を意
味する◇ 1 億 1,292 万円（流投資産 44 億 764 万円＞総負債 42 億 9,472 万円、流

投負債比率は約 97％）であり、「流投資産額以下に総負債額を抑える第１目標」
は達成されている。流動性（流投資産と総負債の関係）は良好と区分評価する。

　なお、Ｙ病院の通説に基づく流動比率は 413％（≒流動資産 440,764 ÷ 流動負
債 106,649）と高率である。また、運転資本は 334,115（＝流動資産 440,764 − 流
動負債 106,649）である（単位：万円）。しかし、Ｙ病院の第１区分は「投資有価
証券 0 ＜固定負債 322,823」であるので、固定負債源泉の資産 322,823 が流動資
産 440,764 に含まれていることになる。その 322,823 を流動資産 440,764 から除
くと、Ｙ病院の修正流動比率は（流動資産 440,764 − 固定負債源泉の資産
322,823）÷流動負債 106,649 ≒ 111％へと激減する。また、修正運転資本も（流
動資産 440,764 − 固定負債源泉の資産 322,823）−流動負債 106,649 ＝ 11,292 へと
激減する。こうした固定負債源泉の資産への依存から生じる通説の流動比率の高
率化や運転資本の高額化の状況を、因果図分析によって「見える化」する形で説
明を行うことができるわけである。このように、通説の流動比率や運転資本を検
討する場合に、因果図分析によって取引相手の第１区分が「投資有価証券等＜固
定負債」か「投資有価証券等＞固定負債」かに着眼し、「投資有価証券等＜固定
負債」であれば、修正流動比率や修正運転資本を計算することで、取引相手の短
期支払能力をの良否を正確に分析することが可能になるのである。

　第２区分は原因ボックスの第２区分の収益資金が☆付きの金額か、◆付きの金
額かに着目する。第２区分は、総収益の不足を意味する◆ 4,730 万円（総収益 73
億 9,965 万円＞総費用 74 億 4,695 万円、収益費用比率は約 101％）であり、「総
収益額以下に総費用額を抑える第２目標」は達成されていない。収益性（総収益
と総費用の関係）は改善の必要ありと区分評価する。

　第３区分は原因ボックスの第３区分の自己資金が☆付きの金額か、◆付きの金
額かに着目する。第３区分の自己資金は、自己資本の余裕を意味する☆ 1 億
6,022 万円（損益前資本 60 億 6,464 万円＞固定性資産 59 億 442 万円、資本固定
比率は約 97％）であり、「損益前資本額以下に固定性資産額を抑える第３目標」
は達成されている。投資性（自己資本と固定性資産の関係）は良好と区分評価す
る。

　次に、Ｙ病院の上向過程分析では、三ボックスを総合して経営全体の財務状況
の評価と目標全体の評価を行う。第１区分の流投資金は◇付きの金額（◇ 1 億

1,292万円)、第2区分の収益資金は◆付きの金額（◆4,730万円）、第3区分の
自己資金は☆付きの金額（☆1億6,022万円）である。上向過程分析の結果、原
因実数の自己資金☆1億6,022万円で収益資金不足◆4,730万円カバーし、その
残余の1億6,022万円が第1区分へ上昇し流投資産の余裕を意味する流投資金◇
1億1,292万円を結果している。このように、Y病院の第1区分の流投資金は◇
付きの金額であり、経営全体の財務状況は良好である。三比率のうち、原因比率
の収益費用比率は101％（＝総費用744,695÷総収益739,965）であり「総収益額
以下に総費用額を抑える第2目標」は未達成である。しかし、資本固定比率が
97％（＝固定性資産590,442÷損益前資本606,464）で「損益前資本額以下に固
定性資産額を抑える第3目標」は達成されている。また、流投負債比率も97％
（＝負債429,472÷流投資産440,764）であり「流投資産額以下に総負債額を抑え
る第1目標」も達成されている。三目標のうち、流動性の第1目標と投資性の第
3目標、の二目標が達成されている。ただし、収益性の第2目標の達成に向けて改
善が必要であるので、目標達成レベルは上位から2番目のAレベルと総合評価する。

第6節　M社の因果図分析―分散白2型（第2区分分散型）―

表8-6　　M社の財務諸表分析（2019年3月期決算）

	項　　目	2019年決算
A	流動資産	10,634
A補	内、当座資産	7,887
B	投資有価証券等	590
C	流投資産＊1	11,224
D	総負債	11,137
D-1	流動負債	5,888
D-2	固定負債	5,249
D補	内、長期性引当金	541
E	固定資産	10,998
F	固定性資産＊2	10,408
G	期末自己資本	10,495
H	損益前資本＊3	10,102
I	総収益	27,294
J	総費用	26,901
K	当期純利益＊4	393
L	流投資金＝C－D	87
M	自己資金＝H－F	▲306
N	収益資金＝I－J	393
O	流投総負債比率（%）＝D/C	99.22%
P	資本固定比率（%）＝F/H	103.03%
Q	収益費用比率（%）＝J/I	98.56%

M社の2019年3月期決算の有価証券報告書より筆者作成。
単位は億円で四捨五入処理と端数調整を行っている。

　前掲の表8-6はM社の2019年決算の財務諸表データである[6]。次の図8-6
は表8-6から作成したM社の1期型財務分析図（主要図）である。この分散図

の白 2 つの記号に着眼し、分散白 2 型（第 2 区分分散型）ということにする。図は、第 2 区分の原因ボックスの収益資金は黒字を意味する☆ 393 億円が、第 3 区分の原因ボックスの自己資本不足を意味する自己資金◆ 306 億円をカバーするために下降し、残余の 87 億円が結果ボックスの第 1 区分へ上昇し流投資金◇ 87 億円を支えていると読み取る。

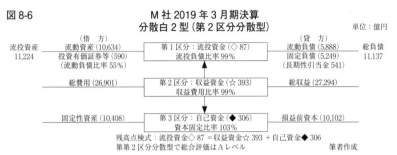

図 8-6　　　　　　　　　　M 社 2019 年 3 月期決算
分散白 2 型（第 2 区分分散型）

M社の 1 期型財務分析図の分散白 2 型（第 2 区分分散型）の区分評価（下向過程分析）と総合評価（上向過程分析）を説明する。

M 社の下向過程分析では、図 8-6 の第 1 区分の結果ボックスの流投資金が◇付きの金額か、★付きの金額かに着目する。第 1 区分の流投資金は、流投資産の余裕を意味する◇ 87 億円（流投資産 1 兆 1,224 億円＞総負債額 1 兆 1,137 億円、流投負債比率は約 99％）である。「流投資産額以下に総負債額を抑える第 1 目標」が達成されており、流動性（流投資産と総負債の関係）は良好と区分評価する。

ただし、M 社の第 1 区分は「投資有価証券 590 ＜固定負債 5,249」であるので、固定負債源泉の資産 4,659（＝ 5,249 － 590）が流動資産 10,634 に含まれていることになる。このため M 社の流動比率は 181％ ＝ 流動資産 10,634 ÷ 流動負債 5,888）となり、運転資本は 4,746 ＝ 流動資産 10,634 － 流動負債 5,888 となる。Y 病院や M 社に限らず固定負債源泉の資金によって「流動比率の水膨れ」や「運転資本の水膨れ」が生じている経営体は少なくない。通説では流動比率（銀行家比率）の健全値は 200％ 程度とされる。しかし、ゴーイングコンサーン（継続事業）中の経営体が抱える流動負債の全額を即時に返済する必要はないと思われる。そこで筆者は、固定負債源泉の資産依存から生じる「流動比率の水膨れ」や「運転資本の水膨れ」への対処策として、流動比率（銀行家比率）との違いを明確す

るためにも流動比率（銀行家比率）に代えて、100％以下を健全値とする「流動
負債比率＝流動負債÷流動資産」を採択する。その際に、第 1 区分が「投資有価
証券＜固定負債」の場合には、流動負債比率＝流動負債÷（流動資産－固定負債
源泉の資産）を計算し、短期支払能力の分析を行う。図 8-11 の M 社の流動負債
比率は 98.54 ％ ≒ 流動負債 5,888 ÷（流動資産 10,634 － 固定負債源泉の資産
4,659）となり、分析比率が 100％以下であるので M 社の支払能力は健全と評価
する。

　なお、通説に基づいて M 社の修正流動比率を計算すると、上掲の 181％が 101
％へと激減する。計算式：修正流動比率 101％ ≒（流動資産 10,634 －固定負債源
泉の資産 4,659）÷流動負債 5,888 である。通説の 200％以上を健全値とする銀行
家比率（流動比率）では、M 社の短期支払能力の評価は不健全となる。しかし、
上述した筆者提示の流動負債比率は 98.54％であり、基準値の 100％以下である
ので短期支払能力は健全と評価する。また、通説に基づいて運転資本を計算する
と、上掲のように 4,746 である。通説では資金繰り上の余裕資金が 4,746 と映る。
しかし、固定負債源泉の資産 4,659 を流動資産から除くと 87 へと激減する。計
算式：修正運転資本 87 ＝（流動資産 10,634 － 固定負債源泉の資産 4,659）－流
動負債 5,888（単位：億円）。この 87 が M 社の実質的な資金繰り上の余裕資金で
あるというのが本書の分析結果である。このように、取引相手の第 1 区分が「投
資有価証券等＜固定負債」か「投資有価証券等＞固定負債」かに着眼することで、
これまで以上に取引相手の支払能力の良否を正確に分析することが可能になる。

　第 2 区分は原因ボックスの第 2 区分の収益資金が☆付きの金額か、◆付きの金
額かに着目する。第 2 区分は総収益の余裕を意味する☆ 393 億円（総収益 2 兆
7,294 億円＞総費用 2 兆 6,901 億円、収益費用比率は約 99％）である。「総収益額
以下に総費用額を抑える第 2 目標」が達成されているので、M社の収益性（総収
益と総費用の関係）は良好と区分評価する。

　第 3 区分は原因ボックスの第 3 区分の自己資金が☆付きの金額か、◆付きの金
額かに着目する。第 3 区分の自己資金は、自己資本の不足を意味する◆ 306 億円
（損益前資本 1 兆 102 億円＞固定性資産 1 兆 408 億円、資本固定比率は約 103％）
である。「損益前資本額以下に固定性資産額を抑える第 3 目標」は未達成である
ので、M 社の投資性（自己資本と固定性資産の関係）は改善の必要ありと区分

評価する。

　次に、M 社の上向過程分析では、三ボックスを総合して経営全体の財務状況の評価と目標全体の評価を行う。第 1 区分の流投資金は◇付きの金額（◇ 87 億円）、第 2 区分の収益資金は☆付きの金額（☆ 393 億円）、第 3 区分の自己資金は◆付きの金額（◆ 306 億円）である。上向過程分析の結果、M 社では原因実数の収益資金☆ 393 億円で自己資金の不足◆ 306 億円カバーし、その残余の 87 億円が第 1 区分へ上昇し流投資産の余裕を意味する流投資金◇ 87 を結果している。健全な流動性基盤に支えられており財務状況は良好である。三比率のうち、原因比率の資本固定比率が 103％（＝固定性資産 10,408 ÷損益前資本 10,102）で「損益前資本額以下に固定性資産額を抑える第 3 目標」は未達成であ。しかし、収益費用比率は 99％（＝総費用 26,901 ÷総収益 27,294）であり「総収益額以下に総費用額を抑える第 2 目標」は達成されている。また、流投負債比率も 99％（＝負債 11,137 ÷流投資産 11,224）と 100％以下であり「流投資産額以下に総負債額を抑える第 1 目標」も達成されている。三目標のうち、流動性の第 1 目標と収益性の第 2 目標、の二目標が達成されている。ただし、投資性の第 3 目標の達成に向けて改善が必要であるので、目標達成レベルは上位から 2 番目の A レベルと総合評価する。

第 7 節　RC 社の因果図分析―集中黒 2 型（第 2 区分集中型）―

表 8-7　RC 社の財務諸表データ（2018 年 3 月期決算）

A	流動資産	3,961
A 補	内、当座資産	1,435
B	投資有価証券等	927
C	流投資産＊1	4,888
D	総負債	5,536
D-1	流動負債	3,951
D-2	固定負債	1,585
D 補	内、長期性引当金	68
E	固定資産	6,395
F	固定性資産＊2	5,468
G	期末自己資本	4,821
H	損益前資本＊3	5,756
I	総収益	8,967
J	総費用	9,902
K	当期純損失	▲ 935
L	流投資金＝ C － D	▲ 648
M	自己資金＝ H － F	288
N	収益資金＝ I － J	▲ 935
O	流投総負債比率（％）＝ D/C	113.24％
P	資本固定比率（％）＝ F/H	95.00％
Q	収益費用比率（％）＝ J/I	110.43％

RC 社の 2018 年 3 月期決算の有価証券報告書より筆者作成。
＊3：損益前資本 H ＝期末自己資本 G ＋当期純損失 K
単位は億円で四捨五入処理と端数調整を行っている。

　表 8-7 は RC 社の 2018 年決算の財務諸表データである[7]。次の図 8-7 は表 8-7 から作成した RC 社の 1 期型財務分析図（主要図）である。この集中図の黒 2 つの記号に着眼し、集中黒 2 型（第 2 区分集中型）ということにする。図は、第 3 区分の原因ボックスの自己資金は自己資本の余裕を意味する☆ 287 億円で、第 2 区分の原因ボックスの収益資金の不足を意味する◆ 935 億円をカバーできず、不足 648 億円を負債に依存したために、結果ボックスの第 1 区分の流投資金が流投資産の不足を意味する★ 648 億円を結果したと読み取る。

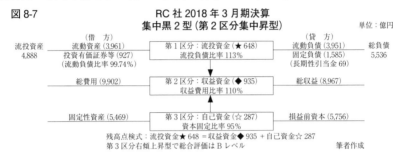

図 8-7　　　　　　　　　　　RC 社 2018 年 3 月期決算
　　　　　　　　　　　　集中黒 2 型（第 2 区分集中昇型）　　　　　　単位：億円

　RC 社の 1 期型財務分析図の集中黒 2 型（第 2 区分集中型）の区分評価（下向過程分析）と総合評価（上向過程分析）を説明する。

　RC 社の下向過程分析では、第 1 区分の結果ボックスの流投資金が◇付きの金額か、★付きの金額かに着目する。第 1 区分の流投資金は、流投資産の不足を意味する★ 648 億円（流投資産 4,888 億円＞総負債 5,536 億円、流投負債比率は約 113%）である。「流投資産額以下に総負債額を抑える第 1 目標」は未達成であるので、流動性（流投資産と総負債の関係）は改善の必要ありと区分評価する。

　なお、通説に基づいて計算した① RC 社の流動比率は 100.25 ％ = 流動資産 3,961 ÷流動負債 3,951）となる。通説に基づけば RC 社の短期支払能力は著しく不健全との評価になる。また、②運転資本は 10 = 流動資産 3,961 −流動負債 3,951 となり、通説でみる資金繰り上の余裕資金 10 が僅かに保有されていることになる。ただし、その両数値は、RC 社の第 1 区分が「投資有価証券 927 ＜固定負債 1,585」であるので、その差である固定負債源泉の資産 658（= 1,585 − 927）が、流動資産 3,961 に含まれていることになる。そこで、この固定負債源泉の資産 658 を流動資産から除くと、修正流動比率は 84％へと減少するので、RC 社の短期支払能力は上記の①よりももっと不健全であると読み取る。計算

式：修正流動比率 84％ ÷（流動資産 3,961 − 固定負債源泉の資産 658）÷ 流動負債 3,951。この通説に基づく短期支払能力の読み取りに代えて、筆者提示の流動負債比率で読み取りを行うと次のようになる。流動負債比率は 120％ ÷ 流動負債 3,951 ÷（流動資産 3,961 − 固定負債源泉の資産 658）となる。流動資産 100 に対して流動負債 120 を抱えている状態であると読み取る。また、運転資本は▲ 648 ＝（流動資産 3,961 − 固定負債源泉の資産 658）− 流動負債 3,951 となる。資金繰り上の余裕資金は上記②の 10 ではなく、運転資本はマイナス（▲ 648）であり、厳しい資金繰り状況にあると読み取ることができる。

　　第 2 区分は原因ボックスの第 2 区分の収益資金が☆付きの金額か、◆付きの金額かに着目する。第 2 区分は、総収益の不足を意味する◆ 935 億円（総収益 8,967 億円＞総費用 9,902 億円、収益費用比率は約 110％）である。「総収益額以下に総費用額を抑える第 2 目標」は未達成であるので、収益性（総収益と総費用の関係）は改善の必要ありと区分評価する。

　　第 3 区分は原因ボックスの第 3 区分の自己資金が☆付きの金額か、◆付きの金額かに着目する。第 3 区分の自己資金は、自己資本の余裕を意味する☆ 287 億円（損益前資本 5,736 億円＞固定性資産 5,469 億円、資本固定比率は約 95％）である。「損益前資本額以下に固定性資産額を抑える第 3 目標」は達成されているので、投資性（自己資本と固定性資産の関係）は良好と区分評価する。

　　次に、RC 社の上向過程分析では、三ボックスを総合して経営全体の財務状況の評価と目標全体の評価を行う。第 1 区分の流投資金は★付きの金額（★ 648 億円）、第 2 区分の収益資金は◆付きの金額（◆ 935 億円）、第 3 区分の自己資金は☆付きの金額（☆ 287 億円）である。上向過程分析の結果、RC 社の原因実数の自己資金の余裕☆ 287 億円で、収益資金の不足◆ 935 億円をカバーできず、その不足の 648 億円を負債に依存したために第 1 区分は流投資産の不足を意味する流投資金★ 648 億を結果している。このように、第 1 区分の流投資金は★付きの金額であるが、流動負債比率が 100％以下（流動資産 3,961 ＞流動負債 3,951）であるので、短期の財務状況は良好である。三比率のうち、原因比率の資本固定比率は 95％（＝固定性資産 5,469 ÷ 損益前資本 5,756）で「損益前資本額以下に固定性資産額を抑える第 3 目標」は達成されている。しかし、収益費用比率は 110％（＝総費用 9,902 ÷ 総収益 8,967）であり「総収益額以下に総費用額を抑える第 2 目

標」は未達成であ。また、流投負債比率も113%（＝負債5,536÷流投資産4,888）と100%超であり「流投資産額以下に総負債額を抑える第1目標」も未達成である。三目標のうち、流動性の第1目標と収益性の第2目標、の二目標達成に向けて改善が必要であるので、目標達成レベルは下位から2番目のBレベルと総合評価する。

第8章の結びに代えて

　この第8章では、流投資産型の1期型財務分析図（主要図）による下向過程分析と上向過程分析からなる因果図分析を行い、次の六類型の1期型財務分析図（主要図）の存在を確認することができた。

①T社とH社の2022年3月期決算で上昇白3型（第2・第3区分右傾上昇型）
②M社の2019年3月期決算で分散白2型（第2区分分散型）
③Y病院の2022年3月期決算で上昇白2型（第3区分右傾上昇型）
④M社の2022年3月期決算で下降黒2型（第1・第2区分右傾下降型）
⑤RC社の2018年3月期決算で集中黒2型（第2区分集中型）
⑥N社の2022年3月期決算で下降黒3型（第1区分右傾下降型）

　この事例分析をとおして、経営体の外部観察者であっても、諸記号の◇、◆、☆、★、矢印、残高点検式を組み込んだ1期型財務分析図（主要図）で「見える化」された財務状況に基づいて、「流投資産額以下に総負債額を抑える第1目標」、「総収益額以下に総費用額を抑える第2目標」、「損益前資本額以下に固定性資産額を抑える第3目標」の達成有無を、視覚的に把握することが可能になった。また、以下についても視覚的な把握＝見える化などが可能になったと言える。

　ア：通説では、流動資産と流動負債の差である運転資本は資金繰り上の余裕資金とされる。ただし、流動負債源泉の資産とともに固定負債源泉の資産が流動資産の中に含められることで、運転資本が水膨れ（高額化）する。そこで、因果図としての財務分析図を導入し、負債過多依存による運転資本の水膨れ実体を「見える化」するとともに、「修正運転資本＝（流動資産－固定負債源泉の資産）－流動負債」という計算式を用いて、実質的な流動比率や資金繰り上の余裕資金の見方について説明を行った。

　イ：退職給付引当金をはじめとする長期性引当金や減価償却累計額に対応する資産が「固定資産の部」に計上されずに、「流動資産の部」に計上される

と、通説の流動比率が水膨れ（高率）になる。そこで、因果図としての財
務分析図を導入し、固定負債依存による通説の流動比率の水膨れ（高率
化）の実体を「見える化」するとともに、通説の流動比率の修正計算によ
る説明を行った。その上で、通説の流動比率に代えて新比率の「流動負債
比率」を提示し、通説では説明できない、見えない取引相手の短期支払能
力の実体を「流動負債比率＝流動負債÷（流動資産－固定負債源泉の資
産）」という計算式を用いて新たな説明を行った。

ウ：返済期限の短期に到来する流動負債源泉の資金が、回収に長期間を要する
固定資産の取得に運用されている事例を紹介し、この問題のある資金運用
の実体の「見える化」が因果図としての財務分析図の導入によって可能に
なった。具体的には、「流動資産＜流動負債」であれば、財務分析図の第
1区分と第3区分をチェックすることで、問題のある資金運用が行われい
るか否かの確認を行えることを明らかにした。

エ：職員持分の「退職給付引当金」などの長期性引当金に対応する資産が流動
資産の中に含まれると、流動比率の高率化、固定比率の低率化、運転資本
の水膨れ（高額化）などが生じるだけでなく、長期特定資産として拘束す
べき資産が運転資本と誤解され、職員持分の資産が転用される懸念が生じ
る。こうした懸念の未然防止、あるいは読み取りに財務分析図が役立つこ
とを明らかにすることができた。

　以上の1期型財務分析図の事例分析を踏まえ、次の第9章では、「2期型財務
分析図（補助図）」で可視化された2会計期間比較による財務変動状況と、「1期
型財務分析図（主要図）」で可視化された1会計期間の財務状況とを関係づけ、
観察対象の経営体と取引を行う場合の取引方針の選択過程などの「見える化」に
ついて論じることにする。

注
1）トヨタ株式会社『有価証券報告書2022年3月期決算』
https://global.toyota/pages/global_toyota/ir/library/securities-report/archives /
archives_2022_03.pdf.175-177頁。
2）本田技研工業株式会社『有価証券報告書2022年3月期決算』
https://www.honda.co.jp/content/dam/site/www/investors/cq_img/library/report/FY202203_

yuho_j.pdf,163-165 頁。

3）日産自動車株式会社『有価証券報告書 2022 年 3 月期決算』

https://www.nissan-global.com/JP/IR/LIBRARY/FR/2021/ASSETS/PDF/fr2021.pdf,130-133
頁。

4）マツダ株式会社『有価証券報告書 2022 年 3 月期決算』

https://www.mazda.com/globalassets/ja/assets/investors/library/s-report/files/f_repo220627.
pdf,92-94 頁。

5）①マツダ株式会社『有価証券報告書 2019 年 3 月期決算』

https://www.mazda.com/globalassets/ja/assets/investors/library/s-report/files/f_repo190627.
pdf,87-89 頁。

6）公立八女総合病院企業団『業務状況報告書 2022 年 3 月期決算』

https://hosp-yame.jp/wp-content/uploads/2022/07/20220711_ simohankigyo9mujokyohokokusyo
_hp.pdf（2022 年 9 月 24 日参照）8-9 頁。

7）リコー株式会社「有価証券 2018 年 3 月期決算」

https://jp.ricoh.com/IR/securities_report,130-132 頁。

（2022 年 12 月 17 日参照）

| 第9章 | 財務分析図による
財務状況の良否、目標達成レベル、取引方針の可視化 |

　財務諸表分析は、先行研究による比率分析、実数分析、資金運用表分析、資金流図分析などを経て現在に至っている[1]。こうした先行研究からの学びに基づき、第4章と第5章での2期型の資金流図と財務状況変動図の考察を踏まえて、第6章では事例分析を行い六タイプの2期型財務分析図で可視化された財務変動状況の評価について考察を行った。次に、第7章での1期型財務分析図の予備的考察を踏まえ、第8章では事例分析を行い六タイプの1期型財務分析図で可視化された財務状況の評価、三目標達成レベルの評価について考察を行った。

　以上の考察を一体化し、この第9章では六タイプの1期型財務分析図（主要図）と、これに関連する六タイプの2期型財務分析図（補助図）を関係づけ、財務状況の評価、目標達成レベルの評価、取引方針の選択過程の可視化について統合的に考察を行う。なお、1期型財務分析図で可視化された財務状況の良否を評価するための流動性ベースの評価基準は次のア、イ、ウのとおりである。

ア：1期型財務分析図の第1区分の流投資金が◇付きの金額であれば短期および長期の財務状況は良好と評価する。

イ：1期型財務分析図の第1区分の流投資金が★付きの金額であっても、流動負債比率が100%以下（流動資産＞流動負債）であれば短期の財務状況は良好と評価する。

ウ：1期型財務分析図の第1区分の流投資金が★付きの金額で且つ流動負債比率が100%超であれば短期および長期の財務状況は不健全状態と評価する。

　これに加えて、これまでの考察から得られた知見に基づく、次の取引方針の選択基準の①②③④⑤を予め掲げる。

①三目標の目標達成レベルがSレベルとAレベルの経営体は、流動負債比率が100%以下であれば、2会計期間比較による2期型財務分析図の財務変動状況の好転、後退に関係なく取引方針は「取引拡大」とする。

②三目標の目標達成レベルがBレベルの経営体は、流動負債比率が100%以下であれば「現状維持」を原則とする。ただし、2会計期間比較による2期型財務分析図の財務変動状況が好転の時は「取引拡大」とする。

③三目標の目標達成レベルがＢレベルの経営体で、流動負債比率が100％超の時は「取引縮小」を原則とする。ただし、2会計期間比較による2期型財務分析図の財務変動状況が好転時は「現状維持」とする。

④三目標の目標達成レベルがＣレベルの経営体で、流動負債比率が100％超の時は「取引撤退」を原則とする。ただし、2会計期間比較による2期型財務分析図の財務変動状況の好転時は「取引縮小」とする。

⑤2会計期間比較による2期型財務分析図の流投資金が◇付きの金額であれば財務変動状況は「好転」とし、★付きの金額であれば「後退」とする。

　そこで以下では、六タイプの1期型財務分析図（主要図）および2期型財務分析図（補助図）による事例分析をとおして、経営体の財務状況の良否、目標達成レベル、取引方針選択過程などの可視化に取り組むことにする。

第1節　因果図分析によるＨ社の財務状況、目標達成レベル、取引方針の可視化

　図9-1はＨ社の2022年3月期決算で確認できた1期型財務分析図（主要図）の上昇白3型（第2・第3区分右傾上昇型）である。

図 9-1

Ｈ社 1期型財務分析図（主要図）
上昇白3型（第2・第3区分右傾上昇型）

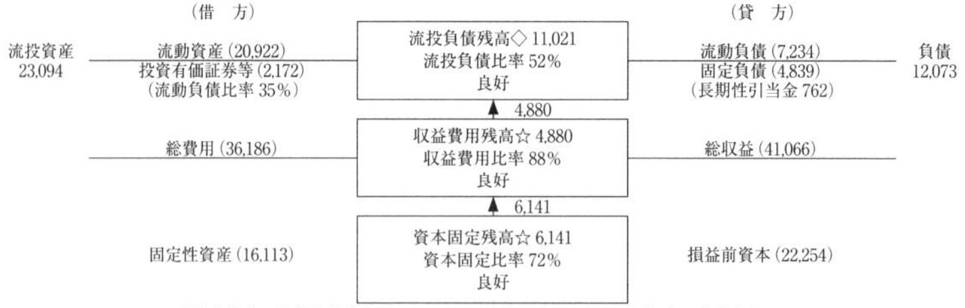

残高点検式：流投負債残高◇ 11,021 ＝収益費用残高☆ 4,800 ＋資本固定残高☆ 6,141
第2・第3区分右傾上昇型の目標達成レベル：最上位Ｓレベル（三目標すべて達成）
Ｈ社の2022年3月期決算の有価証券報告書より筆者作成

　図9-1は、矢印が第2区分ボックスの収益資金の白星☆付きの金額（☆ 4,880）と第3区分ボックスの自己資金の白星☆付きの金額（☆ 6,141）から、第1区分ボックスの流投資金の白ダイヤ◇付きの金額（◇ 11,021）へ流れるケースである。上昇図の白3つの記号に着眼し、上昇白3型（第2・第3区分右傾上昇型）ということにする。この図による財務状況の評価、総合評価、取引方針の選択は以下のように行う。なお、Ｈ社と同様にＴ社も上昇白3型（第2・第3区分右傾上昇型）であり、説明の主要点が重複するので紙幅の都合上、Ｔ社の説明は割愛する。

第 1 項　Ｈ社の 1 期型財務分析図・上昇白 3 型の第 1 区分の区分評価

　Ｈ社 2022 年決算の図 9-1 の上昇白 3 型（第 2・第 3 区分右傾上昇型）の第 1 区分の流投資金ボックスは◇ 11,021 である。流投資産 23,094 が総負債 12,073 を◇ 11,021 上回っている（第 1 区分が借方超の時は金額に◇を付し、貸方超の時は★を付す）。流投資金に余裕◇ 11,021 が生じたケースで、流投資産額以下に総負債額額を抑える第 1 目標は達成されている。Ｈ社の流投資金の状況（流投資産と総負債の関係でみる流動性）は良好と区分評価する。これを区分評価基準 1-Ａ ということにする。

第 2 項　Ｈ社の 1 期型財務分析図・上昇白 3 型の第 2 区分の区分評価

　第 2 区分の収益資金ボックスは☆ 4,880 である（第 2 区分が借方超の時は◆を付し、貸方超の時は☆を付す）。収益 41,066 が費用 36,186 を☆ 4,880 上回っている。収益資金に余裕☆ 4,880 が生じたケースで、総収益額以下に総費用額を抑える第 2 目標は達成されている。収益資金の状況（総収益と総費用の関係でみる収益性）は良好と区分評価する。これを区分評価基準 2-Ａ ということにする。

第 3 項　Ｈ社の 1 期型財務分析図・上昇白 3 型の第 3 区分の区分評価

　第 3 区分の自己資金ボックスは☆ 6,141 である（第 3 区分が借方超の時は◆を付し、貸方超の時は☆を付す）。損益前資本（自己資本）22,254 が固定性資産 16,113 を☆ 6,141 上回っている。自己資本に余裕☆ 6,141 が生じたケースで、損益前資本額以下に固定性資産額を抑える第 3 目標は達成されている。自己資金の状況（損益前資本＝自己資本と固定性資産の関係でみる投資性）は良好と区分評価する。これを、区分評価基準 3-Ａ ということにする。

第 4 項　Ｈ社の 1 期型財務分析図・上昇白 3 型の総合評価

　Ｈ社の 2022 年 3 月期決算の図 9-1 の上昇白 3 型（第 2・第 3 区分右傾上昇型）の場合、原因ボックスの第 2 区分の収益資金は収益に余裕（黒字決算）が☆ 4,880 あり、総収益額以下に総費用額を抑える第 2 目標は達成されている。また、第 3 区分の自己資金は自己資本に余裕が☆ 6,141 あり、損益前資本額以下に固定性資産額を抑える第 3 目標は達成されている。収益資金の☆ 4,880 と自己資金の

☆ 6,141 の合計が結果ボックスの第１区分の流投資金の余裕◇ 11,021 を結果して
おり、流投資産額以下に総負債額を抑える第１目標は達成されている。評価基準
アの「１期型財務分析図の第１区分の流投資金が◇付きの金額であれば短期およ
び長期の財務状況は良好と評価する」に基づき、H社の経営全体の財務状況は良
好と評価し、目標達成レベルは理想の最上位「Ｓレベル」と評価する。この三目
標の達成を根拠にＳレベルとする評価基準を「総合評価基準１」ということにする。

第５項　財務分析図を用いた因果図分析による取引方針の可視化

　第４項で説明したようにH社の１期型財務分析図（主要図）の目標達成レベル
は、最上位のＳレベル評価である。その根拠は次のとおりである。

１：第１区分の流投資金の余裕額は◇ 11,021 で、流投負債比率は 52％（≒負債
　　12,073 ÷流投資産 23,094）であり「流投資産額以下に総負債額を抑える第１
　　目標」が達成されている。

２：収益資金の余裕額は☆ 4,880 で、収益費用比率は 88％（≒総費用 36,186 ÷
　　総収益 41,066）であり「総収益額以下に総費用額を抑える第２目標」が達成
　　されている。

３：自己資金の余裕額は☆ 6,141 で、資本固定比率は 72％（≒固定性資産 16,113
　　÷損益前資本 22,254）であり「損益前資本額以下に固定性資産額を抑える第
　　３目標」が達成されている。

　このように、H社は三目標のすべてを達成しており目標達成レベルは理想の最
上位Ｓレベルである。加えて、流動負債比率は 35％（≒流動負債 7,294 ÷流動資
産 20,922）である。この結果、H社の場合は取引方針の選択基準①の「三目標達
成の全体評価がＳレベルとＡレベルの経営体は、流動負債比率が 100％以下であ
れば、２会計期間比較による２期型財務分析図の財務変動状況の好転、後退に関
係なく取引方針は取引拡大とする」に該当する。よって、2022 年３月期決算を
踏まえた当該経営体との取引方針は「取引拡大」が選択されることになる。

　なお、参考までにH社の 2021-2022 年３月期決算の２期型財務分析図（補助
図）は、次の図 9-2 のように上昇白３型（第２・第３区分右傾上昇型）である。
２期型財務分析図の第２区分の収益資金は、☆ 1,146 の増加、第３区分の自己資
金は☆ 1,734 の増加、合計 2,880 が第１区分へ上昇し流投資金の増加◇ 2,880 を

支えている。取引方針の評価基準⑤の「２会計期間比較による２期型財務分析図の流投資金が◇付きの金額であれば財務変動状況は好転とし、★付きの金額であれば後退とする」に基づき、流投資金が◇付きの金額であるので、Ｈ社の財務変動状況は対前期比で好転していると評価する。

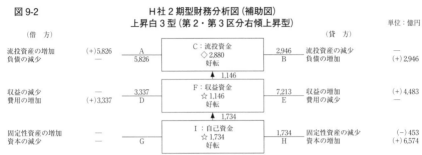

図 9-2　　　　　　　　　　　Ｈ社２期型財務分析図（補助図）
上昇白３型（第２・第３区分右傾上昇型）　　　　　　　　　単位：億円

残高点検式：流投資金◇6,438 ＝収益資金☆ 559 ＋自己資金☆5,879
Ｈ社有価証券報告書の2021年３月期決算と2022年３月期決算より筆者作成

以上のように、１期型財務分析図では比率、実数、資金状況の良好などが可視化されている。２期型財務分析図でも実数、好転等が可視化されている。

第２節　因果図分析によるＹ病院の
財務状況、目標達成レベル、取引方針の可視化

図 9-3 はＹ病院の 2022 年３月期決算で確認できた１期型財務分析図（主要図）の上昇白２型（第３区分右傾上昇型）である。

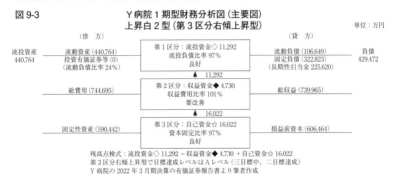

図 9-3　　　　　　　　Ｙ病院１期型財務分析図（主要図）
上昇白２型（第３区分右傾上昇型）　　　　　　　　単位：万円

残高点検式：流投資金◇ 11,292 ＝収益資金◆ 4,730 ＋自己資金☆ 16,022
第３区分右傾上昇型で目標達成レベルはＡレベル（三目標中、二目標達成）
Ｙ病院の 2022 年３月期決算の有価証券報告書より筆者作成

Ｙ病院の図 9-3 では、矢印が第３区分の白い☆付きの金額（☆ 16,022）から第２区分の黒い◆付きの金額（◆ 4,730）と第１区分の白い◇付きの金額（◇ 11,292）へ流れるケースである。第３区分の自己資金ボックスの☆ 16,022 から第

２区分の収益資金ボックスの◆ 4,730 と第１区分の流投資金ボックスの◇ 11,292
へ向かって矢印が上昇している。この上昇図の白２つの記号に着眼し、上昇白２
型（第３区分右傾上昇型）ということにする。この図による財務状況の評価、総
合評価、取引方針の選択は以下のように行う。

第１項　Y病院の１期型財務分析図・上昇白２型の第１区分の区分評価

　　Y病院 2022 年３月期決算の図 9-3 の上昇白２型（第３区分右傾上昇型）の第
１区分の流投資金ボックスは◇ 11,292 である。流投資産 440,764 が総負債 429,472
を◇ 11,292 上回っている。流投資金に余裕◇ 11,292 が生じたケースで、流投資
産額以下に総負債額を抑える第１目標は達成されている。既述の区分評価基準 1
−A に該当し、Y病院の流投資金の状況（流投資産と総負債の関係でみる流動
性）は良好と区分評価する。

第２項　Y病院の１期型財務分析図・上昇白２型の第２区分の区分評価

　　第２区分の収益資金ボックスは◆ 4,730 である。総収益 739,965 が総費用
744,695 を◆ 4,730 下回っている。収益資金の不足◆ 4,730 が生じたケースで、総
収益額以下に総費用額を抑える第２目標は達成されていない。収益資金の状況
（総収益と総費用の関係でみる収益性）は改善の必要があり不健全状態と区分評
価する。これを区分評価基準 2−B ということにする。

第３項　Y病院の１期型財務分析図・上昇白２型の第３区分の区分評価

　　第３区分の自己資金ボックスは☆ 16,022 である。損益前資本 606,464 が固定性
資産 590,442 を☆ 16,022 上回っている。自己資金に余裕☆ 16,022 が生じたケー
スで、損益前資本額以下に固定性資産額を抑える第３目標は達成されている。既
述の区分評価基準 3−A に該当し、自己資金の状況（損益前資本＝自己資本と固
定性資産の関係でみる投資性）は良好と区分評価する。

第４項　Y病院の１期型財務分析図・上昇白２型の総合評価

　　Y病院 2022 年３月期決算の図 9-3 の上昇白２型（第３区分右傾上昇型）の場
合、第３区分の自己資金は自己資本に余裕が☆ 16,022 あり、損益前資本額以下

に固定性資産額を抑える第3目標は達成されている。しかし、第2区分の原因ボックスの収益資金は収益不足（赤字決算）が◆ 4,730 であり、総収益額以下に総費用額を抑える第2目標が未達成である。原因実数の自己資金☆ 16,022 が収益資金◆ 4,730 をカバーし、その残余の 11,292 が結果ボックスの第1区分へ上昇し、流投資金の余裕◇ 11,292 を結果している。評価基準アの「1期型財務分析図の第1区分の流投資金が◇付きの金額であれば短期および長期の財務状況は良好と評価する」に基づき、流投資金は◇付きの金額であるので、Y病院の経営全体の財務状況は良好と評価する。流投資産額以下に総負債額を抑える第1目標は達成されている。ただし、三目標のうち第2目標の収益性の達成へ向けて改善が必要であり、目標達成レベルは上位から2番目の「Aレベル」と全体評価する。三目標のうち第1目標の流動性と第3目標の投資性が達成されていることを根拠にAレベルとする評価基準を「総合評価基準2」ということにする。

第5項　財務分析図を用いた因果図分析による取引方針の検討

　第4項で説明したようにY病院の1期型財務分析図（主要図）の目標達成レベルは、上位から2番目の「Aレベル」評価である。その根拠は次のとおりである。

1：第1区分の流投資金の余裕額は◇ 11,292 で、流投負債比率は97％（≒負債 429,472 ÷流投資産 440,764）であり「流投資産額以下に総負債額を抑える第1目標」は達成されている。

2：収益資金の不足額は◆ 4,730 で、収益費用比率は101％（≒総費用 744,695 ÷総収益 739,965）であり「総収益額以下に総費用額を抑える第2目標」は未達成である。

3：自己資金の余裕額は☆ 16,022 で、資本固定比率は97％（≒固定性資産 590,442 ÷損益前資本 606,464）であり「損益前資本額以下に固定性資産額を抑える第3目標」は達成されている。

　よって、H社は三目標のうち第1目標の流動性と第3目標の投資性を達成しているが、第2目標の収益性は未達成である。三目標のうち二目標が達成されているので、目標達成レベルは上位から2番目のAレベルである。なお、流動負債比率は24％（≒流動負債 106,649 ÷流動資産 440,764）である。

　M社は取引方針の選択基準①の「三目標達成の全体評価がSレベルとAレベ

ルの経営体は、流動負債比率が100%以下であれば、2会計期間比較による2期型財務分析図の財務変動状況の好転、後退に関係なく取引方針は取引拡大とする」に該当する。よって、2022年3月期決算を踏まえた当該経営体との取引方針は「取引拡大」が選択されることになる。

なお参考までに、Y病院の2021-2022年3月期決算の2期型財務分析図（補助図）は、図9-4のように集中黒2型（第2区分集中型）である。

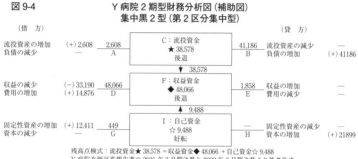

図9-4　　　　　Y病院2期型財務分析図（補助図）
集中黒2型（第2区分集中型）

残高点検式：流投資金★38,578＝収益資金◆48,066＋自己資金☆9,488
Y病院有価証券報告書の2021年3月期決算と2022年3月期決算より筆者作成

図9-4の2期型財務分析図の集中黒2型（第2区分集中型）は、第3区分の自己資金は増加☆9,488である。しかし、この☆9,488で第2区分の収益資金の減少◆48,066を補填できず、差額の38,578を第1区分の負債で補填したために負債過多を意味する流投資金の減少★38,578となった。この結果、2期型の評価基準⑤の「2会計期間比較による2期型財務分析図の流投資金が◇付きの金額であれば財務変動状況は好転とし、★付きの金額であれば後退とする」に基づき、流投資金が★付きの金額であるのでY病院の財務変動状況は対前期比で後退していると評価する。

第3節　因果図分析によるM社の財務状況、目標達成レベル、取引方針の可視化

次掲の図9-5は、M社の2019年3月期決算の事例分析で確認できた1期型財務分析図（主要図）の分散白2型（第2区分分散型）である。図9-5は、矢印が第2区分の収益資金ボックスの☆393から第1区分の流投資金ボックスの◇87と第3区分の自己資金ボックスの◆306へ矢印が上下に分散している。分散図で白2つの記号に着眼し、分散白2型（第2区分分散型）ということにする。

この図による財務状況の評価、総合評価、取引方針の選択は以下のように行う。

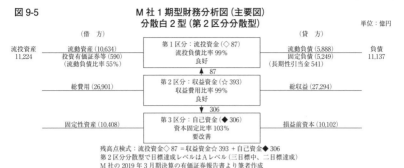

図9-5

M 社 1 期型財務分析図（主要図）
分散白 2 型（第 2 区分分散型）

単位：億円

第2区分分散型で目標達成レベルはAレベル（三目標中、二目標達成）
M 社の 2019 年 3 月期決算の有価証券報告書より筆者作成

第 1 項　M 社の 1 期型財務分析図・分散白 2 型の第 1 区分の区分評価

　M 社 2019 年 3 月期決算の図 9-5 の分散白 2 型（第 1 区分分散型）の第 1 区分の流投資金ボックスは◇ 87 である。流投資産 11,224 が総負債 11,137 を◇ 87 上回っている。流投資金に余裕◇ 87 が生じたケースで、流投資産額以下に総負債額を抑える第 1 目標は達成されている。既述の区分評価基準 1-A に該当し、流投資金の状況（流投資産と総負債の関係でみる流動性）は良好と区分評価する。

第 2 項　M 社の 1 期型財務分析図・分散白 2 型の第 2 区分の区分評価

　第 2 区分の収益資金ボックスは☆ 393 である。総収益 27,294 が総費用 26,901 を☆ 393 上回っている。収益資金に余裕☆ 393 が生じたケース（黒字決算）で、総収益額以下に総費用額を抑える第 2 目標は達成されている。既述の区分評価基準 2-A に該当し、収益資金の状況（総収益と総費用の関係でみる収益性）は良好と区分評価する。

第 3 項　M 社の 1 期型財務分析図・分散白 2 型の第 3 区分の区分評価

　M 社の第 3 区分の自己資金ボックスは◆ 306 である。損益前資本 10,102 が固定性資産 10,408 を◆ 306 下回っている。自己資金不足◆ 306 が生じたケースで、損益前資本額以下に固定性資産額を抑える第 3 目標が未達成である。自己資金の状況（損益前資本と固定性資産の関係でみる投資性）は改善が必要であり不健全状態と区分評価する。これを区分評価基準 3-B という。

第4項　M社の1期型財務分析図・分散白2型の総合評価

　M社2019年3月期決算の図9-5の分散白2型（第2区分分散型）の場合、原因ボックスの第2区分の収益資金は収益に余裕（黒字決算）のある☆393であり、総収益額以下に総費用額を抑える第2目標は達成されている。しかし、第3区分の自己資金は自己資本の不足が◆306であり、損益前資本額以下に固定性資産額を抑える第3目標が未達成である。原因実数の収益資金☆393が自己資金◆306をカバーし、その残余の87が結果ボックスの第1区分へ上昇し、流投資金の余裕◇87を結果している。

　評価基準アの「1期型財務分析図の第1区分の流投資金が◇付きの金額であれば短期および長期の財務状況は良好と評価する」に基づき、流投資金が◇付きの金額であるので、M社の財務状況は良好と評価する。流投資産額以下に総負債額を抑える第1目標は達成されている。ただし、三目標のうち第3目標の投資性の達成へ向けて改善が必要であり、目標達成レベルは上位から2番目の「Aレベル」と全体評価する。三目標のうち第1目標の流動性と第2目標の収益性の達成を根拠にAレベルとする評価基準を「総合評価基準3」ということにする。

第5項　財務分析図を用いた因果図分析による取引方針の検討

　第4項で説明したようにM社2019年3月期決算の1期型財務分析図（主要図）の目標達成レベルは、上位から2番目の「Aレベル」評価である。その根拠は次のとおりである。

1：第1区分の流投資金の余裕額は◇87で、流投負債比率は99％（≒負債11,137÷流投資産11,224）であり「流投資産額以下に総負債額を抑える第1目標」は達成されている。

2：収益資金の余裕額は☆393で、収益費用比率は99％（≒総費用26,901÷総収益27,294）であり「総収益額以下に総費用額を抑える第2目標」は達成されている。

3：自己資金の不足額は◆306で、資本固定比率は103％（≒固定性資産10,408÷損益前資本10,102）であり「損益前資本額以下に固定性資産額を抑える第3目標」は未達成である。

　このように、M社は三目標のうち第1目標の流動性と第2目標の収益性を達

成されている。しかし、第 3 目標の投資性は未達成である。三目標のうち二目標
が達成されているので、目標達成レベルは上位から 2 番目の A レベルである。な
お、流動負債比率は 55%（≒流動負債 5,888 ÷流動資産 10,634）である。この結
果、M 社は取引方針の選択基準①の「三目標達成の全体評価が S レベルと A レ
ベルの経営体は、流動負債比率が 100% 以下であれば、2 会計期間比較による 2
期型財務分析図の財務変動状況の好転、後退に関係なく取引方針は取引拡大とす
る」に該当する。よって、2019 年 3 月期決算の当該経営体との取引方針は「取
引拡大」が選択されることになる。

　なお参考までに、M 社の 2 期型財務分析図（補助図）は、図 9-6 のように下
降黒 3 型（第 1 区分右傾下降型）である。

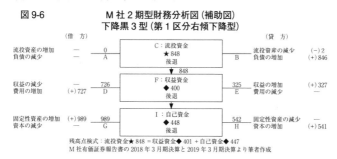

図 9-6　　M 社 2 期型財務分析図（補助図）
下降黒 3 型（第 1 区分右傾下降型）

残高点検式：流投資金★ 848 ＝収益資金★ 401 ＋自己資金★ 447
M 社有価証券報告書の 2018 年 3 月期決算と 2019 年 3 月期決算より筆者作成

　図 9-6 の 2 期型財務分析図の下降黒 3 型（第 1 区分右傾下降型）では、第 2
区分の収益資金の減少◆ 400 と、第 3 区分の自己資金の減少◆ 448 とを補填する
必要があり、これを第 1 区分の負債で補填したために負債過多となり流投資金が
減少★ 848 となっている。前掲基準⑤の「2 会計期間比較による 2 期型財務分析
図の流投資金が◇付きの金額であれば財務変動状況は好転とし、★付きの金額で
あれば後退とする」に基づき、第 1 区分の流投資金は★付きの金額であるので、
財務変動状況は対前期比で後退していると評価する。

第 4 節　因果図分析による M 社の 財務状況、目標達成レベル、取引方針の可視化

　図 9-7 は M 社の 2022 年 3 月期決算で確認できた 1 期型財務分析図（主要図）
の下降黒 2 型（第 1・第 2 区分右傾下降型）である。図 9-7 は、矢印が第 1 区分
の流投資金ボックスの★ 277 と第 2 区分の収益資金ボックスの☆ 845 から、第 3

区分の自己資金ボックスの◆ 1,122 へ矢印が下降している。

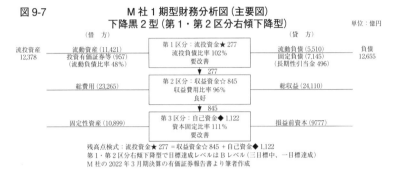

図 9-7　　　　　　　Ｍ社１期型財務分析図（主要図）
下降黒２型（第１・第２区分右傾下降型）　　　　　　単位：億円

下降図の黒２つの記号に着眼し、下降黒２型（第１・第２区分右傾下降型）ということにする。図による財務状況の評価、総合評価、取引方針の選択は以下のように行う。

第１項　Ｍ社の１期型財務分析図・下降黒２型の第１区分の区分評価

　Ｍ社 2022 年３月期決算の図 9-7 の下降黒２型（第１・第２区分右傾下降型）の第１区分の流投資金ボックスは◆ 277 である。流投資産 12,378 が総負債 12,655 を◆ 277 下回っている。流投資金の不足◆ 277 が生じたケース（負債過多）で、流投資産額以下に総負債額を抑える第１目標が未達成である。流投資金の状況（流投資産と総負債の関係でみる流動性）は改善が必要であり不健全状態と区分評価する。これを区分評価基準 1-B ということにする。

第２項　Ｍ社の１期型財務分析図・下降黒２型の第２区分の区分評価

　第２区分の収益資金ボックスは☆ 845 である。総収益 24,110 が総費用 23,265 を☆ 845 上回っている。収益資金に余裕☆ 845 が生じたケースで（黒字決算）、総収益額以下に総費用額を抑える第２目標は達成されている。既述の区分評価基準 2-A に該当し、収益資金の状況（総収益と総費用の関係でみる収益性）は良好と区分評価する。

第３項　Ｍ社の１期型財務分析図・下降黒２型の第３区分の区分評価

　第３区分の自己資金ボックスは◆ 1,122 である。損益前資本（自己資本）9,777

が固定性資産 10,899 を◆ 1,122 下回っている。自己資金の不足◆ 1,122 が生じた
ケースで、損益前資本額以下に固定性資産額を抑える第 3 目標が未達成である。
記述の区分評価基準 3-B に該当し、自己資金の状況（損益前資本と固定性資産
の関係でみる投資性）は改善が必要であり不健全状態と区分評価する。

第 4 項　M 社の 1 期型財務分析図・下降黒 2 型の総合評価

　M 社 2022 年 3 月期決算の図 9-7 の下降黒 2 型（第 1・第 2 区分右傾下降型）
の場合、原因ボックスの第 2 区分の収益資金は収益余裕（黒字決算）が☆ 845 で
あり、総収益額以下に総費用額を抑える第 2 目標は達成されている。しかし、第
3 区分の自己資金は自己資本の不足が◆ 1,122 であり、損益前資本額以下に固定
性資産額を抑える第 3 目標は未達成である。

　原因実数の収益資金☆ 845 で自己資金◆ 1,122 をカバーできず、その未補填の
277 を負債に依存したために結果ボックスの第 1 区分の流投資金の不足★ 277 を
結果している。流投資産額以下に総負債額を抑える第 1 目標が未達成である。よ
って、M 社の目標達成状況は、三目標のうち第 1 目標の流動性と第 3 目標の投
資性の達成へ向けて改善が必要であり、目標達成レベルは下位から 2 番目の「B
レベル」と全体評価する。三目標のうち第 1 目標の流動性と第 3 目標の投資性の
未達成を根拠に B レベルとする評価基準を「総合評価基準 4」ということにする。

　なお、M 社の流動負債比率は 48％（≒流動負債 5,510 ÷流動資産 11,421）であ
る。評価基準イの「1 期型財務分析図の第 1 区分の流投資金が★付きの金額であ
っても、流動負債比率が 100％以下（流動資産＞流動負債）であれば短期の財務
状況は良好と評価する」に基づき、M 社の流投資金は★付きの金額であるが、
流動負債比率が 100％以下の 48％であるので、短期の財務状況は良好と評価する。

第 5 項　財務分析図を用いた因果図分析による取引方針の検討

　第 4 項で説明したように M 社 2022 年 3 月期決算の 1 期型財務分析図（主要
図）の目標達成レベルは、下位から 2 番目の「B レベル」評価である。その根拠
は次のとおりである。

1：第 1 区分の流投資金の不足額は★ 277 で、流投負債比率は 102％（≒負債
　　12,655 ÷流投資産 12,378）であり「流投資産額以下に総負債額を抑える第 1

目標」は未達成である。

2：収益資金の余裕額は☆845 で、収益費用比率は 96 ％（≒総費用 23,265 ÷総収益 24,110）であり「総収益額以下に総費用額を抑える第 2 目標」は達成されている。

3：自己資金の不足額は◆1,122 で、資本固定比率は 111 ％（≒固定性資産 10,899 ÷損益前資本 9,777）であり「損益前資本額以下に固定性資産額を抑える第 3 目標」は未達成である。

　M 社は三目標のうち第 2 目標の収益性を達成している。しかし、第 1 目標の流動性と第 3 目標の投資性は未達成である。三目標のうち二目標が未達成であるので、目標達成レベルは下位から 2 番目の B レベルである。なお、流動負債比率は 48 ％（≒流動負債 5,510 ÷流動資産 11,421）である。取引方針の選択基準②の「三目標の目標達成レベルが B レベルの経営体で、流動負債比率が 100 ％以下の時は現状維持を原則とする。ただし、2 会計期間比較による 2 期型財務分析図の財務変動状況が好転の時は取引拡大とする」に基づき、上述の 1 期型財務分析図（主要図）に加えて、図 9-8 の 2 期型財務分析図（補助図）による財務変動状況を分析し、当該経営体との取引方針を検討する。

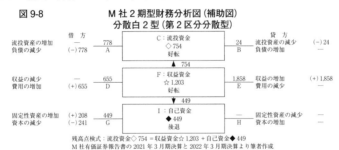

図 9-8　　　　　M 社 2 期型財務分析図（補助図）
分散白 2 型（第 2 区分分散型）

残高点検式：流投資金◇754 ＝収益資金☆1,203 ＋自己資金◆449
M 社有価証券報告書の 2021 年 3 月期決算と 2022 年 3 月期決算より筆者作成

　図 9-8 の 2 期型財務分析図の分散白 2 型（第 2 区分分散型）では、第 2 区分の収益資金の増加☆1,203 が、第 3 区分の自己資金の減少◆449 をカバーし、その残余の 754 が、第 1 区分に上昇し流投資金の増加◇754 をもたらしている。2 期型の評価基準⑤の「2 会計期間比較による 2 期型財務分析図の流投資金が◇付きの金額であれば財務変動状況は好転とし、★付きの金額であれば後退とする」に基づき、2 期型財務分析図の流投資金は◇付きの金額であるので、M 社の財務変動状況は対前期比で好転していると評価する。

　この結果、取引方針の選択基準②の「三目標の目標達成レベルが B レベルの経営体は、流動負債比率が 100% 以下であれば現状維持を原則とする。ただし、2 会計期間比較による 2 期型財務分析図の財務変動状況が好転の時は取引拡大とする」に基づき、財務変動状況は好転しているので M 社との取引方針は「取引拡大」が選択されることになると読み取る。

第 5 節　因果図分析による RC 社の
財務状況、目標達成レベル、取引方針の可視化

　図 9-9 は、RC 社の 2018 年 3 月期決算で確認できた 1 期型財務分析図（主要図）の集中黒 2 型（第 2 区分集中型）である。

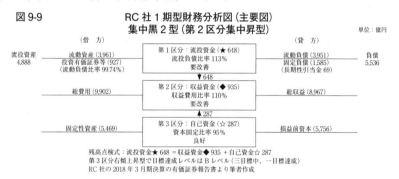

図 9-9　　　　　　　RC 社 1 期型財務分析図（主要図）
集中黒 2 型（第 2 区分集中昇型）

　図 9-9 は、矢印が第 1 区分の流投資金の★付きの金額（★ 648）と第 3 区分の自己資金の☆付きの金額（☆ 287）から第 2 区分の収益資金の◆付きの金額（◆ 935）へ集中している。集中図の黒 2 つの記号に着眼し、集中黒 2 型（第 2 区分集中型）ということにする。この図による財務状況の評価、総合評価、取引方針の選択は以下のように行う。

第 1 項　RC 社の 1 期型財務分析図・集中黒 2 型の第 1 区分の区分評価

　RC 社 2018 年 3 月期決算の図 9-9 の集中黒 2 型（第 2 区分集中型）の第 1 区分の流投資金ボックスは★ 648 である。流投資産 4,888 が総負債 5,536 を★ 648 下回っている。流投資金に不足★ 648 が生じたケースで、流投資産額以下に総負債額を抑える第 1 目標が未達成である。既述の区分評価基準 1-B に該当し、流投資金の状況（流投資産と総負債の関係でみる流動性）は改善の必要があり不健

全状態と区分評価する。

第２項　RC 社の１期型財務分析図・集中黒２型の第２区分の区分評価

　第２区分の収益資金ボックスは◆付きの金額（◆935）である。総収益 8,967 が総費用 9,902 を◆935 下回っている（赤字決算）。収益資金の不足◆935 が生じたケースで、総収益額以下に総費用額を抑える第２目標が未達成である。既述の区分評価基準 2－B に該当し、収益資金の状況（総収益と総費用の関係でみる収益性）は改善の必要があり不健全状態と区分評価する。

第３項　RC 社の１期型財務分析図・集中黒２型の第３区分の区分評価

　第３区分の自己資金ボックスは☆287 である。損益前資本 5,756 が固定性資産 5,469 を☆287 上回っている。自己資金に余裕☆287 が生じたケースで、損益前資本額以下に固定性資産額を抑える第３目標は達成されている。既述の区分評価基準 3－A に該当し、自己資金の状況（損益前資本＝自己資本と固定性資産の関係でみる投資性）は良好と区分評価する。

第４項　RC 社の１期型財務分析図・集中黒２型の総合評価

　RC 社 2018 年３月期決算の図 9-9 の集中黒２型（第２区分集中型）の場合、原因ボックスの第３区分の自己資金は自己資本に余裕が☆287 あり、損益前資本額以下に固定性資産額を抑える第３目標は達成されている。しかし、第２区分の収益資金は収益不足（赤字決算）が◆935 であり、総収益額以下に総費用額を抑える第２目標が未達成である。原因実数の自己資金☆287 で収益資金◆935 をカバーできず、その未補填の 648 を負債に依存したために結果ボックスの第１区分の流投資金の不足★648 を結果している。流投資産額以下に総負債額を抑える第１目標が未達成である。流投資金は★付きの金額であるので、財務状況は不健全状態と評価する。この結果、RC 社の目標達成状況は、三目標のうち第１目標の流動性と第２目標の収益性の達成へ向けて改善が必要であり、目標達成レベルは下位から２番目の「Ｂレベル」と全体評価する。この三目標のうち第１目標の流動性と第２目標の収益性の未達成を根拠にＢレベルとする評価基準を「総合評価基準５」ということにする。

　なお、流動負債比率は99.74％（≒流動負債3,951÷流動資産3,961）である。評価基準イの「1期型財務分析図の第1区分の流投資金が★付きの金額であっても、流動負債比率が100％以下（流動資産＞流動負債）であれば短期の財務状況は良好と評価する」に基づき、M社の流投資金は★付きの金額であるが、流動負債比率が100％以下であるので、短期の財務状況は良好と評価する。

第5項　財務分析図を用いた因果図分析による取引方針の検討

　第4項で説明したようにRC社2018年3月期決算の1期型財務分析図（主要図）の目標達成レベルは、下位から2番目の「Bレベル」評価である。その根拠は次のとおりである。

1：第1区分の流投資金の不足額は★648で、流投負債比率は113％（≒負債5,536÷流投資産4,888）であり「流投資産額以下に総負債額を抑える第1目標」は未達成である。

2：収益資金の不足額は◆935で、収益費用比率は110％（≒総費用9,902÷総収益8,967）であり「総収益額以下に総費用額を抑える第2目標」は未達成である。

3：自己資金の余裕額は☆287で、資本固定比率は95％（≒固定性資産5,469÷損益前資本5,756）であり「損益前資本額以下に固定性資産額を抑える第3目標」は達成されている。

　よって、RC社は三目標のうち第3目標の投資性を達成されている。しかし、第1目標の流動性と第2目標の収益性は未達成である。三目標のうち二目標が未達成であるので、目標達成レベルは下位から2番目のBレベルである。なお、流動負債比率は99.74％（≒流動負債3,951÷流動資産3,961）である。この結果、RC社は取引方針の選択基準③の「Bレベルの経営体で、流動負債比率が100％超の時は取引縮小を原則とする。ただし、2会計期間比較による2期型財務分析図の財務変動状況が好転時は現状維持とする」に該当する。

　この選択基準に基づき、上述の1期型財務分析図（主要図）に加えて、次の図9-10の2期型財務分析図（補助図）による財務変動状況を分析し、当該経営体との取引方針を検討する。

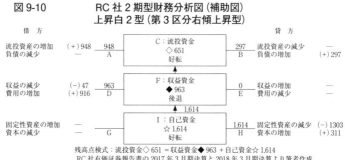

図9-10　　RC社2期型財務分析図（補助図）
上昇白2型（第3区分右傾上昇型）

残高点検式：流投資金◇651 ＝収益資金◆963 ＋自己資金☆1,614
RC社有価証券報告書の2017年3月期決算と2018年3月期決算より筆者作成

　RC社の図9-10の2期型財務分析図（補助図）の上昇白2型（第3区分右傾上昇型）では、第3区分の自己資金の増加☆1,614が第2区分の収益資金の減少◆963をカバーし、その残余の651が、第1区分に上昇し流投資金の増加◇651をもたらしている。2期型の評価基準⑤の「2会計期間比較による2期型財務分析図の流投資金が◇付きの金額であれば財務変動状況は好転とし、★付きの金額であれば後退とする」に基づき、M社の財務変動状況は対前期比で好転していると評価する。取引方針の選択基準②の「三目標の目標達成レベルがBレベルの経営体は、流動負債比率が100%以下であれば現状維持を原則とする。ただし、2会計期間比較による2期型財務分析図の財務変動状況が好転の時は取引拡大とする」に基づき、M社との取引方針は「取引拡大」が選択されることになると読み取る。

第6節　因果図分析による
N社の財務状況、目標達成レベル、取引方針の可視化

　図9-11は、N社の2015年3月期決算で確認できた1期型財務分析図（主要図）の下降黒2型（第1・第2区分右傾下降型）である。

　N社の図9-11は、矢印が第1区分の流投資金ボックスの★7,985と第2区分の収益資金ボックスの☆4,915から、第3区分の自己資金ボックスの◆12,900へ矢印が下降している。下降図の黒2つの記号に着眼し、下降黒2型（第1・第2区分右傾下降型）ということにする。この図による財務状況の評価、総合評価、取引方針の選択は以下のように行う。

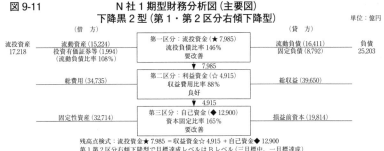

図9-11　　　　　　　　N社1期型財務分析図（主要図）
下降黒2型（第1・第2区分右傾下降型）　　　　　　　　　　単位：億円

残高点検式：流投資金☆7,985 ＝収益資金☆4,915 ＋自己資金◆12,900
第1第2区分右傾下降型で目標達成レベルはBレベル（三目標中、一目標達成）
N社の2015年3月期決算の有価証券報告書より筆者作成

第1項　N社の1期型財務分析図・下降黒2型の第1区分の区分評価

　N社2015年3月期決算の図9-11の下降黒2型（第1・第2区分右傾下降型）の流投資金ボックスは★7,985である。流投資産17,218が総負債25,203を★7,985下回っている。流投資金の不足★7,985が生じたケース（負債過多）で、流投資産額以下に総負債額を抑える第1目標が未達成である。既述の区分評価基準1-Bに該当し、流投資金の状況（流投資産と総負債の関係でみる流動性）は改善の必要があり不健全状態と区分評価する。

第2項　N社の1期型財務分析図・下降黒2型の第2区分の区分評価

　第2区分の収益資金ボックスは☆4,915である。総収益39,650が総費用34,735を☆4,915上回っている（黒字決算）。収益資金に余裕☆4,915が生じたケースで、総収益額以下に総費用額を抑える第2目標は達成されている。既述の区分評価基準2-Aに該当し、N社の収益資金の状況（総収益と総費用の関係でみる収益性）は良好と区分評価する。

第3項　N社の1期型財務分析図・下降黒2型の第3区分の区分評価

　第3区分の自己資金ボックスは◆12,900である。損益前資本（自己資本）19,814が固定性資産32,714を◆12,900下回っている。自己資金の不足◆12,900が生じたケースで、損益前資本額以下に固定性資産額を抑える第3目標が未達成である。区分評価基準3-Bに該当し、N社の自己資金の状況（損益前資本と固定性資産の関係でみる投資性）は改善の必要があり不健全状態と区分評価する。

第4項 N社の1期型財務分析図・下降黒2型の総合評価

N社2015年3月期決算の図9-11の下降黒2型（第1・第2区分右傾下降型）の場合、原因ボックスの第2区分の収益資金は収益余裕（黒字決算）が☆4,915あり、総収益額以下に総費用額を抑える第2目標は達成されている。しかし、第3区分の自己資金は自己資本の不足が◆12,900であり、損益前資本額以下に固定性資産額を抑える第3目標は未達成である。

原因実数の収益資金☆4,915で自己資金◆12,900をカバーできず、その未補填の7,985を負債に依存したために結果ボックスの第1区分の流投資金の不足★7,985を結果している。流投資産額以下に総負債額を抑える第1目標が未達成である。2015年3月期決算の第1区分の流投資金は★付きの金額であるので、財務状況は不健全状態と評価する。

N社の目標達成状況は、三目標のうち第1目標の流動性と第3目標の投資性の達成へ向けて改善が必要であり、目標達成レベルは下位から2番目の「Bレベル」と全体評価する。三目標のうち第1目標の流動性と第3目標の投資性が未達成であるので、既述の「総合評価基準4」に該当する。

第5項 財務分析図を用いた因果図分析による取引方針の検討

第4項で説明したようにN社2015年3月期決算の1期型財務分析図（主要図）の目標達成レベルは、下位から2番目の「Bレベル」評価である。その根拠は次のとおりである。

1：第1区分の流投資金の不足額は★7,985で、流投負債比率は146％（÷負債25,203÷流投資産17,218）であり「流投資産額以下に総負債額を抑える第1目標」は未達成である。

2：収益資金の余裕額は☆4,915で、収益費用比率は88％（÷総費用34,735÷総収益39,650）であり「総収益額以下に総費用額を抑える第2目標」は達成されている。

3：自己資金の不足額は◆12,900で、資本固定比率は165％（÷固定性資産32,714÷損益前資本19,814）であり「損益前資本額以下に固定性資産額を抑える第3目標」は未達成である。

よって、N社は三目標のうち第2目標の収益性は達成している。しかし、第1

目標の流動性と第3目標の投資性は未達成である。三目標のうち二目標が未達成であるので、目標達成レベルは下位から2番目のBレベルである。なお、流動負債比率は108%（≒流動負債 16,411 ÷流動資産 15,224）である。

　この結果、Ｎ社は取引方針の選択基準③の「Bレベルの経営体で、流動負債比率が100%超の時は取引縮小を原則とする。ただし、2会計期間比較による2期型財務分析図の財務変動状況が好転時は現状維持とする」に該当する。この選択基準に基づき、上述の1期型財務分析図（主要図）に加えて、図9-12の2期型財務分析図（補助図）による財務変動状況を分析し、当該経営体との取引方針を検討する。

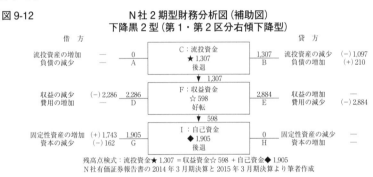

図9-12

Ｎ社2期型財務分析図（補助図）
下降黒2型（第1・第2区分右傾下降型）

残高点検式：流投資金★ 1,307 ＝収益資金☆ 598 ＋自己資金◆ 1,905
Ｎ社有価証券報告書の2014年3月期決算と2015年3月期決算より筆者作成

　Ｎ社の 2014-2015 年 3 月期決算の2期型財務分析図（補助図）の図9-12は、下降黒2型（第1・第2区分右傾下降型）である。図9-12は、第2区分の収益資金の増加☆ 598 で第3区分の自己資金の減少◆ 1,905 をカバーできず、その未補填の 1,307 を負債に依存したので、第1区分の流投資金の減少★ 1,307 を結果したと読み取る。取引方針の選択基準⑤の「2会計期間比較による2期型財務分析図の流投資金が◇付きの金額であれば財務変動状況は好転とし、★付きの金額であれば後退とする」に基づき、第1区分の流投資金は★付きの金額であるので、Ｎ社の財務変動状況は対前期比で後退と評価する。この結果、取引方針の選択基準③では「三目標の目標達成レベルがBレベルの経営体で、流動負債比率が100%超の時は取引縮小を原則とする。ただし、2会計期間比較による2期型財務分析図の財務変動状況が好転時は現状維持とする」ところ、財務変動状況は対前期比で後退しているので、Ｎ社との取引方針は「取引縮小」が選択されることになると読み取る。

第７節　因果図分析による
N社の財務状況、目標達成レベル、取引方針の可視化

　図9-13はN社の2022年3月期決算で確認できた1期型財務分析図（主要図）の下降黒3型（第1区分右傾下降型）である。図9-13は、矢印が第1区分の流投資金ボックスの★18,690から第2区分の収益資金ボックスの◆1,144および第3区分の自己資金ボックスの◆17,546へ矢印が下降している。下降図の黒3つの記号に着眼し、下降黒3型（第1区分右傾下降型）ということにする。

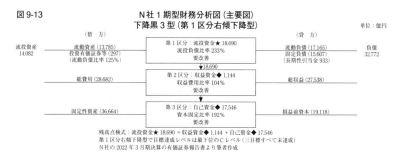

図9-13

N社1期型財務分析図（主要図）
下降黒3型（第1区分右傾下降型）

単位：億円

この図による財務状況の評価、総合評価、取引方針の選択は以下のように行う。

第１項　N社の１期型財務分析図・下降黒３型の第１区分の区分評価

　N社の図9-13（1期型財務分析図）の2022年3月期決算の下降黒3型（第1区分右傾下降型）では、第1区分の流投資金ボックスは◆18,690である。流投資産14,082が総負債32,772を◆18,690下回っている。流投資金の不足◆18,690が生じたケース（負債過多）で、流投資産額以下に総負債額を抑える第1目標が未達成である。既述の区分評価基準1-Bに該当し、流投資金の状況（流投資産と総負債の関係でみる流動性）は改善の必要があり不健全状態と区分評価する。

第２項　N社の１期型財務分析図・下降黒３型の第２区分の区分評価

　第2区分の収益資金ボックスは◆1,144である。総収益27,538が総費用28,682を◆1,144下回っている（赤字決算）。収益資金の不足◆1,144が生じたケースで、総収益額以下に総費用額を抑える第2目標が未達成である。既述の区分評価基準2-Bに該当し、収益資金の状況（総収益と総費用の関係でみる収益性）は改善

の必要があり不健全状態と区分評価する。

第 3 項　N 社の 1 期型財務分析図・下降黒 3 型の第 3 区分の区分評価

　第 3 区分の自己資金ボックスは◆ 17,546 である。損益前資本（自己資本）19,118 が固定性資産 36,664 を◆ 17,546 下回っている。自己資金の不足◆ 17,546 が生じたケースで、損益前資本額以下に固定性資産額を抑える第 3 目標が未達成である。既述の区分評価基準 3 − B に該当し、自己資金の状況（損益前資本と固定性資産の関係でみる投資性）は改善の必要があり不健全状態と区分評価する。

第 4 項　N 社の 1 期型財務分析図・下降黒 3 型の総合評価

　N 社 2022 年 3 月期決算の図 9−11 の下降黒 3 型（第 1 分右傾下降型）の場合、原因ボックスの第 2 区分の収益資金は収益不足（赤字決算）が◆ 1,144 であり、総収益額以下に総費用額を抑える第 2 目標は未達成である。また、第 3 区分の自己資金は自己資本の不足が◆ 17,546 であり、損益前資本額以下に固定性資産額を抑える第 3 目標は未達成である。

　原因実数の収益資金不足◆ 1,144 と自己資金不足◆ 17,546 の合計 18,690 を負債に依存したために結果ボックスの第 1 区分の流投資金の不足★ 18,690 を結果している。流投資産額以下に総負債額を抑える第 1 目標が未達成である。2022 年 3 月期決算の第 1 区分の流投資金は★付きの金額であるので、財務状況は不健全状態と評価する。

　2022 年 3 月期決算の N 社の目標達成状況は、第 1 目標の流動性、第 2 目標の収益性、第 3 目標の投資性の三目標達成へ向けて改善が必要であり、目標達成レベルは最下位の「C レベル」と全体評価する。三目標の未達成を根拠に C レベルとする評価基準を「総合評価基準 6」ということにする。

第 5 項　財務分析図を用いた因果図分析による取引方針の検討

　第 4 項で説明したように N 社 2022 年 3 月期決算の 1 期型財務分析図（主要図）の目標達成レベルは、最下位の「C レベル」評価である。その根拠は次のとおりである（単位：億円）。
1：第 1 区分の流投資金の不足額は★ 18,690 で、流投負債比率は 233％（≒負債

32,772 ÷ 流投資産 14,082）であり「流投資産以下に総負債額を抑える第１目標」は未達成である。

２：収益資金の不足額は◆ 1,144 で、収益費用比率は 104％（≒ 総費用 28,682 ÷ 総収益 27,538）であり「総収益額以下に総費用額を抑える第２目標」は未達成である。

３：自己資金の不足額は◆ 17,546 で、資本固定比率は 192％（≒ 固定性資産 36,664 ÷ 損益前資本 19,118）であり「損益前資本額以下に固定性資産額を抑える第３目標」は未達成である。

　Ｎ社は三目標のすべてが未達成であり目標達成レベルは最下位のＣレベルである。なお、流動負債比率は 125％（≒ 流動負債 17,165 ÷ 流動資産 13,785）である。この結果、Ｎ社は取引方針の選択基準④の「目標達成レベルがＣレベルの経営体で、流動負債比率が 100％超の時は取引撤退を原則とする。ただし、２会計期間比較による２期型財務分析図の財務変動状況の好転時は取引縮小とする」に該当する。そこで、上述の１期型財務分析図（主要図）に加えて、図 9-14 の２期型財務分析図（補助図）による財務変動状況を分析し、当該経営体との取引方針を検討する。Ｎ社の 2021-2022 年３月期決算の２期型財務分析図（補助図）の図 9-14 は、下降黒３型（第１区分右傾下降型）である。２期型財務分析図の下降黒３型（第１区分右傾下降型）では、原因ボックスの第２区分の収益資金の減少◆ 418 と第３区分の自己資金の減少◆ 269 の合計 687 を負債に依存して補填したために、結果ボックスの第１区分の流投資金の減少★ 687 となったのである。

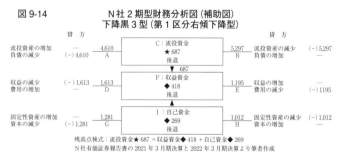

図 9-14　　　　　　Ｎ社２期型財務分析図（補助図）
下降黒３型（第１区分右傾下降型）

残高点検式：流投資金★ 687 ＝収益資金◆ 418 ＋自己資金◆ 269
Ｎ社有価証券報告書の 2021 年３月期決算と 2022 年３月期決算より筆者作成

　取引方針の選択基準⑤の「２会計期間比較による２期型財務分析図の流投資金が◇付きの金額であれば財務変動状況は好転とし、★付きの金額であれば後退とする」に基づき、流投資金は★付きの金額であるので、Ｎ社の財務変動状況は対

前期比で後退していると評価する。取引方針の選択基準④の「三目標の目標達成レベルが C レベルの経営体で、流動負債比率が 100％超の時は取引撤退を原則とする。ただし、2 会計期間比較による 2 期型財務分析図の財務変動状況の好転時は取引縮小とする」に基づき、財務変動状況は後退しているので、N 社との取引方針は「取引撤退」が選択されることになると読み取る。

第 9 章の結びに代えて─

　この第 9 章では最初に、1 期型財務分析図（主要図）で可視化された 1 会計期間の財務状況の評価の仕方と、2 期型財務分析図（補助図）で可視化された 2 会計期間比較による財務変動状況の評価の仕方とについて説明を行った。次に、1 期型財務分析図（主要図）の 1 会計期間の財務状況をベースにして、これに 2 期型財務分析図（補助図）の 2 会計期間比較による財務変動状況を加味し、取引方針の選択過程の可視化を行った。取引方針の選択は、各経営体の置かれている諸状況、経年比較による数会計期間の動向等を総合して判断するのが本来である。取引方針の実際の選択は、経営体の判断に委ねられる。その 1 期型財務分析図（主要図）と 2 期型財務分析図（補助図）による経営体の財務状況、目標達成状況、取引方針の可視化を行うことができたことで、経営外部の観察者であっても対象経営体の財務状況の見方、対応について道が開けたと言えるであろう。この事例分析に基づく取引方針の選択基準を表 9-1 に掲げ、第 9 章の結びとする。

表 9-1　　　　　**取引方針の選択基準─流動負債比率基準─**　　　　　筆者作成

	経営体	目標達成レベル	目標達成状況	流動負債比率	取引方針	財務変動状況
①	T 社と H 社	S レベル	三目標達成	100％以下	取引拡大	─
①	─	A レベル	二目標達成	100％以下	取引拡大	─
①	Y 病院と M 社	A レベル	二目標達成	100％以下	取引拡大	─
②	M 社と RC 社	B レベル	一目標達成	100％以下	取引拡大	好転
②		B レベル	一目標達成	100％以下	現状維持	後退
③		B レベル	一目標達成	100％超	現状維持	好転
③	N 社	B レベル	一目標達成	100％超	取引縮小	後退
④		C レベル	三目標未達成	100％超	取引縮小	好転
④	N 社	C レベル	三目標未達成	100％超	取引撤退	後退

①目標達成レベルが S レベルと A レベルの経営体は、流動負債比率 100％以下であれば、2 会計期間比較による財務変動状況の好転、後退に関係なく取引拡大とする。

②目標達成レベルが B レベルの経営体は、流動負債比率が 100％以下の時は現状維持を原則とする。ただし、財務変動状況が好転の時は取引拡大とする。

③目標達成レベルが B レベルの経営体は、流動負債比率が 100％超の時は取引縮小を原則とする。ただし財務変動状況が好転時は現状維持とする。

④目標達成レベルが C レベルの経営体は、流動負債比率が 100％超の時は取引撤退を原則とする。ただし、財務変動状況の好転時は取引縮小とする。

⑤ 2 会計期間比較による 2 期型財務分析図の流投資金が◇付きの金額であれば財務変動状況は「好転」とし、★付きの金額であれば「後退」とする。

なお、経営体欄の─は本書の事例分析では該当の経営体なしを意味する。

次の第 10 章では 1 期型財務分析図（主要図）と 2 期型財務分析図（補助図）

による事例分析から得られた知見と留意点を要約する。なお、この第9章で1期型と2期型の財務分析図で可視化された財務状況を評価するための区分評価と全体評価の基準について説明を行ったが、その評価基準の提示は結章で行うことにする。

注

1）筆者の参照した比率分析，実数分析，資金運用表分析，資金流図分析に関する先行研究の中から特に次の文献を挙げておきたい。

ア：1890 年代から 1920 年代の文献の中から次を挙げる。

① Earling, P.R. [1890], *Whom to Trust: A Practical Treatise on Mercantile Credits*, Rand, McNally & Company.

② Greene, T. L. [1897], *Corporation Finance*, New York.

③ Cannon, J. G. [1905], Bank Credits, "*The Bankers' Magazine*, May.

④ Cole,W.M. [1908], *Accounts;Their Construction and Interpretation, For Businessmen and Students of Affairs*, Boston, New York and Chicago：Houghton Mifflin Company,

⑤ Havener,P. [1917], Analysis of Financial Statements," *The Journal of Accountancy*, May.

⑥ Cole, W. M. [1921], *The Fundamentals of Accounting*, Boston: Houghton Mifflin Company.（Reprint Edition 1978 by Arno Press Inc.）

⑦ Finney, H. A. [1921]：Students' Department, *The Journal of Accountancy*, July.

⑧ Gilman, S. [1925], *Analysing Financial Statements*, Ronald Press Co.

⑨ Wall, A. & R. W. Duning [1928], *Ratio Analysis of Financial Statements*, Harper & Brothers Publishers.

⑩ Paton, W. A. [1928], "Limitations of Financial and Operating Ratios" *The Accounting Review*, Sep.

イ：非複式簿記タイプの2期型資金流図の淵源とみてよい資金分析関連の文献としては次を挙げる。

⑪ Kunze, H. L. [1940], A New Form of Funds Statement, *The Accounting Review*, June.

⑫ Vatter, W. J. [1947], *The Fund Theory of Accounting and Its Implications for Financial Reports*, Chicago, The University of Chicago Press.

⑬ Carson, A. B. [1949], "A 'Source and Application of Funds' Philosophy of Financial Accounting", *The Accounting Review*, April.

⑭ Goldberg, L. [1951], "The Funds Statement Reconsidered", *The Accounting Review*, October.

⑮ Corbin, D. A. [1961], "Proposals for Improving Funds Statements", *The Accounting Review*, July.

⑯ National Association of Accountants（NAA）[1961], *Cash Flow Analysis for Managerial*, NAA. 染谷恭次郎監訳，中原章吉，野口和夫，岡下敏訳，『経営管理のためのキャッシュ・フローの分析』，

日本生産本部，昭和 41 年。

⑰ American Institute of Certified PubIic Acc ontants（AICPA）[1961]，" *Cash Flow* "*Analysis and the Funds Statement by Perry Mason*, Ph. D.，AICPA.

染谷恭次郎監訳，武田安弘，高橋久夫共訳，『キャッシュフロー分析と資金計算書』，中央経済社，昭和 38 年，88-94 頁。

⑱ Anton，H. R. [1962]，*Accounting for the Flow of Funds*, Houghton MiffIin Company.

森藤一男，鎌田信夫訳，『資金計算の理論』ダイヤモンド社，昭和 39 年，49-57 頁。

⑲ American Institute of Certified Public Accountants（AICPA）[1963]，*The Statement of Source and Application of Funds*, *Opinion of the Accounting Principles Board No 3*，American Institute of Certified Public Accountants .

⑳ Rosen, L. S. and Don T. Decoster [1969]，" Funds" Statements：A Historical Perspective，*Accounting Review* ,January .

この⑨の源泉使途計算書と⑩財政状態変動表は 2 会計期間-による「2 期型資金運用表」である。

㉑ American Institute of Certified Public Accountants（AICPA）[1971]，*Reporting Changes in Financial Position, Opinion of the Accounting Principles Board No 19*，AICPA.

㉒ Heath，L. C [1978]，*Financial Reporting and the Evaluation of Solvency*，Accounting Research Monograph3，AICPA.

鎌田信夫，藤田幸男共訳『財務報告と支払能力の評価』国元書房，昭和 57 年。

㉓ Financial Accounting Standards Board（FASB）[1987] ，*Statement of Financial Accounting Standards No.95*," *Statement of Cash Flows* ",FASB.

この 1987 年の財務会計基準書第 95 号「キャッシュ・フロー計算書（Statement of Cash Flows）」は，1 会計期間の財務諸表から稿成される 1 型型の資金源泉使途計算書であるが，後掲文献の三苫夏雄 [1973] と [1986] のように資金の流れに関する可視化図ではない点に留意されたい。

ウ：わが国の文献の中から次を挙げる。

㉔染谷恭次郎 [1956 年]『資金会計論』，中央経済社。

㉕黒澤 清 [1958]『資金会計の理論』，森山書店。

㉖鎌田信夫 [1970]「資金計算上の基礎概念と資金計算書」，『企業会計』，中央経済社，第 22 巻第 3 号。

㉗三苫夏雄 [1973『中小企業の財務診断』同友館。

㉘佐藤倫正 [1981]「広義資金概念の論理」，『岡山大学経済学会雑誌』第 13 巻第 3 号。

㉙染谷恭次郎 [1983]『財務諸表三本化の理論』，国元書房。

㉚國崎信博 [1985]『企業血液型診断法』，中央経済社。

㉛佐藤倫正 [1986]「財政状態変動表の目的」『岡山大学経済学会雑誌』第 18 巻第 1 号。

㉜三苫夏雄 [1986]『ケーススタディ 財務分析入門』同友館。

㉝佐藤倫正 [1993]『資金会計論』，白桃書房。

㉞鎌田信夫 [1995]『資金会計の理論と制度の研究』南山大学学術叢書。

㉟由井敏範 [1997]『利益とキャッシュ・フロー会計』，白桃書房。

㊱由井敏範 [2000]「21 世紀の会計問題―キャッシュ・フローからの接近―」，『新しい社会をひらく

ビジネス研究の課題』白桃書房。

㊲國崎信博［2002］「FFT 分析と経営検証比率」『名古屋外国大学 国際経営学部紀要』第 10‐11 合併号。

㊳白田佳子［2003a］『企業倒産予知モデル』中央経済社。

㊴白田佳子［2003b］『倒産予知の実務：リスク管理のための財務分析』日本経済新聞社。

第10章 経営指針としての目標管理と因果分析の要約

　ここまで、流投資産額以下に総負債額を抑える第1目標、総収益額以下に総費用額を抑える第2目標、損益前資本額以下に固定性資産額を抑える第3目標からなる「目標管理」と、因果比率分析、因果実数分析、因果図分析からなる「因果分析」による経営指針としての財務諸表分析を展開してきた。この10章では最初に、1期型財務分析図（主要図）と2期型財務分析図（補助図）による事例分析の結果を要約する。次いで、因果分析による財務諸表分析の留意点を要約する。

第1節　1期型財務分析図（主要図）による可視化の要約

　理論的には13タイプ（13類型）の財務分析図が考えられる[1]。このうち、存在の確認が可能と思われる六タイプ（六類型）の1期型と2期型の財務分析図について、事例分析で次のように実際に確認することができた。

第1項　事例分析による1期型財務分析図（主要図）の六類型の確認について

　1期型財務分析図（主要図）の六タイプ（六類型）のうち、2022年3月期決算の四自動車会社（T社、H社、N社、M社）を対象に事例分析を行った結果、T社とH社の事例分析で1期型財務分析図（主要図）の「上昇白3型（第2・第3区分右傾上昇型）」、M社の事例分析で「下降黒2型（第1・第2区分右傾下降型）」、N社の事例分析で「下降黒3型（第1区分右傾下降型）の三タイプを先ず確認することができた[2]。

　次に、残る三つのタイプを確認するべく四自動車会社の2013年〜2022年3月期決算の10年間の事例分析を行った結果、M社の2019年3月期決算の事例分析で1期型財務分析図（主要図）の「分散白2型（第2区分分散型）」を確認することができた[3]。

　あと二つのタイプの確認を行うべく、四自動車会社以外に対象範囲を広げた結果、Y病院の2022年3月期決算の事例分析で1期型財務分析図（主要図）の「上昇白2型（第3区分右傾上昇型）」を確認することができた[4]。

　最後の1期型財務分析図（主要図）の「集中黒2型（第2区分集中型）」は、

電機業界に分類され複合機器で知られる RC 社の 2018 年 3 月期決算の事例分析で幸いにも確認することができた[5]。

　以上の T 社、H 社、M 社、N 社、Y 病院、RC 社の 1 期型財務分析図（主要図）の六タイプ（六類型）の確認表が表 10-1 である。

表 10-1　1 期型財務分析図（主要図）の六類型（四自動車会社中心に 2013 年 3 月期決算〜 2022 年 3 月期決算調べ）　筆者作成

	上昇白 3 型 （第 2・第 3 区分右傾上昇型） 最上位 S レベル評価 （三目標達成）	上昇白 2 型 （第 3 区分右傾上昇型） A レベル評価 （二目標達成）	分散白 2 型 （第 2 区分分散型） A レベル評価 （二目標達成）	下降黒 2 型 （第 1・第 2 区分右傾下降型） B レベル評価 （二目標未達成）	集中黒 2 型 （第 2 区分集中型） B レベル評価 （二目標未達成）	下降黒 3 型 （第 1 区分右傾下降型） 最下位 C レベル評価 （三目標未達成）
T　社	2013 年〜 2022 年	—	—	—	—	—
H　社	2013 年〜 2022 年	—	—	—	—	—
N　社	—	—	2016 年	2013 年、2014 年、2015 年 2017 年、2018 年、2019 年	—	2020 年、2021 年、 2022 年
M　社	2018 年	—	2016 年、2017 年、 2019 年	2013 年、2014 年、 2015 年、2022 年	—	2020 年、2021 年
Y 病院	—	2022 年	—	—	—	—
RC 社	—	—	—	—	2018 年	—

　以上の 1 期型財務分析図（主要図）の六タイプを整理すると次のようになる。
①T 社と H 社の 2022 年 3 月期決算で上昇白 3 型（第 2・第 3 区分右傾上昇型）
②Y 病院の 2022 年 3 月期決算で上昇白 2 型（第 3 区分右傾上昇型）
③M 社の 2019 年 3 月期決算で分散白 2 型（第 2 区分分散型）
④M 社の 2022 年 3 月期決算で下降黒 2 型（第 1・第 2 区分右傾下降型）
⑤RC 社の 2018 年 3 月期決算で集中黒 2 型（第 2 区分集中型）
⑥N 社の 2022 年 3 月期決算で下降黒 3 型（第 1 区分右傾下降型）

第 2 項　2022 年決算の四自動車会社の 1 期型財務分析図による可視化の要約

　次の図 10-1 の 1 期型財務分析図を用いて、四自動車会社（T 社、H 社、N 社、M 社）に対して行った目標管理と因果分析による各経営体の財務状況の評価と目標達成レベルの評価を 1、2、3、4 のように要約する。

　なお、図の☆と◇は正数、★と◆は負数と定義し、資金（金額）は☆または★から◇または◆へ流れると立論している。

1：1 期型財務分析図（主要図）の図 10-1 の T 社は、原因実数である第 2 区分の収益資金の余裕☆ 16,939 と第 3 区分の自己資金の余裕☆ 77,045 との合計 93,984 が、第 1 区分の流投資金へ上昇し結果実数である流投資金の余裕◇ 93,984 をもたらしたと因果分析を行う。

図 10-1　　1 期型財務分析図（主要図簡易版）の三類型四自動車会社（2022 年 3 月期決算）単位億円

経営体名 図形の名称	Ｔ 社 上昇白 3 型 (第2・第3区分右傾上昇型)	Ｈ 社 上昇白 3 型 (第2・第3区分右傾上昇型)	Ｎ 社 下降黒 3 型 (第 1 区分右傾下降型)	Ｍ 社 下降黒 2 型 (第1・第2区分右傾下降型)
区分：資金名	最上位Ｓレベル評価	最上位Ｓレベル評価	最下位Ｃレベル評価	Ｂレベル評価
第 1 区分：流投資金 （結果実数）	◇ 93,984 良好	◇ 11,021 良好	★ 18,690 要改善	★ 277 要改善
第 2 区分：収益資金 （原因実数）	☆ 16,939 良好	☆ 4,880 良好	◆ 1,144 要改善	☆ 845 良好
第 3 区分：自己資金 （原因実数）	☆ 77,045 良好	☆ 6,141 良好	◆ 17,546 要改善	◆ 1,122 要改善

残高点検式：Ｔ社流投資金◇ 93,984 ＝収益資金☆ 16,939 ＋自己資金☆ 77,045 ☆と◇は正数を意味する。
残高点検式：Ｈ社流投資金◇ 11,021 ＝収益資金☆ 4,880 ＋自己資金☆ 6,141 ★と◆は負数を意味する。
残高点検式：Ｎ社流投資金★ 18,690 ＝収益資金◆ 1,144 ＋自己資金◆ 17,546 金額は☆と★から◇と◆へ流れる。（以下同じ）
残高点検式：Ｍ社流投資金★ 277 ＝収益資金☆ 845 ＋自己資金◆ 1,122 各社の 2022 年 3 月期決算の有価証券報告書より筆者作成

2 ：Ｈ社は、原因実数である第 2 区分の収益資金の余裕☆ 4,880 と第 3 区分の自
己資金の余裕☆ 6,141 との合計 11,021 が、第 1 区分へ上昇し結果実数である
流投資金の余裕◇ 11,021 をもたらしたと因果分析を行う。Ｔ社とＨ社の三
資金の金額点検は次のとおりである。

Ｔ社：流投資金◇ 93,984 ＝収益資金☆ 16,939 ＋自己資金☆ 77,045

Ｈ社：流投資金◇ 11,021 ＝収益資金☆ 4,880 ＋自己資金☆ 6,141

Ｔ社とＨ社の 1 期型財務分析図の類型は、上昇白 3 型（第 2・第 3 区分右傾上
昇型）で、流投資産額以下に総負債額を抑える第 1 目標、総収益額以下に総
費用額を抑える第 2 目標、損益前資本額以下に固定性資産額を抑える第 3 目標
の三目標を達成しておりＴ社とＨ社の総合評価は最上位のＳレベル評価である。

3 ：Ｎ社は、原因実数である第 2 区分の収益資金の不足◆ 1,144 と第 3 区分の自
己資金の不足◆ 17,546 との合計 18,690 を、負債で補填したために結果実数
の第 1 区分の流投資金が負債過多を意味する★ 18,690 になったと因果分析
を行う。下降黒 3 型（第 1 区分右傾下降型）のＮ社は、第 1 目標の流動性、
第 2 目標の収益性、第 3 目標の投資性のすべてが未達成であり総合評価は最
下位Ｃレベル評価である。

4 ：Ｍ社は、原因実数である第 2 区分の収益資金の余裕☆ 845 で、第 3 区分の自
己資金不足◆ 1,122 をカバーできず、なお不足する 277 については負債に依
存したので、結果実数である第 1 区分の流投資金が★ 277 の不足（負債過
多）になったとの因果分析を行う。下降黒 2 型（第 1・第 2 区分右傾下降型）
のＭ社は、第 2 目標の収益性は達成されているが、第 1 目標の流動性と第 3
目標の投資性が未達成であり総合評価は下位から 2 番目のＢレベル評価であ

る。

N社とM社の三資金の金額点検は次のとおりである。

N社：流投資金★ 18,690 ＝収益資金◆ 1,144 ＋自己資金◆ 17,546

M社：流投資金★ 　277 ＝収益資金☆ 　845 ＋自己資金◆ 1,122

第3項　M社、Y病院、RC社の1期型財務分析図による可視化の要約

　図10-2の1期型財務分析図を用いて、M社、Y病院、RC社の目標管理と因果分析による各経営体の財務状況の評価と目標達成レベルの評価を要約する。

図10-2　　1期型財務分析図（主要図・簡易型）の三類型　M社、Y病院、RC社

経 営 体 名 図形の名称	Y 病 院 上昇白2型 第3区分右傾上昇型	M 　社 分散白2型 第2区分分散型	RC 　社 集中黒2型 第2区分集中型
区分：資金名	Aレベル評価	Aレベル評価	Bレベル評価
第1区分：流投資金 （結果実数）	◇ 11,292 良好	◇ 87 良好	★ 648 要改善
第2区分：収益資金 （原因実数）	◆ 4,730 要改善	☆ 393 良好	◆ 935 要改善
第3区分：自己資金 （原因実数）	☆ 16,022 良好	◆ 306 要改善	☆ 287 良好

残高点検式：Y病院流投資金◇ 11,292 ＝収益資金◆ 4,730 ＋自己資金☆ 16,022 単位万円
残高点検式：M社流投資金◇ 87 ＝収益資金☆ 393 ＋自己資金◆ 306 単位億円
残高点検式：RC社流投資金★ 648 ＝収益資金◆ 935 ＋自己資金☆ 287 単位億円
M社2019年3月期決算、Y病院2022年3月期決算、RC社2018年3月期決算の有価証券報告書より筆者作成

1 ：1期型財務分析図（主要図）の図10-1のY病院は、原因実数である第3区分の自己資金の余裕☆ 16,022 で、第2区分の収益資金不足◆ 4,730（赤字決算）を補填し、残余の 11,292 が結果実数である第1区分の流投資金へ上昇し流投資金の余裕◇ 11,292 を結果したと因果分析を行う。上昇白2型（第3区分右傾上昇型）のY病院は、収益性の第2目標は未達成であるが、第1目標の流動性と第3目標の投資性が達成されており、第1区分の流動性が良好であるので、総合評価は上位から2番目のAレベル評価である。

2 ：M社は、原因実数である第2区分の収益資金の余裕☆ 393 で、第3区分の自己資金不足◆ 306 を補填し、残余の 87 が、結果実数である第1区分の流投資金へ上昇し流投資金の余裕◇ 87 を結果したと因果分析を行う。分散白2型（第2区分分散型）のM社は、第3目標の投資性は未達成であるが、第1目標の流動性と第2目標の収益性を達成しており、第1区分の流動性が

良好であるので、総合評価は上位から２番目のＡレベル評価である。

3：RC 社は、原因実数である第３区分の自己資金の余裕☆287 で、第３区分の自己資金不足◆935 を補填できず、なお不足する 648 を第１区分の負債で補填したために、結果実数である第１区分の流投資金は負債過多を意味する流投資金★648 になったと因果分析を行う。集中黒２型（第２区分集中型）の RC 社は、投資性の第３目標は達成しているが、第１目標の流動性と第２目標の収益性が未達成であるので、総合評価は下位から２番目のＢレベル評価である。

Ｙ病院、Ｍ社、RC 社の三資金の金額点検は次のとおりである。

残高点検式：Ｙ病院の流投資金◇11,292 ＝収益資金◆4,730 ＋自己資金☆16,022

残高点検式：Ｍ社の流投資金◇87 ＝収益資金☆393 ＋自己資金◆306

残高点検式：RC 社の流投資金★648 ＝収益資金◆935 ＋自己資金☆287

以上のように、収益資金（総収益と総費用の差）および自己資金（損益前資本と固定性資産との差）を原因実数（原因指標）、流投資金（流投資産と総負債の差）を結果実数（結果指標）とすることで、資金の過不足状況や補填状況の因果分析、金額点検が可能になる。加えて、可視化図としての１期型財務分析図（主要図）において、流投資金、収益資金、自己資金それぞれが良好か否かを表示し、且つ金額の流れを上下の矢印で「見える化」することによって、観察者は経営体の財務状況の良否を視覚的に瞬時に認識することが可能になるわけである。

第２節　２期型財務分析図（補助図）による可視化の要約

第１項　事例分析による２期型財務分析図（補助図）の六類型の確認について

　第１節で確認できた六タイプの１期型財務分析図（主要図）の決算年度を起点にして、四自動車会社の２期型財務分析図（補助図）による事例分析を行った結果、Ｔ社とＨ社で「上昇白３型（第２・第３区分右傾上昇型）」、Ｍ社で「分散白２型（第２区分分散型）」、Ｎ社で「下降黒３型（第１区分右傾下降型）」の三タイプを確認することができた。

　残る三タイプを確認するべく四自動車会社の 2013 年〜 2022 年３月期決算の 10 年間の２期型財務分析図（補助図）による事例分析を行った結果、Ｎ社の

2014 年 3 月期決算〜 2015 年 3 月期決算で「下降黒 2 型（第 1・2 区分右傾下降型）の 2 期型財務分析図を確認することができた。

　あと二タイプのうち、2 期型財務分析図（補助図）の「集中黒 2 型（第 2 区分集中型）」は、Y 病院の 2021 年 3 月期決算〜 2022 年 3 月期決算で 2 期型財務分析図を確認することができた。

　最後に、2 期型財務分析図（補助図）の「上昇白 2 型（第 3 区分右傾上昇型）」は、電機業界に分類され複合機器で知られる RC 社の 2017 年 3 月期決算〜 2018 年 3 月期決算で確認することができた。

　以上の T 社、H 社、M 社、N 社、Y 病院、RC 社の 2 期型財務分析図（補助図）の六タイプの確認表が次の表 10-2 である。

表10-2　2期型財務分析図（補助図）の六類型（四自動車会社中心に2013年3月期決算〜2022年3月期決算調べ）

	上昇白 3 型 (第2・第3区分右傾上昇型) 最上位 S レベル評価 (三目標達成)	上昇白 2 型 (第3区分右傾上昇型) A レベル評価 (二目標達成)	分散白 2 型 (第2区分分散型) A レベル評価 (二目標達成)	下降黒 2 型 (最1・第2区分右傾下降型) B レベル評価 (二目標未達成)	集中黒 2 型 (第2区分集中型) B レベル評価 (二目標未達成)	下降黒 3 型 (第1区分右傾下降型) 最下位 C レベル評価 (三目標未達成)
T　社	2021 年 3 月期決算〜 2022 年 3 月期決算	—	—	—	—	—
H　社	2021 年 3 月期決算〜 2022 年 3 月期決算	—	—	—	—	—
N　社	—	—	—	2014 年 3 月期決算〜 2015 年 3 月期決算	—	2021 年 3 月期決算〜 2022 年 3 月期決算
M　社	—	—	2021 年 3 月期決算〜 2022 年 3 月期決算	—	—	—
Y病院	—	—	—	—	2021 年 3 月期決算〜 2022 年 3 月期決算	—
RC 社	—	2017 年 3 月期決算〜 2018 年 3 月期決算	—	—	—	—

　以上の 2 期型財務分析図（補助図）の六タイプを整理すると次のようになる。

①T 社と H 社の 2021 〜 2022 年で上昇白 3 型（第 2・第 3 区分右傾上昇型）

②RC 社の 2017 〜 2018 年で上昇白 2 型（第 3 区分右傾上昇型）

③M社の 2021 〜 2022 年で分散白 2 型（第 2 区分分散型）

④N 社の 2014 〜 2015 年で下降黒 2 型（第 1・第 2 区分右傾下降型）

⑤Y 病院の 2021 〜 2022 年で集中黒 2 型（第 2 区分集中型）

⑥N 社の 2021 〜 2022 年で下降黒 3 型（第 1 区分右傾下降型）

第 2 項　2 期型財務分析図（補助図）による可視化の要約

　第 1 項では T 社、H 社、N 社、M社、Y 病院、RC 社に対する事例分析で確認できた 2 期型財務分析図の六類型について、確認表による要約を行った。

　第 2 項では、2 期型財務分析の可視化図による要約を行う。流投資金（借方勘定の流投資産の増減高と貸方勘定の総負債の増減高との差）、収益資金（借方勘

定の総費用の増減高と貸方勘定の総収益の増減高との差）、自己資金（借方勘定
の固定性資産の増減高と貸方勘定の損益前資本の増減高との差）の流れを上下の
矢印で「見える化」することによって、観察者は経営体の「2 会計期間比較によ
る財務変動状況の良否」を視覚的に瞬時に認識することが可能になる。

　加えて、収益資金額および自己資金額を原因実数（原因指標）、流投資金額を
結果実数（結果指標）とすることで、資金の過不足状況や補填状況の要因分析、
金額点検も可能になる。これを先ず簡易版の図 10-3 で明らかにする。

図 10-3　　2 期型財務分析図（補助図・簡易版）の三類型 H 社、RC 社、M 社

経営体名	H 社	RC 社	M 社
図形の名称	上昇白 3 型 第2・第3区分右傾上昇型	上昇白 2 型 第3区分右傾上昇型	分散白 2 型 第2区分分散型
区分：資金名	最上位 S レベル評価	A レベル評価	A レベル評価
第1区分：流投資金 （結果実数）	◇ 11,021 良好	◇ 651 良好	◇ 754 良好
第2区分：収益資金 （原因実数）	☆ 4,880 良好	◆ 963 要改善	☆ 1,203 良好
第3区分：自己資金 （原因実数）	☆ 6,141 良好	☆ 1,614 良好	◆ 449 要改善

残高点検式：H 社流投資金◇ 11,021 ＝収益資金☆ 4,880 ＋自己資金☆ 6,141　　単位億円
残高点検式：RC 社流投資金◇ 651 ＝収益資金◆ 963 ＋自己資金☆ 1,614　　単位万円
残高点検式：M 社流投資金◇ 754 ＝収益資金☆ 1,203 ＋自己資金◆ 449　　単位億円
H 社と M 社の有価証券報告書の 2021 年 3 月期決算と 2022 年 3 月期決算より筆者作成
RC 社有価証券報告書の 2017 年 3 月期決算と 2018 年 3 月期決算より筆者作成

1．H 社、RC 社、M 社の 2 期型財務分析図による可視化の要約

　第1に、簡易版の図 10-3 の H 社の上昇白 3 型（第2・第3区分右傾上昇型）
の 2 期型財務分析図の最上位 S レベルから取り上げる。H 社の原因実数の第2区
分の収益資金の増加☆ 4,880 と、第3区分の自己資金の増加☆ 6,141 とが、第1
区分へ上昇し結果実数の流投資金の増加◇ 11,021 をもたらしている状況が矢印
入りで「見える化」されていることを確認できる。

　第2に、A レベルの上昇白 2 型（第3区分右傾上昇型）の RC 社は、原因実数
の第3区分の自己資金の増加☆ 1,614 が、第2区分の収益資金の減少◆ 963 をカ
バーし、残余の 651 が第1区分へ上昇し結果実数の流投資金の増加◇ 651 をもた
らしている状況が矢印入りで「見える化」されていることを確認できる。

　第3に、A レベルの分散白 2 型（第2区分分散型）の M 社は、原因実数の第
2区分の収益資金の増加☆ 1,203 が第3区分の自己資金の減少◆ 449 をカバーし、

残余の754が第1区分へ上昇し結果実数の流投資金の増加◇754をもたらしている状況が矢印入りで「見える化」されていることを確認できる。

2. N社、Y病院の2期型財務分析図による可視化の要約

図10-4　　2期型財務分析図（補助図・簡易版）の三類型 N社、Y病院、N社

経 営 体 名 図型の名称	N社 下降黒2型 （第1・第2区分右傾下降型）	Y病院 集中黒2型 （第2区分集中型）	N社 下降黒3型 （第1区分右傾下降型）
区分：資金名	B レベル評価	B レベル評価	最下位 C レベル評価
第1区分：流投資金 （結果実数）	★ 1,307 要改善	★ 35,578 要改善	★ 687 要改善
第2区分：収益資金 （原因実数）	☆ 598 良好	◆ 48,066 要改善	◆ 418 要改善
第3区分：自己資金 （原因実数）	◆ 1,905 要改善	☆ 9,488 良好	◆ 269 要改善

残高点検式：N 社流投資金★ 1,307 ＝収益資金☆ 598 ＋自己資金◆ 1,905　　　単位億円
残高点検式：Y 病院流投資金★ 35,578 ＝収益資金◆ 48,066 ＋自己資金☆ 9,488　単位万円
残高点検式：N 社流投資金★ 687 ＝収益資金◆ 418 ＋自己資金◆ 269　　　　単位億円
下降黒2型：N社有価証券報告書の2014年3月期決算と2015年3月期決算より筆者作成
集中黒2型：Y病院有価証券報告書の2021年3月期決算と2022年3月期決算より筆者作成
下降黒3型：N社有価証券報告書の2021年3月期決算と2022年3月期決算より筆者作成

　第1に、簡易版の図10-4（補助図）の中から下位BレベルのN社の下降黒2型（第1・第2右傾下降型）を取り上げる。原因実数の第2区分の収益資金の増加☆598で、第3区分の自己資金の減少◆1,905をカバーできず、不足1,307を負債で補填したために第1区分から資金が下降し、結果実数の流投資金の減少（負債過多）★1,307となった状況が矢印入りで「見える化」されていることを確認できる。

　第2に、下位Bレベルの集中黒2型（第2区分集中型）のY病院は、原因実数の第3区分の自己資金の増加☆9,488で、第2区分の収益資金の減少◆48,066をカバーできず、不足35,578を負債で補填したために第1区分から資金が下降し、結果実数の流投資金の減少（負債過多）★35,578となった状況が矢印入りで「見える化」されていることを確認できる。

　第3に、最下位Cレベルの下降黒3型（第1区分右傾下降型）のN社は、原因実数の第2区分の収益資金の減少◆418と第3区分の自己資金の減少◆269の合計687を負債で補填したために第1区分から資金が下降し、結果実数の流投資金の減少（負債過多）★687となった状況が矢印入りで「見える化」されていることを確認できる。なお、大科目の2期型財務分析図（補助図）による詳細な説明は第9章を参照されたい。

第3節　1期型財務分析図と2期型財務分析図による取引方針の可視化

　第3節では、1期型財務分析図と2期型財務分析図による取引方針の可視化について要約を行う。表10-3は第9章で取り上げた取引方針の選択基準表である。

表10-3　　　　　取引方針の選択基準—流動負債比率基準—　　　　筆者作成

	経営体	目標達成レベル	目標達成状況	流動負債比率	取引方針	財務変動状況
①	T社とH社	Sレベル	三目標達成	100%以下	取引拡大	—
①	—	Aレベル	二目標達成	100%以下	取引拡大	—
①	Y病院とM社	Aレベル	二目標達成	100%以下	取引拡大	—
②	M社とRC社	Bレベル	一目標達成	100%以下	取引拡大	好転
②	—	Bレベル	一目標達成	100%以下	現状維持	後退
③	—	Bレベル	一目標達成	100%超	現状維持	好転
③	N社	Bレベル	一目標達成	100%超	取引縮小	後退
④	—	Cレベル	三目標未達成	100%超	取引縮小	好転
④	N社	Cレベル	三目標未達成	100%超	取引撤退	後退

①目標達成レベルがSレベルとAレベルの経営体は、流動負債比率100%以下であれば、2会計期間比較による財務変動状況の好転、後退に関係なく取引拡大とする。

②目標達成レベルがBレベルの経営体は、流動負債比率が100%以下の時は現状維持を原則とする。ただし、財務変動状況が好転の時は取引拡大とする。

③目標達成レベルがBレベルの経営体は、流動負債比率が100%超の時は取引縮小を原則とする。ただし財務変動状況が好転時は現状維持とする。

④目標達成レベルがCレベルの経営体は、流動負債比率が100%超の時は取引撤退を原則とする。ただし、財務変動状況の好転時は取引縮小とする。

⑤2会計期間比較による2期型財務分析図の流投資金が◇付きの金額であれば財務変動状況は「好転」とし、★付きの金額であれば「後退」とする。

なお、経営体欄の—は本書の事例分析では該当の経営体なしを意味する。

第1項　1期型財務分析図と2期型財務分析図によるM社との取引方針の可視化

　紙幅の都合上、Bレベルの中からM社とN社の2社を取り上げて要約を行う。先ず、M社の2015年3月期決算の1会計期間に係る1期型財務分析図（主要図）は次の図10-5のとおりである。

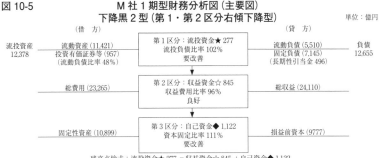

図10-5　　　　　　　M社1期型財務分析図（主要図）
　　　　　　下降黒2型（第1・第2区分右傾下降型）　　　　単位：億円

残高点検式：流投資金★277＝収益資金☆845＋自己資金◆1,122
下降黒2型で目標達成レベルはBレベル（三目標中、一目標達成）
M社の2022年3月期決算の有価証券報告書より筆者作成

　この1期型財務分析図だけの場合、M社の流動負債比率は100%以下の48%であるので、M社との取引方針は「現状維持」が選択される。しかし、取引方

針の選択基準表の②において「財務変動状況」が好転であれば「取引拡大」となっている。そこで、図 10-6 の 2 期型財務分析図を検討する。

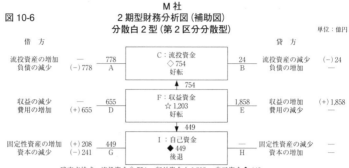

図 10-6

M 社
2 期型財務分析図（補助図）
分散白 2 型（第 2 区分分散型）

単位：億円

残高点検式：流投資金◇ 754 ＝収益資金☆ 1,203 ＋自己資金◆ 449
M 社有価証券報告書の 2021 年 3 月期決算と 2022 年 3 月期決算より筆者作成

M 社の図 10-6 は分散白 2 型（第 2 区分分散型）である。原因実数の第 2 区分の収益資金の増加☆ 1,203 が第 3 区分の自己資金の減少◆ 449 をカバーし、その残余の 754 が第 1 区分へ上昇し、結果実数の流投資金の増加◇ 754 を結果している。流投資金は◇付きの金額であるので、表 10-3 の取引方針の選択基準表の末尾⑤に基づき M 社の財務変動状況は好転していると評価する。よって、1 期型財務分析図（主要図）をベースにし、これに 2 期型財務分析図（補助図）を加味すると、M 社との取引方針は「現状維持」ではなく「取引拡大」となる。

第 2 項　1 期型財務分析図と 2 期型財務分析図による N 社との取引方針の可視化

次に、N 社の事例を取り上げる。図 10-7 は N 社の 1 期型財務分析図である。

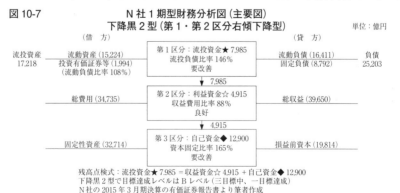

図 10-7

N 社 1 期型財務分析図（主要図）
下降黒 2 型（第 1・第 2 区分右傾下降型）

単位：億円

残高点検式：流投資金★ 7,985 ＝収益資金☆ 4,915 ＋自己資金◆ 12,900
下降黒 2 型で目標達成レベルは B レベル（三目標中、一目標達成）
N 社の 2015 年 3 月期決算の有価証券報告書より筆者作成

　この1期型財務分析図だけの場合、N社の流動負債比率は100％超の108％であるので、N社との取引方針は「取引縮小」が選択される。しかし、表10-3の取引方針の選択基準表の末尾③において「財務変動状況」が好転であれば「現状維持」となっている。そこで、図10-8の2期型財務分析図を検討する。

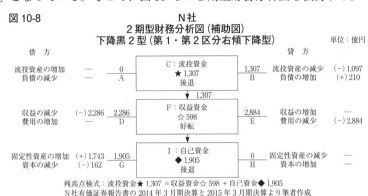

図 10-8
N社
2期型財務分析図（補助図）
下降黒2型（第1・第2区分右傾下降型）　　　　　　単位：億円

残高点検式：流投資金★1,307＝収益資金☆598＋自己資金◆1,905
N社有価証券報告書の2014年3月期決算と2015年3月期決算より筆者作成

　N社の図10-8は下降黒2型（第1・第2区分右傾下降型）である。原因実数の第2区分の収益資金の増加☆598で、第3区分の自己資金の減少◆1,905をカバーできず、その不足の1,307を負債で補填したために、第1区分から資金が下降し、結果実数の流投資金の減少★1,307を結果している。流投資金は★付きの金額であるので、表10-3の取引方針の選択基準表の末尾⑤に基づきM社の財務変動状況は後退していると評価する。よって、1期型財務分析図（主要図）をベースにし、これに2期型財務分析図（補助図）を加味すると、M社との取引方針は「現状維持」ではなく「取引縮小」が選択されることになる。

　このように、先ず1期型財務分析図（主要図）で「1会計期間の財務状況」の良否の大局を把握し、次いでこれに2期型財務分析図（補助図）による「2会計期間比較による財務変動状況」の良否を加味し、当該経営体との取引に係る「取引方針の検討・選択の過程」を可視化する。これによって、経営外部の観察者であっても対象経営体の財務状況について新たな見方が可能になる。

第4節　因果分析による財務諸表分析の留意点―第10章の結びに代えて―

　また、以下のように因果比率分析と因果実数分析を併用することも重要である

ので、財務諸表分析を行う上での留意点を述べ第 10 章の結びとする。

第 1 項　原因実数の収益資金と資産対収益資金率の併用について

　第 1 項では、原因実数の収益資金と資産対収益資金率とを併用をすることで収益分析がより妥当になることを説明する。

1.　原因実数の収益資金と資産対収益資金率の併用—T 社と H 社の例—

　第 1 に、実数の収益資金と資産対収益資金率とを併用することで収益性分析がより妥当になることを説明する。表 10-4 の実数（金額）ベースの実数の収益資金（黒字額または赤字額）をみると、①T 社（黒字 1 兆 6,380 億円）、②H 社（黒字 3,734 億円）、③M 社（赤字▲ 358 億円）、④N 社（赤字▲ 726 億円）の順位になる。

表 10-4　　　　　　　　四社の収益資金残高状況（2021 年 3 月期決算）

2021 年 3 月期決算	T　社	H　社	N　社	M　社
収益資金	1 兆 6,380 億円	3,734 億円	▲ 726 億円	▲ 358 億円

出所：各社の 2021 年 3 月期決算の各社有価証券報告書より筆者作成
　　　四捨五入処理の関係で億円未満の金額を端数調整している。

　四自動車会社のうち、表 10-5 で T 社と H 社を比較すると、T 社の収益資金の余裕額（黒字額）は 1 兆 6,380 億円である。これに対して、H 社の収益資金の余裕額（黒字額）は 3,734 億円であるので、T 社が 4.39 倍優れている。

表 10-5　　T 社と H 社の収益資金残高状況（2021 年 3 月期決算）

2021 年 3 月期決算	T　社	H　社	両社の差
収益資金	1 兆 6,380 億円	3,734 億円	4.39 倍

出所：T 社と H 社の 2021 年 3 月期決算の有価証券報告書より筆者作成
　　　四捨五入処理の関係で一部端数を調整している。

　しかし、次の表 10-6 の資産対収益資金率（黒字額の割合）でみると[6]、T 社の資産対収益資金率（黒字額の割合）は 7.73％である。これに対して、H 社の資産対収益資金率（黒字額の割合）は 11.04％である。よって、資産対収益資金率（黒字額の割合）でみると、実数ベースとは逆で H 社が T 社よりも 1.43 倍上回っていることがわかる。

表 10-6　四自動車会社の金額ベースに基づく収益資金残高状況（2021 年 3 月期決算）

2021 年 3 月期決算	T 社	H 社	両社の差
収益資金	1 兆 6,380 億円	3,734 億円	4.39 倍
資　産	21 兆 1,983 億円	3 兆 3,834 億円	6.27 倍
資産対収益資金率	7.73％	11.04％	1.43 倍

出所：T 社と H 社の 2021 年 3 月期決算の有価証券報告書より筆者作成
　　　四捨五入処理の関係で端数調整を行っている。

　なお、資産と収益資金との比較による新しい資産対収益資金率（黒字額の割

合）の計算式は「資産対収益資金率（％）＝収益資金÷資産」である。次に、収益資金と資産対収益資金率の併用によるN社とM社の収益性分析について説明を行う。

2. 原因実数の収益資金と資産対収益資金率の併用―N社とM社の例―

　表 10-7 の金額ベースでN社とM社を比較すると、N社の場合、収益資金のマイナスを意味する総収益の不足額＝赤字額は▲ 726 億円であるのに対して、M社は▲ 358 億円である。よって、N社がM社よりも 2.03 倍劣っている。

表 10-7　　N社とM社の収益資金残高状況（2021 年 3 月期決算）

2021 年 3 月期決算	N社	M社	両社の差
収益資金	▲ 726 億円	358 億円	2.03 倍

出所：N 社と M 社の 2021 年 3 月期決算の有価証券報告書より筆者作成
　　　四捨五入処理の関係で一部端数を調整している。

　しかし、表 10-8 の比率分析の資産対収益資金率（赤字額の割合）でみると、N社の資産対収益資金率（赤字額の割合）は 3.14％である。これに対して、M社の資産対収益資金率（赤字額の割合）は 0.63％であり、倍率にするとN社がM社よりも 4.98 倍劣っている。つまり実数の 2.03 倍と比べると、比率でみるとN社がM社よりも倍以上劣っていることがわかる。

表 10-8　　N社とM社の資産対収益資金率（2021 年 3 月期決算）

2021 年 3 月期決算	N社	M社	両社の差
収益資金	▲　726 億円	▲　358 億円	2.03 倍
資　　産	2 兆 3,093 億円	5 兆 7,055 億円	2.47 倍
資産対収益資金率	3.14％	0.63％	4.98 倍

出所：N 社と M 社の 2021 年 3 月期決算の有価証券報告書より筆者作成
　　　四捨五入処理の関係で端数調整を行っている。

　このように実数分析だけでみた財務諸表分析と、実数分析と資産対収益資金率の併用でみた財務諸表分析とでは見え方が異なる。ここに実数分析と比率分析を併用し各社の財務状況をより正しく認識する必要性がある。そこで次に、原因実数の自己資金と資産対自己資金率の併用による事例分析について説明を行う。

第 2 項　原因実数の自己資金と資産対自己資金率の併用について

　第 2 項では、原因実数の自己資金と資産対自己資金率とを併用をすることで投資性分析がより妥当になることを説明する。

1. 原因実数の自己資金と資産対自己資金率の併用―T社とH社の例―

　表 10-9 の実数（金額）ベースの自己資金をみると、自己資金でみる順位は①T 社（7 兆 1,166 億円）、②H 社（4,407 億円）、③M 社（▲ 673 億円）、④N 社

（▲ 1 兆 7,277 億円）の順位になる。

表 10-9　　　四自動車会社の金額ベースに基づく自己資金状況（2021 年 3 月期決算）

2021 年 3 月期決算	T 社	H 社	N 社	M 社
自己資金	7 兆 1,166 億円	4,407 億円	▲ 1 兆 7,277 億円	▲ 　673 億円
資　　産	21 兆 1,983 億円	3 兆 3,834 億円	2 兆 3,093 億円	5 兆 7,055 億円

出所：各社の 2021 年 3 月期決算の各社有価証券報告書より筆者作成
　　　四捨五入処理の関係で億円未満の金額を端数調整している。

　四社のうち、次の表 10-10 で T 社と H 社を比較すると、T 社の自己資金のプラスを意味する損益前資本＝自己資金の余裕額は 7 兆 1,166 億円である。一方、H 社は 4,407 億円であるので、T 社が H 社よりも 16.15 倍優れている。

表 10-10　　　　T 社と H 社の自己資金残高状況（2021 年 3 月期決算）

2021 年 3 月期決算	T 社	H 社	両社の差
自己資金	7 兆 1,166 億円	4,407 億円	16.15 倍

出所：T 社と H 社の 2021 年 3 月期決算の有価証券報告書より筆者作成
　　　四捨五入処理の関係で億円未満の金額を端数調整している。

　しかし、次の表 10-11 の比率ベースの資産対自己資金率（資産対自己資金の割合）でみると、T 社の資産対自己資金率＝自己資金余裕率は 33.57％である。これに対して、H 社は 13.03％であるので、その差は 2.58 倍である。

表 10-11　　　　T 社と H 社の資産対自己資金率（2021 年 3 月期決算）

2021 年 3 月期決算	T 社	H 社	両社の差
自己資金	7 兆 1,166 億円	4,407 億円	16.15 倍
資　　産	21 兆 1,983 億円	3 兆 3,834 億円	6.27 倍
資産対自己資金率	33.57%	13.03%	2.58 倍

出所：T 社と H 社の 2021 年 3 月期決算の有価証券報告書より筆者作成

　このように、表 10-10 の実数では T 社が H 社を 16.15 倍も上回っているが、表 10-11 の資産対自己資金率＝自己資金余裕率では 2.58 倍の差であることがわかる。次に、自己資金と資産対自己資金率の併用による N 社と M 社の資本固定性分析について説明を行う。

2.　原因実数の自己資金と資産対自己資金率の併用―N 社と M 社の例―

　表 10-12 の金額ベースで N 社と M 社を比較すると、N 社は自己資金のマイナスを意味する損益前資本＝自己資金の不足額が▲ 1 兆 7,277 億円である。一方、M 社は▲ 673 億円であるので、N 社が M 社よりも 25.67 倍劣っている。

表 10-12　　　N 社と M 社の資産自己資金残高状況（2021 年 3 月期決算）

2021 年 3 月期決算	N 社	M 社	両社の差
自己資金	▲ 1 兆 7,277 億円	▲ 673 億円	25.67 倍

出所：N 社と M 社の 2021 年 3 月期決算の有価証券報告書より筆者作成
　　　四捨五入処理の関係で億円未満の金額を端数調整している。

　しかし、次の表 10-13 の比率ベースの資産対自己資金率でみると、N 社の資産対自己資金率は 74.81％である。一方、M 社は 1.18％である。よって、N 社が

M社よりも 63.40 倍劣っている。

表 10-13　　　N 社とM 社の資産対自己資金率（2021 年 3 月期決算）

2021 年 3 月期決算	N　社	M　社	両社の差
自己資金	▲ 1 兆 7,277 億円	▲　　673 億円	25.67 倍
資　産	2 兆 3,093 億円	5 兆 7,055 億円	2.47 倍
資産対自己資金率	74.81%	1.18%	63.40 倍

出所：N 社と M 社の 2021 年 3 月期決算の有価証券報告書より筆者作成
　　　四捨五入処理の関係で端数調整を行っている。

　表 10-12 の実数ではN 社がM 社よりも 25.67 倍劣っているのに比べると、表
10-13 の比率ベースではN 社がM 社よりも 63.40 倍も劣っており、実数以上にN
社が劣っていることがわかる。

　このように実数分析だけでみた財務諸表分析と、実数分析と資産対自己資金率
の併用でみた財務諸表分析とでは見え方が異なる。なお、自己資金と資産との比
較による新しい資産対自己資金率の計算式は、次のとおりである。

　資産対自己資金率（％）＝自己資金÷資産

　次に、結果実数の流投資金と資産対流投資金率の併用による流動性分析につい
て説明を行う。

第 3 項　結果実数の流投資金と資産対流投資金率の併用について

　第 3 項では、結果実数の流投資金と資産対流投資金率とを併用をすることで流
動性分析がより妥当になることを説明する。

1.　結果実数の流投資金と資産対流投資金率の併用―T 社とH 社の例―

　表 10-14 は、四自動車会社の 2021 年 3 月期決算の流投資金である。

表 10-14　　　　　　四社の金額ベースに基づく流投資金状況（2021 年 3 月期決算）

2021 年 3 月期決算	T　社	H　社	N　社	M　社
流投資金	8 兆 7,546 億円	8,141 億円	▲ 1 兆 8,003 億円	▲ 1,031 億円
資　産	21 兆 1,983 億円	3 兆 3,834 億円	2 兆 3,093 億円	5 兆 7,055 億円

出所：各社の 2021 年 3 月期決算の各社有価証券報告書より筆者作成
　　　四捨五入処理の関係で億円未満の金額を端数調整している。

　上掲の表 10-14 の実数（金額）ベースの流投資金では、①T 社（流投資産の
余裕 8 兆 7,546 億円）、②H 社（流投資産の余裕 8,141 億円）、③M社（流投資産
不足＝負債過多▲ 1,031 億円）、④N 社（流投資産不足＝負債過多▲ 1 兆 8,003 億
円）の順位になる。

　そして、四社のうち次の表 10-15 でT 社とH 社を比較すると、T 社の場合、
流投資金のプラスを意味する流投資産の余裕額は 8 兆 7,546 億円である。これに

対して、H 社の場合、流投資金のプラスを意味する流投資産の余裕額は 8,148 億円である。よって、H 社よりも T 社が 10.74 倍も優れていることになる。

表 10-15　　　T 社と H 社の流投資金残高状況（2021 年 3 月期決算）

2021 年 3 月期決算	T 　社	H 　社	両社の差
流投資金	8 兆 7,546 億円	8,141 億円	10.74 倍

出所：各社の 2021 年 3 月期決算の各社有価証券報告書より筆者作成
　　　四捨五入処理の関係で億円未満の金額を端数調整している。

しかし、次の表 10-16 の比率ベースの資産対流投資金率でみると、資産流投資金のプラスを意味する T 社の流投資産の余裕率は 41.30％に対して、H 社の余裕率は 24.06％である。よって、その差は 1.72 倍であり、表 10-15 の実数（金額）ベースでみた差の 10.74 倍ほどではないことがわかる。

表 10-16　　　T 社と H 社の資産対流投資金率（2021 年 3 月期決算）

2021 年 3 月期決算	T 　社	H 　社	両社の差
流投資金	8 兆 7,546 億円	8,141 億円	10.74 倍
資　　産	21 兆 1,983 億円	3 兆 3,834 億円	6.27 倍
資産対流投資金率	41.30%	24.06%	1.72 倍

出所：T 社と H 社の 2021 年 3 月期決算の有価証券報告書より筆者作成
　　　四捨五入処理の関係で端数調整を行っている。

2. 結果実数の流投資金と資産対流投資金率の併用―N 社と M 社の例―

次に、表 10-17 の実数（金額）ベースの絶対額で N 社と M 社を比較すると、N 社の流投資金のマイナスを意味する流投資産の不足額は▲ 1 兆 8,003 億円である。これに対して、M 社の流投資金（流投資産）の不足額は▲ 1,031 億円であるので、17.46 倍もの差があり M 社よりも N 社が劣っている。

表 10-17　　　N 社と M 社の流投資金額状況（2021 年 3 月期決算）

2021 年 3 月期決算	N 　社	M 　社	両社の差
流投資金	▲ 1 兆 8,003 億円	▲ 1,031 億円	17.46 倍

出所：各社の 2021 年 3 月期決算の各社有価証券報告書より筆者作成
　　　四捨五入処理の関係で億円未満の金額を端数調整行っている。

しかし、次の表 10-18 の比率ベースの資産対流投資金率でみると、N 社の流投資金のマイナスを意味する流投資産の不足率は▲ 31.55％であるが、M 社の流投資産の不足率は▲ 4.46％である。両者の差は 7.07 倍であり、表 10-17 の実数でみた差の 17.46 倍ほどではないことがわかる。

表 10-18　　　N 社と M 社の資産対流投資金率（2021 年 3 月期決算）

2021 年 3 月期決算	N 社	M 社	両社の差
流投資金	▲ 1 兆 8,003 億円	▲ 1,031 億円	17.46 倍
資　　産	5 兆 7,055 億円	2 兆 3,093 億円	2.47 倍
資産対流投資金率	▲ 31.55%	▲ 4.46%	7.07 倍

出所：N 社と M 社の 2021 年 3 月期決算の有価証券報告書より筆者作成
　　　四捨五入処理の関係で端数調整を行っている。

このように実数分析だけでみた財務諸表分析と、実数分析と資産対流投資金率の併用でみた財務諸表分析とでは見え方が異なる。なお、流投資金と資産との比較による新しい資産対流投資金率の計算式は、次のとおりである。

資産対流投資金率（％）＝流投資金÷資産

次に、原因実数の自己資金と資産対自己資金率の併用による資本固定性分析について説明を行う。

第4項　原因実数の収益資金と収益資金増減率の併用について

第4項では、原因実数の収益資金と収益資金増減率とを併用をすることで収益性分析がより妥当になることを説明する。

1．原因実数の収益資金と収益資金増減率の併用—T社・H社の例—

表10-19は2019年決算と2021年決算のT社とH社の収益資金のデータである。T社の収益費用のプラスを意味する総収益の余裕額は2021年決算では1兆6,380億円で、H社は3,734億円であるので、実数ではT社がH社を大きく上回っている。

表10-19　　T社とH社の収益資金の増減比較

決算期	T社の収益資金	H社の収益資金
2019年03月	1兆8,968億円	3,622億円
2021年03月	1兆6,380億円	3,734億円
増減額	▲ 2,588億円	＋ 112億円
増減率	▲ 0.1364	＋ 0.0309

出所：T社とH社の有価証券報告書より筆者作成

しかし、T社の収益費用債金額の余裕額は2019年決算の1兆8,968億円が2021年決算では1兆6,380億円へと▲2,588億円の後退となっている。一方、H社の収益資金の余裕額は2019年決算の3,622億円が2021年決算では3,734億円へと112億円の好転となっている。これを、収益資金の増減率で示すと、T社の後退率は▲0.1364で、これに対してH社の好転率は0.0309である。よって、増減率で見るとH社がT社よりも優れており、実数分析とは逆の結果になる。なお、収益資金増減率の計算式は、次のとおりである。

収益資金増減率＝（当期収益資金－前期収益資金）÷前期収益資金

次に、収益資金と収益資金増減率の併用によるN社とM社の収益性分析について説明を行う。

2. 原因実数の収益資金と収益資金増減率の併用─N社・M社の例─

表10-20は2019年決算と2021年決算のN社とM社の収益資金のデータである。N社の収益資金のマイナスを意味する総収益の不足額＝赤字額は2021年3月で▲726億円億円で、M社▲358億円であるので、絶対額ではN社がM社よりも劣っている。

表10-20　　N社とM社の収益資金の増減比較

決算期	N社の収益資金	M社の収益資金
2019年03月	1,686億円	393億円
2021年03月	▲726億円	▲358億円
増減額	▲2,412億円	▲751億円
増減率	▲1.4306	▲1.9109

出所：N社とM社の有価証券報告書より筆者作成

しかし、N社の収益費用債金額は2019年決算の1,686億円の余裕額が2021年決算では▲726億円へと▲2,412億円の後退となっている。一方、M社の収益資金は2019年決算の393億円の余裕額が2021年決算では▲358億円へと▲751億円の後退となっている。これを、収益資金の増減率で示すと、N社の後退率は▲1.4306で、これに対してM社の後退率は▲1,9109である。よって、増減率で見るとM社がN社よりも劣っており、実数分析とは逆の結果になる。このように実数分析だけでみた財務諸表分析と、実数分析と収益資金増減率の併用でみた財務諸表分析とでは見え方が異なる。実数分析と比率分析との併用によって、財務状況をより正しく理解できることに留意することが肝要である。

第5項　原因実数の自己資金と自己資金増減率の併用について

第5項では、原因実数の自己資金と自己資金増減率との併用による資本固定性分析について説明を行う。以下では、原因実数の自己資金と自己資金増減率との併用による四自動車の資本固定性分析を説明する。

1. 原因実数の自己資金と自己資金増減率の併用─T社・H社の例─

表10-21は、2019年決算と2021年決算のT社とH社の自己資金のデータである。T社の自己資金のプラスを意味する損益前資本＝自己資金の余裕額は2021年決算では7兆1,166億円であり、H社は4,407億円であるので、実数ではT社がH社を大きく上回っている。

表 10-21　　　T 社と H 社の自己資金の増減比較

決算期	T 社の自己資金	H 社の自己資金
2019 年 03 月	6 兆 959 億円	3,657 億円
2021 年 03 月	7 兆 1,166 億円	4,407 億円
増減額	＋ 1 兆 207 億円	＋ 750 億円
増減率	＋ 0.1674	＋ 0.2051

出所：T 社と H 社の有価証券報告書より筆者作成

　しかし、T 社の損益前資本＝自己資金の余裕額は 2019 年の 6 兆 959 億円が、2021 年に 7 兆 1,166 億円へと 1 兆 207 億円の好転となっている。一方、H 社の損益前資本＝自己資金の余裕額は 2019 年の 3,657 億円が、2021 年に 4,407 億円へと 750 億円の好転となっている。これを自己資金の増減率で示すと、T 社の好転率は 0.1674 で、一方の H 社の好転率は 0.2051 である。増減率で見ると H 社が T 社よりも優れており、実数分析とは逆の結果になる。

　次に、自己資金と自己資金増減率の併用による N 社と M 社の資本固定性分析について説明を行う。

2.　原因実数の自己資金と自己資金増減率の併用─N 社・M 社の例─

　表 10-22 は 2019 年決算と 2021 年決算の N 社と M 社の自己資金データである。

表 10-22　　　N 社と M 社の自己資金の増減比較

決算期	N 社の自己資金	M 社の自己資金
2019 年 03 月	▲ 9,321 億円	▲ 306 億円
2021 年 03 月	▲ 1 兆 7,277 億円	▲ 673 億円
増減額	▲ 7,956 億円	▲ 367 億円
増減率	▲ 0.8536	▲ 1.1993

出所：N 社と M 社の有価証券報告書より筆者作成

　N 社の自己資金のマイナスを意味する損益前資本＝自己資金の不足額は 2021 年 3 月では▲ 1 兆 7,277 億円で、M 社は▲ 673 億円であるので、絶対額では N 社が M 社よりも大きく劣っている。しかし、N 社の損益前資本＝自己資金の不足額は 2019 年の不足額▲ 9,321 億円が 2021 年決算では 1 兆 7,277 億円へと▲ 7,956 億円の悪化となっている。一方、M 社の損益前資本＝自己資金の不足額は 2019 年の不足額▲ 306 億円が 2021 年決算では▲ 673 億円へと▲ 367 億円の悪化となっている。これを、自己資金の増減率で示すと、N 社の後退率（悪化率）は▲ 0.8536 で、これに対して M 社の後退率（悪化率）は▲ 1.1993 である。よって、増減率で見ると M 社が N 社よりも後退しおり、実数分析とは逆の結果になる。このように実数分析だけでみた財務諸表分析と、実数分析と自己資金増減率の併用でみた財務諸表分析とでは見え方が異なる。実数分析と比率分析との併用によっ

て、財務状況をより正しく理解できることに留意することが肝要である。なお、新しい自己資金増減率の計算式は、次のとおりである。

自己資金増減率＝（当期自己資金－前期自己資金）÷前期自己資金

第 6 項　結果実数の流投資金と流投資金増減率の併用について

　第 6 項では、財務状況分析を行う場合に、結果実数の流投資金と流投資金増減率との併用が重要である根拠を説明する。

1.　結果実数の流投資金と流投資金増減率の併用—T社・H社の例—

　表 10-23 は 2019 年決算と 2021 年決算の T 社と H 社の流投資金データである。

表 10-23　　　　T社とH社の流投資金の増減比較

決算期	T社の流投資金	H社の流投資金
2019 年 03 月	7 兆 9,927 億円	7,279 億円
2021 年 03 月	8 兆 7,546 億円	8,141 億円
増減額	＋ 7,619 億円	＋ 862 億円
増減率	＋ 0.0953	＋ 0.1184

出所：T 社と H 社の有価証券報告書より筆者作成

　T 社の流投資金のプラスを意味する流投資産の余裕額は 2021 年決算では 8 兆 7,546 億円で、H 社は 8,141 億円であるので、絶対額では T 社が H 社を大きく上回っている。このうち、T 社の流投資金の余裕額は 2019 年の 7 兆 9,927 億円が 2021 年に 8 兆 7,546 億円へと 7,619 億円の好転となっている。一方、H 社の流投資金の余裕額は 2019 年の 7,279 億円が 2021 年に 8,141 億円へと 862 億円の好転となっている。これを、流投資金の増減率で示すと、T 社の好転率は 0.0953 で、これに対して H 社の好転率は 0.1184 である。よって、増減率で見ると H 社が T 社よりも優れており、実数分析とは逆の結果になる。

　なお、新しい流投資金増減率の計算式は、次のとおりである。

流投資金増減率＝（当期流投資金－前期流投資金）÷前期流投資金

　次に、流投資金と流投資金増減率の併用による N 社と M 社の流動性分析について説明を行う。

2.　結果実数の流投資金と流投資金増減率の併用—N社・M社の例—

　表 10-24 は 2019 年 3 月期決算と 2021 年決算の N 社と M 社の流投資金のデータである。N 社の流投資金のマイナスを意味する流投資産の不足額は 2021 年決

算では▲ 7,635 億円で、M社はプラスを意味する流投資産の余裕額 87 億円であるので、絶対額ではM社がN社よりも優れている。

表 10-24　　　　　N社とM社の流投資金の増減比較

決算期	N社の流投資金	M社の流投資金
2019 年 03 月	▲ 7,635 億円	87 億円
2021 年 03 月	▲ 1 兆 8,003 億円	▲ 1,031 億円
増減額	▲ 1 兆 368 億円	▲ 1,118 億円
増減率	▲ 1.3580	▲ 12.8506

出所：N社とM社の有価証券報告書より筆者作成

　しかし、N社の流投資金の不足額は 2019 年決算の▲ 7,635 億円が 2021 年決算では▲ 1 兆 8,003 億円へと▲ 1 兆 368 億億円の悪化となっている。一方、M社の流投資金の不足額は 2019 年決算の余裕額 87 億円が、2021 年決算では▲ 1,031 億円へと▲ 1,118 億円の悪化となっている。これを、流投資金の増減率で示すと、N社の後退率（悪化率）は▲ 1.3580 で、これに対してM社の後退率（悪化率）は▲ 12.8506 である。よって、増減率で見るとM社がN社よりも劣っており、実数分析とは逆の結果になる。

　このように実数分析だけでみた財務諸表分析と、実数分析と流投資金増減率の併用でみた財務諸表分析とでは見え方が異なることがある。よって、実数分析と比率分析との併用を行い、財務状況をより正しく理解することが肝要である。

注
1) 理論的に考えられる 13 タイプ（13 類型）の財務分析図については、次を参照されたい。
　石内孔治 ［2017］ 111 -125 頁。
　石内孔治 ［2018］ 23-41 頁。
2) トヨタ株式会社『有価証券報告書 2022 年 3 月期決算』
　https://global.toyota/pages/global_toyota/ir/library/securities-report/archives /
　archives_2022_03.pdf, 175-177 頁。
　本田技研工業株式会社『有価証券報告書 2022 年 3 月期決算』
　https://www.honda.co.jp/content/dam/site/www/investors/cq_img/library/report/FY202203_
　yuho_j.pdf, 163-165 頁。
　日産自動車株式会社『有価証券報告書 2022 年 3 月期決算』
　https://www.nissan-global.com/JP/IR/LIBRARY/FR/2021/ASSETS/PDF/fr2021.pdf, 130-133
　頁。
　マツダ株式会社『有価証券報告書 2022 年 3 月期決算』
　https://www.mazda.com/globalassets/ja/assets/investors/library/s-report/files/f_repo220627.
　pdf, 92-94 頁。

3）マツダ株式会社『有価証券報告書 2019 年 3 月期決算』

https://www.mazda.com/globalassets/ja/assets/investors/library/s-report/files/f_repo190627.pdf, 87-89 頁。

4）公立八女総合病院企業団『業務状況報告書 2022 年 3 月期決算』

https://hosp-yame.jp/wp-content/uploads/2022/07/20220711_ simohankigyo9mujokyohokokusyo_hp.pdf（2022 年 9 月 24 日参照）8-9 頁。

5）リコー株式会社「有価証券 2018 年 3 月期決算」

https://jp.ricoh.com/Media/Ricoh/Sites/jp_ricoh/IR/securities_report/pdf/yuho1803.pdf, 130-132 頁。

6）青木茂男［2012］によれば、比率の分母と分子の組み合わせには、①貸借対照表項目間の比較のように分母と分子がともにストックの比率、②損益計算書項目間の比較のように分母と分子がともにフローの比率、③分母と分子の他方がフローで、他方がストックの比率の三つがある。このうち③の場合には、分母と分子は対応関係がなければならないので、1 年間のフローに対応させるためのストックは期中の平均をとる。ただし、期中の平均を把握するのは難しいので便宜上、期首・期末の平均をとる（青木茂男［2012］37 頁）。よって、四社の総資産対収益費用比率は、正確には次の表 10-25 ようになる。

表 10-25　表 10-6, 表 10-8 の資産の期首残高と期末残高の平均額計算について（2021 年 3 月期決算）

項目	T 社	H 社	M 社	N 社
資産対収益資金率	8.40%	11.47%	▲ 1.63%	▲ 1.38%
総資産（平均）	19 兆 5,038 億円	3 兆 2,549 億円	2 兆 2,001 億円	5 兆 2,788 億円
総資産（期首）	17 兆 8,092 億円	3 兆 1,264 億円	2 兆 909 億円	4 兆 8,520 億円
総資産（期末）	21 兆 1,983 億円	3 兆 3,834 億円	2 兆 3,093 億円	5 兆 7,055 億円

出所：四自動車メーカーの 2021 年 3 月期決算の有価証券報告書より筆者作成
　　　数字は四捨五入処理の関係で端数調整を行っている。

結 章　目標管理と因果分析による財務諸表分析の総括と展望

　本書では経営体の生き残りを目指し[1]、流投資産額以下に総負債額を抑える第1目標、総収益額以下に総費用額を抑える第2目標、損益前資本額以下に固定性資産額を抑える第3目標からなる経営管理としての「目標管理」と、因果比率分析、因果実数分析、因果図分析からなる「因果分析」とによる経営指針としての財務諸表分析を展開してきた。本書を総括し、財務分析図の開発過程、目標管理と因果分析から得られた評価基準、財務諸表分析の課題、展望を取り上げる。

第 1 節　財務分析図の開発過程

　第1節では、財務分析図に「諸記号」と「残高点検式」を組み込む前の問題点を説明する（第1項）。財務分析図に＋と－の記号を組み込むことで解決できる問題と解決できない問題があること（第2項）。財務分析図へ＋、－に代えて、☆、★、◇、◆、矢印を組み込むことで解決できる問題と解決できない問題があること（第3項）。財務分析図の第2区分を「収益資金ボックス」に変更し、第3区分を「自己資金ボックス」に変更し、第1区分を流投資金ボックスとした経緯と、財務分析図に☆、★、◇、◆、矢印と残高点検式を組み込むことで第3項の問題を解決できることを説明する（第4項と第5項）。

第 1 項　開発過程 1：諸記号と残高点検式を組み込む前の財務分析図の問題点
　貸借対照表（B/S）と損益計算書（P/L）が表11-1と表11-2とする。

表 11-1　　　　　　　貸借対照表　　　　　　単位：億円

流動資産	340	流動負債	200
固定資産	600	固定負債	100
		自己資本	640
		（内、当期純利益50）	
	940		940

表 11-2　　　　　　　損益計算書　　　　　　単位：億円

総費用	750	総収益	800
当期純利益	50		
	800		800

筆者作成

　先ず「☆、★、◇、◆、矢印の諸記号および流投資金＝収益資金＋自己資金の残高点検式」と「1期型財務分析図」とを関係づけずに、表11-1と表11-2の

数字を１期型財務分析図へ挿入すると、図 11-1 の末尾のように借方合計は 1,690、貸方合計は 1,740 となり、借方と貸方の合計金額が不一致になる。この貸借合計不一致問題を問題１ということにする。

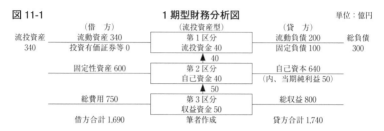

図 11-1　　　　　　　　　　　　１期型財務分析図　　　　　　　　　　　　単位：億円

（流投資産型）

	（借　方）		（貸　方）	
流投資産 340	流動資産 340 投資有価証券等 0	第１区分 流投資金 40	流動負債 200 固定負債 100	総負債 300
	固定性資産 600	第２区分 自己資金 40	自己資本 640 （内、当期純利益 50）	
	総費用 750	第３区分 収益資金 50	総収益 800	
	借方合計 1,690	筆者作成	貸方合計 1,740	

次に、図 11-1 の第３区分ボックスの収益資金 50 と、第２区分ボックスの自己資金 40 億円との合計 90 が、第１区分へ上昇しているのに、第１区分ボックスの流投資金は 40 である。この 40 は借方の流投資産 340 と貸方の総負債 300 との差である。しかし、第２区分から上昇の 40 と第３区分から上昇の 50 の流れの合計 90 と、第１区分の流投資金 40 とが不一致である。このボックス内の金額不一致を問題２ということにする。

第２項　開発過程２：B/S の表示科目の変更による問題１と２の解決

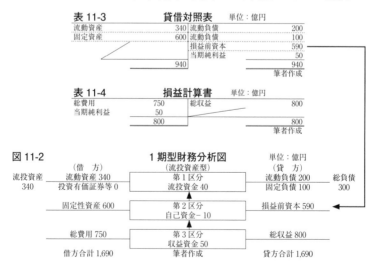

表 11-3　　　　　　貸借対照表　　　　単位：億円

流動資産	340	流動負債	200
固定資産	600	流動負債	100
		損益前資本	590
		当期純利益	50
	940		940
			筆者作成

表 11-4　　　　　　損益計算書　　　　単位：億円

総費用	750	総収益	800
当期純利益	50		
	800		800
			筆者作成

図 11-2　　　　　　　　　　　　１期型財務分析図　　　　　　　　　　　　単位：億円

（流投資産型）

	（借　方）		（貸　方）	
流投資産 340	流動資産 340 投資有価証券等 0	第１区分 流投資金 40	流動負債 200 固定負債 100	総負債 300
	固定性資産 600	第２区分 自己資金− 10	損益前資本 590	
	総費用 750	第３区分 収益資金 50	総収益 800	
	借方合計 1,690	筆者作成	貸方合計 1,690	

貸借合計不一致の問題１の解決は次のように行う。表 11-1 の自己資本（純資

産）640 億円に含まれている当期純利益 50 億円を、表 11-3 の貸借対照表のように損益前資本 590 と当期純利益 50 に区分し表示する。そして、前者の損益前資本 590 を、図 11-2 の 1 期型財務分析図の貸方へと移記することで（表 11-3 から図 11-2 への矢印線を参照）、借方合計 1,690 億円、貸方合計 1,690 億円となり、貸借合計の不一致問題 1 が解決する。ただし、通常は表 11-3 の B/S の貸方のように損益前資本 590 と当期純利益 50 に区分して表示されない。表 11-1 の B/S の貸方のように自己資本 640（内、当期純利益 50）と表示される。それで、分析者の手で自己資本 640 を損益前資本 590 と当期純利益 50 に区分し、損益前資本 590 を図 11-2 の貸方へ計上する必要がある。

　次に、ボックス内の金額不一致の問題 2 は、次のように解決を行う。図 11-1 の第 2 区分のように、第 2 区分の自己資金は＋ 40（＝自己資本 640 －固定性資産 600）ではなく、図 11-2 の自己資金を－ 10（＝損益前資本 590 －固定性資産 600）に修正する。これによって、三つのボックスの金額は第 3 区分 50 －第 2 区分 10 ＝第 1 区分 40 となり、ボックス内の金額不一致の問題 2 も解決する。

　以上の貸借合計不一致の問題 1 とボックス内の金額不一致の問題 2 の解決を受けて、次の第 3 項ではもう一工夫して、「＋、－、☆、★、◇、◆、矢印の諸記号」と、「流投資金＝収益資金＋自己資金の残高点検式」とを 1 期型財務分析図に導入し、「金額の流れ」と「金額点検」の客観化を行うことにする。

第 3 項　開発過程 3：「諸記号」と「残高点検式」の導入

　図 11-3 のように「金額の流れ」と「金額点検」の客観化の第 1 ステップとして、1 期型財務分析図に＋記号と－記号を見える化すると、「金額の流れ」と「金額点検」を結びつけることが可能になる。

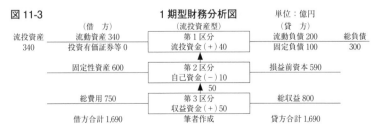

図 11-3　　　　　　　　　　　　1 期型財務分析図　　　　　　　単位：億円

	（借　方）	（流投資産型）	（貸　方）	
流投資産 340	流動資産 340 投資有価証券等 0	第 1 区分 流投資金（＋）40	流動負債 200 固定負債 100	総負債 300
	固定性資産 600	第 2 区分 自己資金（－）10	損益前資本 590	
	総費用 750	第 3 区分 50 収益資金（＋）50	総収益 800	
	借方合計 1,690	筆者作成	貸方合計 1,690	

すなわち、図 11-3 のように第 2 区分の自己資金にマイナス（－）を付せば、

流投資金 + 40 = 自己資金 - 10 + 収益資金 50 となるので「金額点検」を誰もが行うことが可能になる。これに加えて、金額の流れは + 記号の付された金額から - 記号の付された金額へ流れると定めれば、第 1 区分、第 2 区分、第 3 区分の各金額の流れを、流投資産型の 1 期型財務分析図（以下、1 期型財務分析図という）において読み取ることができる（図 11-3 を参照のこと）。

　次に、第 2 ステップとして + 記号と - 記号に代えて、☆、★、◇、◆、矢印の記号を導入し、「白星☆と白ダイヤ◇は正数」、「黒星★と黒ダイヤ◆は負数」と定義し、且つ金額は「白星☆または黒星★」から「白ダイヤ◇または黒ダイヤ◆」に向かって流れると前提する。その上で、「☆、★、◇、◆、矢印の諸記号および流投資金 = 収益資金 + 自己資金の残高点検式」と「1 期型財務分析図」とを次のように関係づけることで、「金額の流れ」と「金額点検」とを客観化（見える化）することができる。これを図 11-4 で確認する。

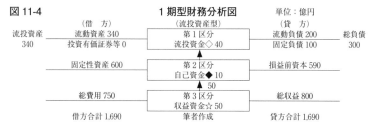

図 11-4 では、金額の流れについては「白星☆または黒星★」から「白ダイヤ◇または黒ダイヤ◆」に向かって流れるとの前提に基づき、第 3 区分の収益資金☆ 50 億円から第 2 区分の自己資金◆ 10 億円と第 1 区分の流投資金◇ 40 とへ流れているのを確認できる。また、「金額点検」については「流投資金◇ 40 = 収益資金◆ 10 + 自己資金☆ 50」により各ボックスの金額の一致を点検することができる。

　以上で図 11-1 の借方合計 1,690 と貸方合計 1,740 の貸借合計不一致の問題 1、そして、図 11-1 の第 3 区分の収益資金 50 から第 2 区分の自己資金 40 へ金額が流れることに伴う第 1 区分の流投資金 40 までのボックス内の金額不一致の問題 2、さらに、図 11-4 の「金額の流れ」と「金額点検」の客観化（見える化）も解決したことになる。しかし、実はもう一つ、諸記号の「☆、★、◇、◆」および「矢印」と、1 期型財務分析図の読み取りに関して次の問題 3 が存在する。

　問題 3 は次のとおりである。金額の流れを示す矢印の読み取りに関しては、矢

印の上昇をもって上昇先の区分ボックスの勘定金額は良好であり、下降をもって
下降先の区分ボックスの勘定金額は改善の必要ありと立論する。前掲の図11-4
の場合は、第3区分から第2区分と第1区分へ上昇しているので、金額の流れに
何も問題がないように映る。しかし、第2区分では損益前資本（自己資本）590
を超えて固定性資産600を取得しているので、「損益前資本（自己資本）590＜
固定性資産600」となっており、自己資本不足の改善が必要である。ところが、
図11-4では自己資本不足であるのに、改善の必要ありを示す金額の流れになって
いない。これは、「白星☆または黒星★」から「白ダイヤ◇または黒ダイヤ◆」に向
かって流れる金額の流れが資金状況の実体を反映してないという問題3を意味する。

第4項　開発過程4：1期型財務分析図の矢印の流れに関わる問題の解決

　この問題3は、図11-4の第2区分の自己資金（固定性資産と損益前資本）を、
第3区分へ配置替し、第3区分の収益資金（総費用と総収益）を第2区分へ配置
替することで解決できる。配置替後の1期型財務分析図が図11-5である。以下
では、白星、黒星、白ダイヤ、黒ダイヤの文字は省略し記号のみを使用する。

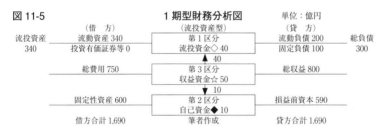

図11-5　　　　　　　　　　　1期型財務分析図　　　　　　単位：億円

　図11-5では、第3区分の自己資金のマイナスを意味する◆10（自己資本不
足）をカバーするために、第2区分の収益資金のプラスを意味する☆50（黒字
決算）の中から10が下降している状況が「見える化」されている。下降の矢印
は、下降先の第3区分ボックスが自己資金◆10であるので、自己資本不足の状
態にあるとのサインである。そこで、図11-5のように総費用と総収益を第2区
分ボックスに配置し、固定性資産と損益前資本を第3区分ボックスに配置すれば、
立論どおりに「☆、★、◇、◆の記号」と「矢印」との関係も一貫するわけであ
る。これによって、金額の上昇↑の流れは良好で、下降↓の流れは改善の必要あ
りとの読み取りが可能になったと言える。

　なお、当期純利益の処分（当期純利益50億円）は株主総会または取締役会の決議事項である。図11-5のように費用と収益を第2区分に配置し、固定性資産と損益前資本を第3区分に配置することよって、定時または臨時の株主総会等における決議前に、収益資金（当期純利益）50億円の内の10億円が転用されている状況を可視化することができる。また、流投資金◇40＝収益資金☆50＋自己資金◆10という残高点検式と1期型財務分析図との関係づけも円滑になる。

　以上で「1期型財務分析図」と「☆、★、◇、◆、矢印などの諸記号および残高点検式」との関係についての説明を終えたので、次に、1期型財務分析図（主要図）における残高点検式に基づく原因実数と結果実数について説明を行う。

第5項　開発過程5：残高点検式、原因実数、結果実数の財務分析図への組み込み

　図11-5の1期型財務分析図における残高点検式の役割は、作成された1期型財務分析図の第1区分、第2区分、第3区分の各金額の正否を点検することにある。この役割を果たす必要上、1期型財務分析図の第2区分の総収益800と総費用750の差である収益資金☆50と、第3区分の損益前資本590と固定性資産額600の差である自己資金◆10との集計額は、第1区分の流投資産340と総負債300の差である流投資金◇40に一致すると前提する。この前提に基づく残高点検式が「流投資金＝収益資金＋自己資金」であり、図11-5の数字を用いて金額点検を行うと「流投資金の◇40＝収益資金の☆50＋自己資金の◆10」となる。

　この残高点検式で確認できるように、収益資金と自己資金しだいで、流投資金が決まる。この「収益資金および自己資金」は原因に相当し、「流投資金」は結果に相当するという関係に着目して、1期型財務分析図の収益資金ボックスと自己資金ボックスを「原因ボックス（原因実数）」、流投資金ボックスを「結果ボックス（結果実数）」と定義する。そして、可視化図の1期型財務分析図の「収益資金および自己資金の原因ボックス」と、「流投資金の結果ボックス」とによる財務状況の分析であるので、これを「因果図分析」というわけである。

　なお、1期型財務分析図（主要図）の役割は、①流投資産額以下に総負債額を抑える第1目標が達成されているか否かを判断できるように可視化すること。②総収益額以下に総費用額を抑える第2目標が達成されているか否かを判断できるように可視化すること。③損益前資本額以下に固定性資産額を抑える第3目標が

達成されているか否かを判断できるように可視化することにある。

第2節　因果分析による評価基準の要約

第2節では、第1目標の流動性、第2目標の収益性、第3目標の投資性からなる「目標管理」と、因果比率分析、因果実数分析、因果図分析からなる「因果分析」をとおして得られた財務諸表分析の「評価基準」を要約する。

第1項　因果比率分析の評価基準

先ず、因果比率分析による目標管理では、原因比率の収益費用比率が100%以下、原因比率の資本固定比率が100%以下であれば、結果比率の流投負債比率は100%以下になる。この場合、第1目標の流動性、第2目標の収益性、第3目標の投資性の三目標は達成されており、理想の最上位Sレベルと目標達成レベルを評価する。事例分析から得られたAレベル、Bレベル、Cレベルを含む因果比率分析の評価基準が表11-5である。

表 11-5　　因果比率分析の評価基準　　筆者作成

比率 評価	流投資金 （結果比率）	収益資金 （原因比率）	自己資金 （原因比率）
Sレベル	100%以下	100%以下	100%以下
Aレベル	100%以下	100%以下	100%超
Aレベル	100%以下	100%超	100%以下
Bレベル	100%超	100%以下	100%超
Bレベル	100%超	100%超	100%以下
Cレベル	100%超	100%超	100%超

従来は、比率分析中心の財務諸表分析であったので、第2章において新たな比率分析である因果比率分析を行い、これから得られた知見が上掲の表11-5の「因果比率分析の評価基準」である。

第2項　因果実数分析の評価基準

上述の因果比率分析に加えて、第3章において新たな実数分析である因果実数分析を行った。これから得られた知見が次の表11-6の「因果実数分析の評価基準」である。因果実数分析による目標管理では、たとえば原因実数の収益資金が

プラス残高、原因実数の自己資金がプラス残高であれば、結果実数の流投資金が
プラス残高になる。この場合、第1目標の流動性、第2目標の収益性、第3目標
の投資性の三目標は達成されており、理想の最上位Sレベルと目標達成レベルを
評価する。事例分析から得られたAレベル、Bレベル、Cレベルを含む因果実数
分析の評価基準が表11-6である。

表11-6　　　　因果実数分析の評価基準　　　筆者作成

資金 評価	流投資金 （結果実数）	収益資金 （原因実数）	自己資金 （原因実数）
Sレベル	プラス残高	プラス残高	プラス残高
Aレベル	プラス残高	マイナス残高	プラス残高
Aレベル	プラス残高	プラス残高	マイナス残高
Bレベル	マイナス残高	プラス残高	マイナス残高
Bレベル	マイナス残高	マイナス残高	プラス残高
Cレベル	マイナス残高	マイナス残高	マイナス残高

　この因果実数分析によって、原因実数の収益資金と自己資金の集計額が結果実
数の自己資金の金額に一致する「残高点検式」に裏付けられた「因果実数分析」
よる財務諸表分析が可能になったのである。

第3項　因果図分析の評価基準

　続いて、以上の記述中心の因果比率分析と因果実数分析に学び、財務諸表分析
の見える化＝可視化に取り組んだことで得られた知見が、次の表11-7の「因果
図分析の評価基準」である。因果図分析による目標管理では、たとえば原因ボッ
クスである第2区分の☆付きの収益資金と第3区分の☆付きの自己資金の集計額
は、結果ボックスの第1区分の◇付きの流投資金に一致する「残高点検式」が財
務分析図に組み込まれている。これによって、第1目標の流動性、第2目標の収
益性、第3目標の投資性の三目標が達成されているか否かを可視化することが可
能になったのである。

　因果図分析では、「残高点検式」によって、原因実数の☆付きの収益資金（総
収益と総費用の差を収益資金と定義）と、☆付きの自己資金（損益前資本と固定
性資産との差を自己資金と定義）との集計額は、◇付きの流投資金（流動資産と
投資有価証券等からなる「流投資産」と、「総負債」の差を「流投資金」と定義）

に一致する。この場合、第１目標の流動性、第２目標の収益性、第３目標の投資性の三目標が達成されており、理想の最上位Ｓレベルと目標評価する。事例分析から得られたＡレベル、Ｂレベル、Ｃレベルを含む評価基準が表11-7である。

表11-7　　　　　　　　**因 果 図 分 析 の 評 価 基 準**　　　　　筆者作成

総合評価	財務分析図の類型	流投資金（第１区分）（結果ボックス）	収益資金（第２区分）（原因ボックス）	自己資金（第３区分）（原因ボックス）
Ｓレベル	上昇白３型（第２・第３区分右傾上昇型型）	◇付きの金額	☆付きの金額	☆付きの金額
Ａレベル	上昇白２型（第３区分右傾上昇型）	◇付きの金額	◆付きの金額	☆付きの金額
Ａレベル	分散白２型（第２区分分散型）	◇付きの金額	☆付きの金額	◆付きの金額
Ｂレベル	下降黒２型（第１・第２区分右傾下降型）	★付きの金額	☆付きの金額	◆付きの金額
Ｂレベル	集中黒２型（第２区分集中型）	★付きの金額	◆付きの金額	☆付きの金額
Ｃレベル	下降黒３型（第１区分右傾下降型）	★付きの金額	◆付きの金額	◆付きの金額

　以上、経営体の財務状況の評価に関して、先ず従来の比率分析に学び因果比率分析による評価を展開し、次いで従来の実数分析に学び因果実数分析による評価を展開し、さらに因果比率分析と因果実数分析を組み込んだ因果図分析による財務状況の評価について取り上げた。もう一つの柱である財務分析図による取引方針の選択過程の見える化について、次の第３節で要約する。

第３節　財務分析図による取引方針の選択基準

　上掲の表11-7の因果図分析の評価基準は、三目標の達成レベルを評価するための基準である。次のア、イ、ウは１期型財務分析図で可視化された財務状況の良否を評価するための流動性のベースの評価基準である。いずれも、事例分析から得られた経験的事実を帰納法によって要約した基準である。

ア：１期型財務分析図の第１区分の結果実数である流投資金が◇付きの金額であれば短期および長期の財務状況は良好と評価する。

イ：１期型財務分析図の第１区分の結果実数である流投資金が★付きの金額であっても、流動負債比率が100％以下（流動資産＞流動負債）であれば短期の財務状況は良好と評価する。

ウ：１期型財務分析図の第１区分の結果実数である流投資金が★付きの金額で且つ流動負債比率が100％超であれば短期および長期の財務状況は不健全状態と評価する。

　上掲のア、イ、ウを基礎にして、次に、1期型財務分析図（主要図）と2期型財務分析図（補助図）を一体化した取引方針の選択基準が次の表11-8である。

表11-8　　　　　　　　取引方針の選択基準―流動負債比率基準―　　　　　　　筆者作成

経営体	目標達成レベル	目標達成状況	流動負債比率	取引方針	財務変動状況
① T社とH社	Sレベル	三目達成	100％以下	取引拡大	―
① ―	Aレベル	二目達成	100％以下	取引拡大	―
①Y病院とM社	Aレベル	二目達成	100％以下	取引拡大	―
②M社とRC社	Bレベル	一目達成	100％以下	取引拡大	好転
② ―	Bレベル	一目達成	100％以下	現状維持	後退
③ ―	Bレベル	一目達成	100％超	現状維持	好転
③ N社	Bレベル	一目達成	100％超	取引縮小	後退
④ ―	Cレベル	三目未達成	100％超	取引縮小	好転
④ N社	Cレベル	三目未達成	100％超	取引撤退	後退

①目標達成レベルがSレベルとAレベルの経営体は、流動負債比率100％以下であれば、2会計期間比較による財務変動状況の好転、後退に関係なく取引拡大とする。
②目標達成レベルがBレベルの経営体は、流動負債比率が100％以下の時は現状維持を原則とする。ただし、財務変動状況が好転の時は取引拡大とする。
③目標達成レベルがBレベルの経営体は、流動負債比率が100％超の時は取引縮小を原則とする。ただし財務変動状況が好転時は現状維持とする。
④目標達成レベルがCレベルの経営体は、流動負債比率が100％超の時は取引撤退を原則とする。ただし、財務変動状況の好転時は取引縮小とする。
⑤2会計期間比較による2期型財務分析図の流投資金が◇付きの金額であれば財務変動状況は「好転」とし、★付きの金額であれば「後退」とする。
　なお、経営体欄の―は本書の事例分析では該当の経営体なしを意味する。

　以下において、第10章で取り上げたM社の1期型財務分析図（主要図）と2期型財務分析図（補助図）を掲げ、財務分析図による取引方針の選択過程の「見える化」についての確認を行うことにする。

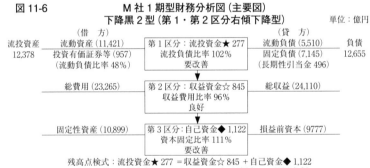

図11-6　　　　　　　　M社1期型財務分析図（主要図）
　　　　　　　　下降黒2型（第1・第2区分右傾下降型）　　　　単位：億円

残高点検式：流投資金★277＝収益資金☆845＋自己資金◆1,122
下降黒2型で目標達成レベルはBレベル（三目標中、一目標達成）
M社の2022年3月期決算の有価証券報告書より筆者作成

　図11-6の1期型財務分析図だけの場合、総合評価BレベルのM社は流動負債比率が100％以下の48％であるので、M社との取引方針は「現状維持」が選択される。しかし、表11-8の取引方針の選択基準の②では「財務変動状況」が好転であれば「取引拡大」となっている。そこで、図11-7の2期型財務分析図を検討する。

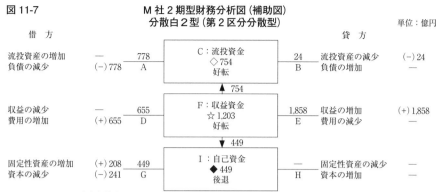

図 11-7　　　　　　　　　　　M 社 2 期型財務分析図（補助図）
分散白 2 型（第 2 区分分散型）　　　　　　　　　　　　単位：億円

残高点検式：流投資金◇ 754 ＝収益資金☆ 1,203 ＋自己資金◆ 449
M 社有価証券報告書の 2021 年 3 月期決算と 2022 年 3 月期決算より筆者作成

　M 社の図 11-7 は分散白 2 型（第 2 区分分散型）である。原因実数の第 2 区分の収益資金の増加☆ 1,203 が第 3 区分の自己資金の減少◆ 449 をカバーし、その残余の 754 が第 1 区分へ上昇し、結果実数の流投資金の増加◇ 754 を結果している。流投資金は◇付きの金額であるので、表 11-8 の取引方針の選択基準表の末尾⑤に基づき M 社の財務変動状況は好転していると評価する。よって、1 期型財務分析図（主要図）を基本とし、これに 2 期型財務分析図（補助図）を加味すると、M 社との取引方針は「現状維持」ではなく「取引拡大」となる。このように、財務状況の良否を評価するための流動性ベースの「ア、イ、ウの評価基準」と、表 11-8 の「取引方針の選択基準」とを、1 期型財務分析図および 2 期型財務分析図と一体化させることで、財務状況の良否、目標達成レベル、取引方針の選択過程の可視化が可能になったと言える。

第 4 節　目標管理と因果分析による財務諸表分析の課題と展望

　次の R 社の表 11-9 の P/L と表 11-10 の B/S を使い、財務諸表分析の課題を述べる。

第 1 項　財務諸表分析の課題

　表 11-9 の P/L で確認できるように 2018 年 3 月期決算の R 社の経営成績は、黒字決算（最終の純利益は 8 億 3,900 万円）であった。また、表 11-10 の B/S

で確認できるようにR社の財政状態は、通説で計算した当座比率が155％、固定
比率が47％であり、短期と長期の流動性に問題はない。収益費用比率、資本固
定比率、流投総負債比率もすべて100％未満であり第1目標の流動性、第2目標
の収益性、第3目標の投資性に問題は見当たらない。

表 11-9　R社損益計算書 (P/L)

自 2017 年 3 月 1 日至 2018 年 2 月 28 日

売上高	489 億 4,000
売上原価	242 億 2,900
売上総利益	247 億 1,100
販売費・管理費	256 億　400
営業損失	△ 8 億 9,300
営業外収益	11 億 7,300
営業外費用	7,200
経常利益	2 億　800
特別利益	1 億 9,000
特別損失	3 億　300
法人税・住民税	△ 7 億 4,400
当期純利益	8 億 3,900

R社の 2018 年 3 月期決算の有価証券報告書より
筆者作成（単位：万円）
四捨五入の関係で端数調整を行っている。
収益費用比率 98％≈総費用 502 億 800 総収益 510
億 4,700

表 11-10　　　　　R社貸借対照表　　　　　筆者作成

2018（平成 30）年 2 月 28 日現在

流動資産	229 億 4,000 万円	流動負債	123 億 9,900 万円
現金及び預金	52 億 3,000 万円	支払手形	19 億 7,600 万円
受取手形	2 億 4,400 万円	買掛金	16 億 6,400 万円
売掛金	137 億 1,700 万円	短期借入金	43 億円
棚卸資産	56 億 5,700 万円	未払金	6 億 3,000 万円
前渡金	16 億円	未払費用	22 億 2,300 万円
その他	47 億 6,400 万円	その他	12 億　600 万円
貸倒引当金	△ 12 億 7,600 万円	（内、賞与引当金 6,400 万円）	
固定資産	111 億 8,300 万円	固定負債	48 億 1,000 万円
有形固定資産	14 億 2,900 万円	リース債務	5,900 万円
無形固定資産	4 億　900 万円	退職給付引当金	41 億 2,900 万円
投資その他の資産 93 億 4,300 万円		その他	6 億 2,200 万円
（内、投資有価証券 2 億 4,400 万円）		純資産（自己資本）	239 億 1,400 万円
		株主資本	241 億 1,500 万円
		評価・換算合計△	2 億　100 万円
資産合計 411 億 2,300 万円		負債・純資産合計	411 億 2,300 万円

通説：流動比率 185％≈流動資産 2,294,000 ÷流動負債 1,239,900
通説：当座比率 155％≈当座資産 1,919,100 ÷流動負債 1,239,900
通説：固定比率 47％≈固定資産 1,118,300 ÷純資産 2,391,400
筆者：流投負債比率 53％≈総負債 1,720,900 ÷流投資産 3,228,300
筆者：資本固定比率 8％≈固定性資産 184,000 ÷損益前資本 2,307,500

　しかし、R社は売掛債権を回収できずに、2020 年 5 月 15 日に東京地裁からR
社に民事再生法の開始決定と管理命令がくだされ、R社は同年 6 月 16 日に上場
廃止、100 年を超える歴史に幕を下ろしている[2]。

　これは財務諸表公表時の財務状況に関する財務諸表分析の結果が健全であって
も、これが翌期以降の健全さを保証するわけではないということである。ここに
財務諸表分析の難しさ、課題を自覚する。財務諸表公表時の財務状況が健全であ
っても、経営体を取り巻く変化に対応できなければ、経営体は破綻に直面する懸
念があるので留意が必要である[3]。また、財務分析上では経営困難状態にあると
思われる経営体であっても、金融機関、経営グループ等の支援によって存続して
いるケースも見られる。ここでも財務諸表分析の難しさ、課題を自覚する。

第2項　財務諸表分析の展望

　こうした課題、現状を自覚し本書の財務諸表分析では、可視化図である財務分
析図を開発し、財務分析図の中に「流投負債比率（結果比率）」、「収益費用比率
（原因比率）」、「資本固定比率（原因比率）」を表示することにした。また、「総収
益額と総費用額の差である収益資金（原因実数）」と「損益前資本額と固定性資
産額の差である自己資金（原因実数）」との集計額が、「流投資産額と総負債額の
差である流投資金（結果実数）」に一致する「残高点検式」を組み込んでいる。

この財務分析図を用いた因果図分析に基づく財務諸表分析によって、「流投資産額以下に総負債額を抑える第1目標」、「総収益額以下に総費用額を抑える第2目標」、「損益前資本額以下に固定性資産額を抑える第3目標」が達成されているか否かについての「見える化」に取り組んできた。本書の結びにあたり、財務分析図を用いた因果図分析によって、特に「流動資産の財源」を特定することの重要性などを指摘し「財務諸表分析の展望」について述べることにする。

1. 因果図分析による財務諸表分析の展望その1

表11-11、表11-12、表11-13は2022年3月期決算の有価証券報告書より作成したN社、M社、T社の百分比法による貸借対照表である。

表11-11のN社の場合、流動比率80％（筆者提示：流動負債比率125％）であるので、短期支払能力は不健全状態である。N社は、純資産（自己資本）35を超えて固定資産72を取得しているので、取得資金不足の37については負債65に依存しているのである（矢印の37を参照）。N社の流投資産28はすべて負債を源泉とする手元資産（手元資金）であると読み取る。

表11-12のM社の場合、流動比率207％（筆者提示：流動負債比率48％）であるので、短期支払能力は健全と判断する。ただし、M社は純資産（自己資本）46を超えて固定資産47を取得しているので、不足の1については負債54に依存していることになる（矢印の1を参照）。この結果、流投資産53の源泉は負債53（＝54－1）であることに留意をする必要がある。仮に流投資産53がすべて現金預金とした場合、この手元資金の現金預金53の源泉は負債資金であって、純資産を源泉とする資金ではないことを理解する必要がある。手元にある現金預金は自己資金であると思いがちである。しかし、このケースの現金預金53の源泉は負債53にあると読み取るのが「手元資産の源泉」に関する正しい読み取り方である。

表11-13のT社の場合を説明する。流動比率174％（筆者提示：流動負債比率

58％）であるので、短期支払能力は健全と判断する。Ｔ社は純資産（自己資本）70以下の固定資産の取得を25に抑えているので、純資産（自己資本）の余裕45が流動資産へ流れているのである（矢印45を参照）。仮に手元の流投資産75がすべて現金預金75とした場合、この手元資金の現金預金75の源泉の内訳は純資産45と負債30であると読み取る。このように財務分析図を用いた因果図分析の導入によって、たとえばＴ社の2022年3月期決算の事例で確認できるように、手元資産75の源泉が、純資産45と、負債30で構成されている状況を読み取ることが可能になったのである。

　これまで通説の財務分析では、たとえば流動比率200％程度、当座比率100％程度を健全値とする指標で短期や即時の支払能力を判断してきた。確かに、たとえば「流動資産（手元資産）200＞流動負債100」であれば、流動負債100に対して流動資産200を保有しているので、短期支払能力は健全と映る。その通説の判断をもう一歩進め、手元にある流動資産や流投資産の源泉を特定し、「純資産（収益資金や自己資金）が源泉」の手元資産と、「負債が源泉」の手元資産を峻別し、負債過多・固定資産過多の財務状況からの脱却を目指そうとの展開を本書で行っている。

　これを表11-13で説明するならば、Ｔ社は「流投資産75＞総負債30」である。総負債30に対して流投資産（手元資産）75が保有されているので、支払能力について問題はない。しかし、「手元資産75＝自己資金75」ではないのである。負債を源泉とする手元資産と「純資産（収益資金や自己資金）が源泉」の手元資産とを峻別することが肝要である。Ｔ社の場合、手元資産75のうち純資産が源泉の手元資産は45で、負債が源泉の手元資産は30である。このように手元資産と自己資金は同義ではないことを理解する必要がある。詳細は第8章第1節～第7節を参照されたい。手元資産や手元現金預金の源泉を特定することの意義や重要性を、次に学校法人会計を例にして明らかにする。

2．因果図分析による財務諸表分析の展望その2

　学校法人会計基準の第30条第3項では「固定資産を借入金（学校債を含む。以下この項において同じ。）又は未払金（支払手形を含む。以下この項において同じ。）により取得した場合において、当該借入金又は未払金に相当する金額に

ついては、当該借入金又は未払金の返済又は支払（新たな借入金又は未払金による
ものを除く。）を行った会計年度において、返済又は支払を行った金額に相当
する金額を基本金へ組み入れるものとする。」と規定されている[4]。仮に、ある
学校法人の公表した事業活動収支計算書の末尾（一般企業の損益計算書の末尾に
相当）の基本金組入状況（経営成績）が表 11-14 であるとする。

表 11-14	事業活動収支計算書	単位：千円
行番		
1	基本金組入前当年度収支差額	500,000
2	基本金組入額合計	△ 950,000
3	当年度収支差額	△ 450,000
4	前年度繰越収支差額	△ 8,250,000
5	基本金取崩	0
6	翌年度繰越収支差額	△ 8,700,000

表 11-15	事業活動収支計算書	単位：千円
行番		
1	基本金組入前当年度収支差額	500,000
2	基本金組入額合計	△ 450,000
3	当年度収支差額	50,000
4	前年度繰越収支差額	△ 8,250,000
5	基本金取崩	0
6	翌年度繰越収支差額	△ 8,200,000

　表 11-14 の基本金組入額合計は行番 2 のように△ 950,000 千円と表示されてい
るが、この学校法人が流動資産の部で保有している現金預金で取得した固定資産
は 500,000 千円で、これを基本金組入額合計△ 950,000 千円の中に含めていたと
する。しかし、その取得資金の現金預金 500,000 千円の財源が自己資金ではなく、
負債であったとすれば、基本金組入状況の真実の状況は表 11-15 のように変化
する。つまり、学校法人の経営成績が表 11-14 では赤字（行番 3 の△ 450,000 千
円を参照）であるが、表 11-15 では黒字（行番 3 の 50,000 千円を参照）である。
赤字決算と黒字決算とでは、経営体である学校法人への評価が真逆になるので、
その影響は甚大である。これをもって、手元資産や手元現金預金の財源を特定す
ることの意義や重要性を理解できるであろう。

　これまでの財務分析では、流動資産の部に表示される手元資産の源泉が「負
債」に該当するのか、「純資産（収益資金や自己資金）」に該当するのかを峻別す
ることができなかった。それが本書の財務分析図によって、固定資産取得の源泉
が、「負債」による取得であるのか、「純資産」による取得であるのかを峻別する
ことが可能になったのである。この意味で本書において提示した財務分析図によ
って、学校法人をはじめとする各種経営体の財務状況の良否を判断する上で、新
たな役割を果たすための道（展望）がひらけたと思料する。

3. 因果図分析による財務諸表分析の展望その 3

　展望 3 は次のとおりである。「損益前資本額以下に固定性資産額を抑える目標」
と関係づけて説明を行う。財務分析図によって、源泉が「負債」の手元資産と、
「純資産」の手元資産とを峻別することが可能になるので、常態化している負債

過多や固定資産過多の財務状況からの脱却の必要性を知らせるサインになると期待できる。すなわち、Ｔ社のように純資産を源泉とする手元資産を充実させる経営志向への進展が期待できる[5]。

　銀行家比率とも言われる流動比率では、流動資産の手持ちが流動負債の２倍程度が必要（当座比率は 100 ～ 120％程度必要）とされている。借手側の流動資産の手持額が流動負債の２倍程度（流動資産 200 ＞流動負債 100）であれば、資金の貸手側は融資額（流動負債 100）を借り手の流動資産（200）から回収することが可能である。よって、流動比率 200％は資金を融資する側からみた短期支払能力を判断するための指標である。銀行家比率という名称は言い得て妙である。

　しかし、表 11-11 と表 11-12 で説明を行ったように、これまで自己資金と思っていた手元資金（資産）の源泉が負債であることを読み取り、借手の経営者（経営体）が「金融機関に依存した非独立の経営者」から「金融機関から独立した経営者」へ向かう契機となる経営指針としての財務諸表分析によって、資産の源泉の「見える化」に取り組んだのが財務分析図である。財務分析図による財務諸表分析の事例分析をとおして、流動比率 200％は必要ないと筆者は結論づけた。

　そこで、流動負債比率という名称のもと 100％以下を健全値とし、且つ手元資産の源泉を特定し、長期的には流投負債比率 100％以下、収益費用比率 100％以下、資本固定比率 100％以下の、より良い財務状況の経営を目指すとことにした。なお、第１章第５節で明らかにしたように、大多数の銀行自身の自己資本比率は 10％未満、流動比率は 100％程度という実態である。

　１期型財務分析図の第１区分は★付きの流投資金であれば流投資産額以下に総負債額を抑える第１目標は未達成、第２区分は◆付きの収益資金であれば総収益額以下に総費用額を抑える第２目標は未達成、第３区分は◆付きの自己資金であれば損益前資本額以下に固定性資産額を抑える第３目標は未達成となる。このため、その年度は目標管理による目標達成レベルがＣレベルであったとしても、未来に向かって、世の人々のたのしみ、よろこび、しあわせを願う心を経営体の商品・サービスに込め、経営の原点である理念、定款で定める目的の達成を使命とし、組織の参画者が相寄って努力し変化に適応し、徐々に目標達成レベルを向上させＳレベル経営に向かって困難を乗り切ることを期待したい。これが第１目標の流動性、第２目標の収益性、第３目標の投資性からなる「目標管理」と、因果比

率分析、因果実数分析、因果図分析からなる「因果分析」とに基づく経営指針とし
ての財務諸表分析による財務状況の評価と目標達成レベルの評価の理念である。

4. 因果図分析による財務諸表分析の展望その4

大塚久雄［1900］によれば、最初に地形があり次に地図が生まれる（図11-8）[8]。

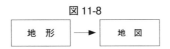

図 11-8

その地図上の、ある地区の海岸を埋め立て諸施設の建設、居住区エリアの建設
が提案され、たとえば兵庫県のポートアイランド、福岡県の福岡ドーム・居住地
区、福岡市人工島のアイランドシティ等が誕生した。こうして地図の方から新た
な地形が生まれたのである（図11-9参照）。

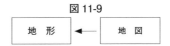

図 11-9

このように地形と地図は相互に影響し合う関係である（図11-10参照）。

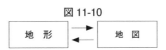

図 11-10

地形に相当するのが事実であり、地図に相当するのが理論であるとすれば、事
実と理論は図11-11のように相互に影響し合う関係とみることができる。

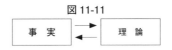

図 11-11

事実が経営実践で、理論が経営分析論（以下、財務諸表分析の理論と技法）で
あるとすれば、経営実践と財務諸表分析の理論と技法は、図11-12のように相
互に影響し合う関係と見ることができる。

図 11-12

　「事実＝経営実践」から生まれた「理論＝財務諸表分析の理論と技法」が、今度は「財務諸表分析の理論と技法」の方から「経営実践」に影響を与える。相互に影響し合う「事実」と「理論」のように[7]、「経営実践」と「財務諸表分析論の理論と技法」も相互に影響し合い展望をひらく関係でありたいと願い、財務分析図を用いた因果図分析による財務状況の「見える化」を意図し『財務諸表分析の新展開』を行ってきた。

結語

　結びに、長期性引当金等に対応する資産を固定資産の部に計上していない経営体Aの場合は、表11-16のように流動比率は高率、固定比率は低率となり比率が歪む。この歪みを生じさせる要因の「見える化」を表11-17で確認できる。

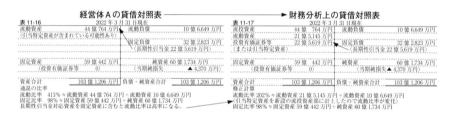

　一方、長期性引当金等に対応する巨額の資産を固定資産の部に計上している経営体Bでは流動比率は高率にならず、固定比率は高率になる傾向がある（表11-18の末尾参照）。そこで、表11-19で財務状況を正しく理解するための分析過程の「見える化」を行っている。「見える化」の説明は両表の末尾を参照されたい。

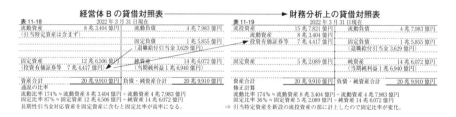

　通説の代表的な財務比率は、図11-13の流動比率（目標の実数は流動資産額＞流動負債額）、自己資本比率（目標の実数は自己資本額＞負債額）、売上高経常利益率（目標の実数は売上額＞経常費用額）である。これに代わる新しい財務比

率が、図 11-14 の流投負債比率（目標の実数は流投資産額＞負債額）、資本固定
比率（目標の実数は損益前資本額と固定性資産額）、収益費用比率（目標の実数
は総収益額＞総費用額）である。

そして、図 11-14 の新しい財務比率・財務実数を財務分析図に取り込んだ可
視化図の例が図 11-15 である。

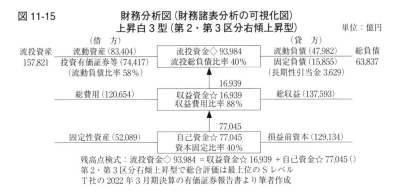

本書で提示した財務分析図がこれまでに存在していなかったので、「流動資産
と流動負債」だけを比較し、「流動資産＞流動負債」であれば、その差を「自己
資金」と判断してきた。しかし、図 11-15 のように、第 1 区分の借方に流動資
産と投資有価証券等を配置し、貸方に流動負債と固定負債を配置したことで、経
営体の手元資産には純資産（純利益＝収益資金と損益前資本＝自己資金）を源泉
とする手元資産と、負債を源泉とする手元資産とがあることの「見える化」が可
能になった。そして、第 2 区分に総収益と総費用を配置したことで「勘定合って
銭足らず（純利益は計上されているが、これに見合う資金の不存在）」の「見え
る化」も可能になった。また、第 3 区分に固定性資産と損益前資本を配置したこ
とで「固定性資産への過大投資」の「見える化」も可能になった。さらに、「流
投資産額以下に総負債額を抑える第 1 目標」、「総収益額以下に総費用額を抑える

第2目標」、「損益前資本額以下に固定性資産額を抑える第3目標」に向けて取り組む経営体の状況も、財務分析図の第1区分、第2区分、第3区分で「見える化」が可能になったと言える。今後、事業別分析や部門別分析が可能となるよう、関連データの公表が各種経営体から一層なされることを期待したい。

　人々が相寄って成り立つ生命体としての経営体を支えるのは理念、使命、目標の受容と実践である。経営活動の可視化に向け、与えられた時空間のもとで、自らも理念、使命、目標を堅持し、修行道と倖道につづくこの学道を歩んでいくことを宗とし、本書の結びとする。

注

1) 生き残りに関連して、2019年9月6日の「第1章 鈴木修会長×豊田章男社長（聞き手 小谷真生子）「ここだけの話 トヨタイムズ」において、スズキ株式会社の鈴木修会長は「場合によってはスズキが倒産するかもしれないということを経験しましたね」と語り、必要なのは「経営力だと思いましたね」と語っている。その経営力について、トヨタ自動車株式会社の豊田章男社長は「倒産するかもしれないという感覚を持たれること、これが経営力なのかなとも思います」と語り、「経営そのものというのはたぶん生き抜くことであり、倒産するかもしれないという危機感を、いかに価値を向上させるかということに、どう会社全体や人を向かせていくかということが経営力なのかな」と語っている。

トヨタイムズ［2023］「第1章 鈴木修会長×豊田章男社長（聞き手 小谷真生子）「ここだけの話」、https://www.youtube.com/watch?v=pBoz48UjiQk（2023年1月19日参照）

2) R社の経営破綻については次を参照されたい。

後藤賢治［2020］東京商工リサーチ情報部「レナウン破綻の真相、調査マンが見た「混乱の裏側」」（公開日 2020.8.28）https://diamond.jp/articles/-/247122?page=5（2023 1月18日参照）

3) 周知のように、Charles Darwin（ダーウィン）は、強者が生き残るのではなく、変化への適応者が生き残ることを教えている。詳しくは、次を参照されたい。

「生き残る種とは、最も強いものではない。最も知的なものでもない。それは、変化に最もよく適応したものである。」

It is not the strongest of the species that survives, nor the most intelligent that survives. It is the one that is most adaptable to change. － Charles Darwin（ダーウィン）－

ダーウィンの名言・格言集［2023］「ダーウィンの名言・格言」ttps://iyashitour.com/archives/24268（2023年1月18日参照）

ダーウィンの名言・格言集［2023］「英語の名言・格言　ダーウィン」https://iyashitour.com/archives/24301（2023年1月18日参照）

4) 学校法人会計基準（平成27年3月30日文部科学省令第13号）［2015］第30条第3項

5) 松下幸之助［2001］57頁において「自己資金の範囲で」と題して58-60頁で次のように述べてい

る。

これまで日本の会社や商店が「借金経営に走りがちだったのは、一つには敗戦によって、みんなが金もなくし、物もなくした状態の中で、お互いに信用を供与しあってやっていく以外に道はなかったということもありましょう。しかし、それは終戦まもないころの非常時のことで、今日なお借金政策で仕事をしていくことは、ほんとうは許されないことだと思うのです。ですからこれからは、借金をせずして、蓄積した資金、自己資金の範囲内で商売を行い、会社を経営していくように切り替えなくてはならないと思います。」、「自己資金の経営に徹するという決心があれば、それは必ず可能だと思うのです。」と述べている。加えて借金経営は「好景気のときはいいとしても、多少金融の引締めがあると、それでもう資金ぐりがつかなくなって、簡単に行きづまってしまうでしょう。また、その金利だけを考えても、それだけ収益が少なくなるわけです」と借金経営に警鐘を鳴らしている。

筆者は、自己資金の範囲を超えた固定資産への投資の常態化を断ち切ることが必要であると認識する。

6) 大塚久雄［2000］2頁

7) 相互に影響し合う「事実」と「理論」に関わる者として、筆者は次の三つの自由をこれからも自覚し歩んで行きたい。

三ヶ月　章［1959］「執筆を終えて」法律学全集栞、有斐閣、三頁において、「ドイツ留学中、隠遁するレント教授が異郷の若い学者（三ヶ月　章氏）に、これだけは自分のかたみの言葉として覚えておいて欲しいと前置きして述べた言葉」として次の三つが書かれている。

第一は恩師の学説から自由であることであり、

第二は支配的な学説から自由であることであり、

第三は昨日の自己の学説から自由であることである。

三ヶ月　章［1959］3頁。

長尾龍一［1986］37頁。

引 用 文 献

American Institute of Certified Public Accountants（AICPA）[1961],"*Cash Flow" Analysis and the Funds Statement by Perry Mason,* AICPA.

American Institute of Certified Public Accountants（[AICPA] [1963], *APB Opinion No.3 :The Statement of Source and Application of Funds,* AICPA.

American Institute of Certified Public Accountants（AICPA）[1971], *APB Opinion No.19 : Reporting Changes in Financial Position,* AICPA.

Anton, H. R. [1962],*Accounting for the Flow of Funds,* Houghton Mifflin Company.

Cannon, J. G. [1905], Bank Credits,"*The Bankers' Magazine,* May.

Carson, A. B. [1949] "A'Source and Application of Funds' Philosophy of Financial Accounting", *The Accounting Review,* April.

Cole, W. M. [1908], *Accounts; Their Construction and Interpretation, For Businessmen and Students of Affairs、* Boston, New York and Chicago : Houghton Mifflin Company.

Cole, W. M. [1921], *The Fundamentals of Accounting,* Boston: Houghton Mifflin Company, (Reprint Edition 1978 by Arno Press Inc) .

Corbin, D. A. [1961] "Proposals for lmproving Funds Statements", *The Accounting Review,* July.

Earling, P. R. [1890], *Whom to Trust: A Practical Treatise on Mercantile Credits,* Rand, McNally & Company.

Financial Accounting Standards Board（FASB）[1987], *Statement of Financial Accounting Standards No.95:"Statement of Cash Flows",* FASB.

Finney, H. A. [1921], Students' Department, *The Journal of Accountancy,* July.

Gilman, S. [1925], *Analyzing Financial Statements,* Ronald Press Co.

Goldberg, L. [1951], "The Funds Statement Reconsidered", *The Accounting Review,* October.

Greene, T. L. [1897] *Corporation Finance,* New York.

Havener, P. [1917], "Analysis of Financial Statements," *The Journal of Accountancy,* May.

Heath, L. C, [1978], *Financial Reporting and the Evaluation of Solvency,* Accounting Research Monograph3, American Institute of Certified Public Accountants.

Horrigan, J. O. [1968], "A Short History of Financial Ratio Analysis," *The Accounting Review,* Vol.43, No.2, Apri.

Kunze, H. L. [1940], A New Form of Funds Statement, *The Accounting Review*, June.

National Association of Accountants [NAA] [1961], *Cash Flow Analysis for Managerial*, NAA.

Paton, W. A. [1928],"Limitations of Financial and Operating Ratios" *The Accounting Review*, Sep.

Rosen, L. S. and Don T. Decoster [1969], "Funds"Statements：A Historical Perspective, *Accounting Review*, January.

Vatter, W. J. [1947], *The Fund Theory of Accounting and Its Implications for Financial Reports*, The University of Chicago Press.

Wall, A. & R. W. Duning [1928], *Ratio Analysis of Financial Statements*, Harper & Brothers Publishers.

青木茂男 [1984]『『財務診断』ビジネス教育出版社。

青木茂男 [2012]『要説経営分析 四訂版』森山書店。

石内孔治 [2011]『経営分析の新展開』森山書店。

石内孔治 [2016]「資金収支に関する一考察」『日本経済大学大学院紀要』第 4 巻。

石内孔治 [2017]「勘定分析図と資金性診断の原則の関係 (1)」『日本経大論集』第 47 巻第 1 号。

石内孔治 [2018]「勘定分析図と資金性診断の原則の関係 (2)」『日本経大論集』第 47 巻第 2 号。

石内孔治 [2020]「新しい環境ビジネスの可能性―日本経済大学での最終講義―」『日本経大論集』第 49 巻第 2 号。

石内孔治 [2022a]「先行研究の資金流図による財務分析」『日本経大論集』第 51 巻第 2 号。

石内孔治 [2022b]「新しい実数分析による財務状況の事例研究」『日本経済大論集』第 52 巻第 1 号。

井上　修 [2018]「米国における異常項目の位置づけに関する一考察」『福岡大学商学論叢』第 62 巻第 3 号。

上野正男 [2005]『経営分析の発展と課題』白桃書房。

大蔵省令 [昭和 38 年]「財務諸表等の用語、様式及び作成方法に関する規則」第 59 号。

大塚久雄 [2000]『共同体の基礎理論』岩波現代文庫。

金田堅太郎 [2020]「負ののれんの計上実態に関する一考察」『會計』第 198 巻第 6 号。

鎌田信夫 [1970]「資金計算上の基礎概念と資金計算書」『企業会計』、中央経済社、第 22 巻第 3 号。

鎌田信夫 [1995]『資金会計の理論と制度の研究』南山大学学術叢書。

鎌田信夫，藤田幸男共訳 [1982]『財務報告と支払能力の評価』国元書房，昭和 57 年。

木村晃久 [2019]『損益の区分シフト 経常損益の調整実態と株価への影響』中央経済社。

金融庁企業会計審議会（旧大蔵省の経済安定本部・企業会計制度対策調査会金融庁）［1949］『企業会計原則』。

金融庁［旧・に大蔵省］［1963 年］「省令第五十九号：財務諸表等の用語、様式及び作成方法に関する規則（略称：財務諸表等規則)」。

國崎信博［1985］『企業血液型診断法』中央経済社。

國崎信博［2002］「FFT 分析と経営検証比率」『名古屋外国大学 国際経営学部紀要』第 10-11 合併号。

國弘員人［1968］『体系経営分析』ダイヤモンド社。

國弘員人［1974］『新版 体系経営分析』ダイヤモンド社。

倉田　三郎［1977］「グリーンとミッチェルの資金計算書について」『産業経理』第 37 巻第 12 号。

黒澤 清［1958］『資金会計の理論』森山書店。

現代会計カンファランス［1997］『倒産指数 危ない会社ズバリ判別法』日本経済新聞社。

國部克彦［1994］『アメリカ経営分析発達史―財務比率を中心とする歴史的発展動向に関する研究―』白桃書房。

小西・安井・國廣［1990］『プログレッシブ英和中辞典』小学館。

後藤賢治［2020］東京商工リサーチ情報部「レナウン破綻の真相、調査マンが見た「混乱の裏側 」」［公開日 2020.8.28］https://diamond.jp/articles/-/247122?page=5［20231 月 18 日参照]。

財政金融統計月報 811 号（平成 30 年度）『法人企業統計年報特集』。

阪本安一［1983］『経営分析入門』中央経済社。

佐藤倫正［1981］「広義資金概念の論理」『岡山大学経済学会雑誌』第 13 巻第 3 号。

佐藤倫正［1986］「財政状態変動表の目的」『岡山大学経済学会雑誌』第 18 巻第 1 号。

佐藤倫正［1993］『資金会計論』白桃書房。

白田桂子［2003］『企業倒産予知モデル』中央経済社。

白田桂子［2003］『倒産予知の実務：リスク管理のための財務分析』日本経済新聞社。

染谷恭次郎［1956］『資金会計論』中央経済社。

染谷恭次郎［1983]］『財務諸表 3 本化の理論』国元書房。

染谷恭次郎監訳, 中原章吉, 野口和夫［1966］岡下敏訳『経営管理のためのキャッシュ・フローの分析』日本生産本部。

染谷恭次郎監訳, 武田安弘, 高橋久夫共訳［1963］『キャッシュフロー分析と資金計算書』中央経済社。

高峯一愚［1965］『論理学と方法論』理想社。

円谷昭一［2020］『政策保有株式の実証分析 失われる株式持合いの経済的効果』日本経済新聞出版。

徳賀芳弘［1989］『負債の定義と認識』九州大学出版会。

長尾龍一［1986］『法哲学入門』日本評論社。

日本経営診断学会編［1994］『現代 経営診断事典』同友館。

林　洋海［2009］『ブリヂストン石橋正二郎伝 久留米から世界一へ』現代書館。

広瀬義州［2015］『財務会計』中央経済社。

松下幸之助［2004］『経営心得帖』PHP研究所。

三ヶ月　章［1959］「執筆を終えて」法律学全集栞、No.22、有斐閣。

三苫夏雄［1973］『中小企業の財務診断』同友館。

三苫夏雄［1986］『ケーススタディ 財務分析入門』同友館。

森田知香子［1995］「アメリカの信用分析における絶対的比率基準の史的展開を中心として：企業信用供与の生成から1910年代末に至るまで」關西大學商學論集　第40巻第1号。

森藤一男，鎌田信夫訳［1964］『資金計算の理論』ダイヤモンド社49-57頁。

由井敏範［1997］『利益とキャッシュ・フロー会計』白桃書房。

由井敏範［2000］「21世紀の会計問題：キャッシュ・フローからの接近」『新しい社会をひらくビジネス研究の課題』中央経済社。

渡邉泉［2008］『歴史から学ぶ会計』同文舘。

Web文献

伊藤敏克［2021］「固定比率と固定長期適合率の計算式と適正水準［目安］／資産・投資効率を計る経営指標」［2021］https://bcj-co. jp/keiei8/knowhow96.html（2021年5月9日参照）。

伊藤敏克［2021］「自己資本比率の計算式と適正水準［目安］／安全性分析に用いる経営指標 bcj-co.jp/keiei8/knowhow79.html（2021年5月11日参照）。

貨幣博物館［2022］https://www.imes.boj.or.jp/cm/history/historyfaq/answer.html「お金の歴史に関するFAQ［回答］」（2022年8月31日参照）。

学校法人会計基準（平成27年3月30日文部科学省令第13号）［2015］第30条第3項 https://elaws.e-gov.go.jp/document?lawid=346M50000080018（2023年6月1日参照）

公立八女総合病院企業団『業務状況報告書2022年3月期決算』https://hosp-yame.jp/wp-content/uploads/2022/07/20220711_simohankigyo9mujokyohokokusyo _hp.pdf（2022年9月24日参照）。

近藤真理［2021］「日本の銀行ランキングTOP10！信用格付や時価総額など、三菱UFJ、三井住友、みずほの順位は？」moneytimes.jp（公開日2021年8月9日）：2021年9月17日参照

財政金融統計月報811号［平成30年度］『経営分析法人企業統計年報特集』日本銀行公表資料・

広報活動「銀行の自己資本に関する国際統一基準［バーゼル合意に基づく基準］と国内基準の違い」https://www.boj.or.jp/announcements/educ.（2021 年 9 月 17 日参照）。

ダーウィンの名言・格言集［2023］「ダーウィンの名言・格言」ttps://iyashitour.com/archives/24268（2023 年 1 月 18 日参照）

ダーウィンの名言・格言集［2023］「英語の名言・格言　ダーウィン」https://iyashitour.com/archives/24301（2023 年 1 月 18）

トヨタタイムズ［2023］「第 1 章 鈴木修会長×豊田章男社長［聞き手 小谷真生子］「ここだけの話」、https://www.youtube.com/watch?v=pBoz48UjiQk（2023 年 1 月 19 日参照）。

トヨタ株式会社『有価証券報告書 2019 年 3 月期決算』
https://global.toyota/pages/global_toyota/ir/library/securities-report/archives / archives_2019_03.pdf, 160-162 頁（2022 年 7 月 16 日参照）。

トヨタ株式会社『有価証券報告書 2021 年 3 月期決算』
https://global.toyota/pages/global_toyota/ir/library/securities-report/archives / archives_2021_03.pdf, 193-195 頁（2022 年 7 月 16 日参照）。

トヨタ株式会社『有価証券報告書 2022 年 3 月期決算』
https://global.toyota/pages/global_toyota/ir/library/securities-report/archives / archives_2021_03.pdf 193-195 頁（2022 年 7 月 16 日参照）。

ビジドラ［2019 年］「固定比率とは？財務体質を把握するために知っておきたい基礎知識」
www.smbc-card.com/hojin/magazine/.../fixed_rate.jsp（2021 年 5 月 9 日参照）。

本田技研工業株式会社『有価証券報告書 2019 年 3 月期決算』
https://www.honda.co.jp/content/dam/site/www/investors/cq_img/library/report/FY201903_yuho_j.pdf, 150-152 頁。

本田技研工業株式会社『有価証券報告書 2021 年 3 月期決算』
https://www.honda.co.jp/content/dam/site/www/investors/cq_img/library/report/FY202103_yuho_j.pdf, 157-159 頁。

本田技研工業株式会社『有価証券報告書 2022 年 3 月期決算』
https://www.honda.co.jp/content/dam/site/www/investors/cq_img/library/report/FY202203_yuho_j.pdf, 163-165 頁。

福岡銀行「有価証券報告書 2022 年 3 月期決算」111-115 頁。
https://www.fukuoka-fg.com/investor/library/securities.html［2023 年 3 月 10 日参照］

三井住友銀行「有価証券報告書 2022 年 3 月期決算」157-163 頁。
https://www.smfg.co.jp/investor/financial/yuho/2022_pdf/2022_fy_bc.pdf（2023 年 3 月 10 日参照）。

レナウン株式会社『有価証券報告書 2018 年 3 月期決算』

chrome-extension://efaidnbmnnnibpcajpcglclefindmkaj/http://www.kabupro.jp/edp/20180531/S100D2VB.pdf（2021 年 5 月 11 日参照）。

レナウン株式会社『有価証券報告書 2018 年 3 月期決算』

株主プロ［2018］http://www.kabupro.jp/chrome-extension://efaidnbmnnnibpcajpcglclefindmkaj/http://www.kabupro.jp/edp/20180531/S100D2VB.pdf（2021 年 5 月 11 日参照日参照）。

リコー株式会社「有価証券 2018 年 3 月期決算」

https://jp.ricoh.com/-/Media/Ricoh/Sites/jp_ricoh/IR/securities_report/pdf/yuho1803.pdf

（2022 年 12 月 17 日参照）。

Fund Press［2021］「EBITDA［イービットダー］の意味とは？計算例を用いて徹底解説！」（2022 年 5 月 4 日参照）。

Hathi Trust Digital Library［2022］www.hathitrust.org：Hathi Trust Digital Library | Millions of books online.

初 出 一 覧

1 期型財務分析図の初出一覧

1) 石内孔治（1999a）「勘定分析による財務状態の判定について」『福岡大学商学論叢』第 43 巻第 4 号、1999 年 3 月、851-890 頁。

2) 石内孔治（1999b）「企業の財務状態に関する勘定分析（1）」『久留米大学商学研究』第 4 巻第 2 号、1999 年 3 月、51-132 頁。

3) 石内孔治（1999c）「企業の財務状態に関する勘定分析（2）」『久留米大学商学研究』第 5 第 1 号、1999 年 12 月、49-130 頁。

4) 石内孔治（2000a）「財務状態判定のための勘定分析図」『久留米大学商学研究』第 5 巻第 2 号、2000 年 3 月、55-108 頁。

5) 石内孔治（2000b）.「財務状態判定のための勘定流れ図」久留米大学商学部編『新しい社会をひらくビジネス研究の課題』白桃書房、2000 年 4 月、137-166 頁。

6) 石内孔治（2001a）「1 期型勘定流図について—負債一括型—」『久留米大学商学研究』第 6 巻第 2 号、2001 年 3 月、23-84 頁。

7) 石内孔治（2001c）「一期型勘定流図—損益方式—について」『久留米大学商学研究』第 7 巻第 2 号、2001 年 12 月、67-132 頁。

8) 石内孔治（2007）「財務諸表分析の新展開—勘定分析図—」『久留米大学商学研究』第 13 巻第 2 号、2007 年 10 月、199-255 頁。

9) 石内孔治（2010）.「勘定分析図—概観性分析について」『久留米大学商学部創設 60 周年記念人の幸せにつづくビジネスの研究』中央経済社、2010 年 3 月、237-263 頁。

10) 石内孔治（2013）「投資利益分析の理論に基づく事例研究」日本経済大学大学院編『創造的変革の探求』中央経済社、2013 年 3 月、273-296 頁。

11) 石内孔治（2013）「経営安全性分析の理論に基づく事例研究」『日本経済大学大学院紀要』創刊号、2013 年 3 月、51-70 頁。

12) 石内孔治（2016）.「資金収支分析に関する一考察（1）」『日本経済大学大学院紀要』第 4 巻、2016 年 2 月、1-16 頁。

13) 石内孔治（2017a）「勘定分析図による資金安全性の診断原則」『日本経大論集』第 46 巻第 2 号、2017 年 3 月、261-274 頁。

14) 石内孔治（2017b）「勘定分析図と資金性診断原則の関係（1）」『日本経大論集』第 47 巻第 1 号、2017 年 12 月、111-125 頁。

15) 石内孔治（2018）「勘定分析図と資金性診断原則の関係（2）」『日本経大論集』第 47 巻第 2 号、2018 年 3 月、23-41 頁。

16) 石内孔治（2019）「勘定分析図に基づく資金性診断原則の日本の 4 大自動車会社への適用」『日本経大論集』第 48 巻第 2 号、2019 年 3 月、49-71 頁。

初出一覧

17）石内孔治（2021）「財務安全性分析に関する一考察―先行研究からの学び―」『日本経大論集』第 51 巻第 1 号、2021 年 12 月、1-18 頁。

18）石内孔治（2022b）「新しい実数分析による財務状況の事例研究」『日本経大論集』第 52 巻第 1 号、2022 年 12 月、1-18 頁。

２期型財務分析図の初出一覧

1）石内孔治（2000C）「2 期型勘定流れ図について」『久留米大学商学研究』第 6 巻第 1 号、2000 年 12 月、79-136 頁。

2）石内孔治（2001b）「二期型勘定流図」について―自己資本方式―」『久留米大学商学研究』第 7 巻第 1 号、2001 年 9 月、43-93 頁。

3）石内孔治（2002）「二期型勘定流図―自己資本方式―について（2）」『久留米大学商学研究』2002 年 3 月、第 7 巻第 3 号、149-212 頁。

4）石内孔治（2007）「財務諸表分析の新展開―勘定分析図―」『久留米大学商学研究』第 13 巻第 2 号、2007 年 10 月、199-255 頁。

5）石内孔治（2022a）「先行研究の資金流図による財務諸表分析」『日本経大論集』第 51 巻第 2 号、2022 年 3 月、1-18 頁。

著 者 略 歴

商学士・福岡大学商学部卒業
経営学修士・神戸商科大学経営学研究科修了
博士（商学）・福岡大学

日本経営診断学会顧問
アカウンティング・リサーチ in 九州（AR 9）顧問
日本経済大学名誉教授
久留米大学名誉教授
早稲田大学産業経営研究所招聘研究員

職 歴
久留米大学商学部講師、助教授、教授、大学院教授、特任教授、商学部長
日本経済大学経営学部教授、経済学部教授、大学院教授、経済学部長

受賞・主要研究業績
日本経営診断学会優秀賞 共著『環境問題と経営診断』
経済産業省特許庁：大学における知的財産権研究プロジェクト採択「知的財産
の会計ディスクロージャー制度に関する研究（研究者代表）」
文部科学省：質の高い大学教育推進プログラム採択「医療分野の経営管理者育
成プログラム（取組責任者）」
日本経営診断学会最優秀賞単著『経営分析の新展開』
日本会計研究学会太田・黒澤賞単著『経営分析の新展開』 など

学会活動（役員歴任）
日本経済学会連合　評議員・理事
日本会計研究学会　評議員・理事
日本経営診断学会　理事・常任理事・九州部会長
日本経営診断学会賞審査委員長
日本会計研究学会賞審査委員 など

社会活動（役員歴任）
九州学生アメリカンフットボール連盟理事長、監事
日本学生アメリカンフットボール協会理事、社団法人日本アメリカンフットボ
ール協会理事
大牟田記念病院監事、筑後市立病院理事 など

財務諸表分析の新展開

2023 年 9 月 20 日　初版第 1 刷発行

著 者　　©石 内 孔 治　E-mail ishiuchik@yahoo.co.jp

発行者　　菅 田 直 文

発行所　有限会社 森山書店　東京都千代田区神田司町 2-17
　　　　　　　　　　　　　上田司町ビル（〒101-0048）
　　TEL 03-3293-7061 FAX 03-3293-7063　振替口座 00180-9-32919

落丁・乱丁本はお取りかえ致します　　　印刷／製本・シナノ書籍印刷

ISBN 978-4-8394-2198-4